Informatik – Fachberichte

Band 103: GWAI-84. 8th German Workshop on Artificial Intelligence. Wingst/Stade, October 1984. Edited by J. Laubsch. VIII, 282 Seiten. 1985.

Band 104: G. Sagerer, Darstellung und Nutzung von Expertenwissen für ein Bildanalysesystem. XIII, 270 Seiten. 1985.

Band 105: G. E. Maier, Exceptionbehandlung und Synchronisation. IV, 359 Seiten. 1985.

Band 106: Österreichische Artificial Intelligence Tagung. Wien, September 1985. Herausgegeben von H. Trost und J. Retti. VIII, 211 Seiten. 1985.

Band 107: Mustererkennung 1985. Proceedings, 1985. Herausgegeben von H. Niemann. XIII, 338 Seiten. 1985.

Band 108: GI/OCG/ÖGJ-Jahrestagung 1985. Wien, September 1985. Herausgegeben von H. R. Hansen. XVII, 1086 Seiten. 1985.

Band 109: Simulationstechnik. Proceedings, 1985. Herausgegeben von D. P. F. Möller. XIV, 539 Seiten. 1985.

Band 110: Messung, Modellierung und Bewertung von Rechensystemen. 3. GI/NTG-Fachtagung, Dortmund, Oktober 1985. Herausgegeben von H. Beilner. X, 389 Seiten. 1985.

Band 111: Kommunikation in Verteilten Systemen II. GI/NTG-Fachtagung, Karlsruhe, März 1985. Herausgegeben von D. Heger, G. Krüger, O. Spaniol und W. Zorn. XII, 236 Seiten. 1985.

Band 112: Wissensbasierte Systeme. GI-Kongreß 1985. Herausgegeben von W. Brauer und B. Radig. XVI, 402 Seiten, 1985.

Band 113: Datenschutz und Datensicherung im Wandel der Informationstechnologien. 1. GI-Fachtagung, München, Oktober 1985. Proceedings, 1985. Herausgegeben von P. P. Spies. VIII, 257 Seiten. 1985.

Band 114: Sprachverarbeitung in Information und Dokumentation. Proceedings, 1985. Herausgegeben von B. Endres-Niggemeyer und J. Krause. VIII, 234 Seiten. 1985.

Band 115: A. Kobsa, Benutzermodellierung in Dialogsystemen. XV, 204 Seiten. 1985.

Band 116: Recent Trends in Data Type Specification. Edited by H.-J. Kreowski. VII, 253 pages. 1985.

Band 117: J. Röhrich, Parallele Systeme. XI, 152 Seiten. 1986.

Band 118: GWAI-85. 9th German Workshop on Artificial Intelligence. Dassel/Solling, September 1985. Edited by H. Stoyan. X, 471 pages. 1986.

Band 119: Graphik in Dokumenten. GI-Fachgespräch, Bremen, März 1986. Herausgegeben von F. Nake. X, 154 Seiten. 1986.

Band 120: Kognitive Aspekte der Mensch-Computer-Interaktion. Herausgegeben von G. Dirlich, C. Freksa, U. Schwatlo und K. Wimmer. VIII, 190 Seiten. 1986.

Band 121: K. Echtle, Fehlermaskierung durch verteilte Systeme. X, 232 Seiten. 1986.

Band 122: Ch. Habel, Prinzipien der Referentialität. Untersuchungen zur propositionalen Repräsentation von Wissen. X, 308 Seiten. 1986.

Band 123: Arbeit und Informationstechnik. GI-Fachtagung. Proceedings, 1986. Herausgegeben von K. T. Schröder. IX, 435 Seiten. 1986.

Band 124: GWAI-86 und 2. Österreichische Artificial-Intelligence-Tagung. Ottenstein/Niederösterreich, September 1986. Herausgegeben von C.-R. Rollinger und W. Horn. X, 360 Seiten. 1986.

Band 125: Mustererkennung 1986. 8. DAGM-Symposium, Paderborn, September/Oktober 1986. Herausgegeben von G. Hartmann. XII, 294 Seiten, 1986.

Band 126: GI-16. Jahrestagung. Informatik-Anwendungen – Trends und Perspektiven. Berlin, Oktober 1986. Herausgegeben von G. Hommel und S. Schindler. XVII, 703 Seiten. 1986.

Band 127: GI-17. Jahrestagung. Informatik-Anwendungen – Trends und Perspektiven. Berlin, Oktober 1986. Herausgegeben von G. Hommel und S. Schindler. XVII, 685 Seiten. 1986.

Band 128: W. Benn, Dynamische nicht-normalisierte Relationen und symbolische Bildbeschreibung. XIV, 153 Seiten. 1986.

Band 129: Informatik-Grundbildung in Schule und Beruf. GI-Fachtagung, Kaiserslautern, September/Oktober 1986. Herausgegeben von E. v. Puttkamer. XII, 486 Seiten. 1986.

Band 130: Kommunikation in Verteilten Systemen. GI/NTG-Fachtagung, Aachen, Februar 1987. Herausgegeben von N. Gerner und O. Spaniol. XII, 812 Seiten. 1987.

Band 131: W. Scherl, Bildanalyse allgemeiner Dokumente. XI, 205 Seiten. 1987.

Band 132: R. Studer, Konzepte für eine verteilte wissensbasierte Softwareproduktionsumgebung. XI, 272 Seiten. 1987.

Band 133: B. Freisleben, Mechanismen zur Synchronisation paralleler Prozesse. VIII, 357 Seiten. 1987.

Band 134: Organisation und Betrieb der verteilten Datenverarbeitung. 7. GI-Fachgespräch, München, März 1987. Herausgegeben von F. Peischl. VIII, 219 Seiten. 1987.

Band 135: A. Meier, Erweiterung relationaler Datenbanksysteme für technische Anwendungen. IV, 141 Seiten. 1987.

Band 136: Datenbanksysteme in Büro, Technik und Wissenschaft. GI-Fachtagung, Darmstadt, April 1987. Proceedings. Herausgegeben von H.-J. Schek und G. Schlageter. XII, 491 Seiten. 1987.

Band 137: D. Lienert, Die Konfigurierung modular aufgebauter Datenbanksysteme. IX, 214 Seiten. 1987.

Band 138: R. Männer, Entwurf und Realisierung eines Multiprozessors. Das System „Heidelberger POLYP". XI, 217 Seiten. 1987.

Band 139: M. Marhöfer, Fehlerdiagnose für Schaltnetze aus Modulen mit partiell injektiven Pfadfunktionen. XIII, 172 Seiten. 1987.

Band 140: H.-J. Wunderlich, Probabilistische Verfahren für den Test hochintegrierter Schaltungen. XII, 133 Seiten. 1987.

Band 141: E. G. Schukat-Talamazzini, Generierung von Worthypothesen in kontinuierlicher Sprache. XI, 142 Seiten. 1987.

Band 142: H.-J. Novak, Textgenerierung aus visuellen Daten: Beschreibungen von Straßenszenen. XII, 143 Seiten. 1987.

Band 143: R. R. Wagner, R. Traunmüller, H. C. Mayr (Hrsg.), Informationsbedarfsermittlung und -analyse für den Entwurf von Informationssystemen. Fachtagung EMISA, Linz, Juli 1987. VIII, 257 Seiten. 1987.

Band 144: H. Oberquelle, Sprachkonzepte für benutzergerechte Systeme. XI, 315 Seiten. 1987.

Band 145: K. Rothermel, Kommunikationskonzepte für verteilte transaktionsorientierte Systeme. XI, 224 Seiten. 1987.

Band 146: W. Damm, Entwurf und Verifikation mikroprogrammierter Rechnerarchitekturen. VIII, 327 Seiten. 1987.

Band 147: F. Belli, W. Görke (Hrsg.), Fehlertolerierende Rechensysteme / Fault-Tolerant Computing Systems. 3. Internationale GI/ITG/GMA-Fachtagung, Bremerhaven, September 1987. Proceedings. XI, 389 Seiten. 1987.

Band 148: F. Puppe, Diagnostisches Problemlösen mit Expertensystemen. IX, 257 Seiten. 1987.

Informatik-Fachberichte 193

Herausgegeben von W. Brauer
im Auftrag der Gesellschaft für Informatik (GI)

Willi Gotthard

Datenbanksysteme für Software-Produktionsumgebungen

Springer-Verlag
Berlin Heidelberg New York
London Paris Tokyo

Autor

Willi Gotthard
Institut für Programmstrukturen und Datenorganisation
Universität Karlsruhe
Postfach 6980, D–7500 Karlsruhe 1

CR Subject Classifications (1987): D.2.2, D.2.6, H.2.1, H.2.3

CIP-Titelaufnahme der Deutschen Bibliothek.
Gotthard, Willi:
Datenbanksysteme für Software-Produktionsumgebungen / Willi Gotthard. – Berlin; Heidelberg;
New York; London; Paris; Tokyo: Springer, 1988
   (Informatik-Fachberichte; 193)
   Zugl.: Karlsruhe, Univ., Diss. u. d. T.: Gotthard, Willi: Ein Datenmodell zur Integration von
   Werkzeugen in Software-Produktionsumgebungen

   ISBN-13: 978-3-540-50539-6   e-ISBN-13: 978-3-642-74275-0
   DOI: 10.1007/978-3-642-74275-0

NE: GT

2145/3140 – 543210 – Gedruckt auf säurefreiem Papier

Vorwort

Der Inhalt des vorliegenden Buches entspricht meiner Dissertation, die ich als wissenschaftlicher Mitarbeiter am Institut für Programmstrukturen und Datenorganisation zu dem Thema *"Ein Datenmodell zur Integration von Werkzeugen in Software-Produktionsumgebungen"* anfertigte und die von der Fakultät für Informatik der Universität Karlsruhe genehmigt wurde. Den Rahmen für meine Arbeiten bildete das Projekt *DAMOKLES*, das am Forschungszentrum Informatik an der Universität Karlsruhe als Teil des Verbundvorhabens UNIBASE betrieben wurde, und dessen Zielsetzung in der Entwicklung eines Datenbanksystems bestand, das in besonderer Weise den Anforderungen von Software-Produktionsumgebungen Rechnung trägt. Es besteht heute weitgehende Einigkeit, daß für die Verwaltung aller Informationen, die in einer Software-Produktionsumgebung anfallen, die bisherigen, i.a. auf Dateisystemen basierenden Ansätze nur beschränkt tauglich sind. Zukünftige Systeme werden in zunehmendem Maße Datenbankeigenschaften aufweisen müssen. *DAMOKLES* hat daher sehr früh versucht, alle relevanten Anforderungen bzgl. der Informationsverwaltung in Software-Produktionsumgebungen einheitlich durch eine Systemkomponente, ein dediziertes Datenbanksystem, abzudecken.

Ausgangspunkt – sowohl der *DAMOKLES*-Entwicklung wie auch meiner eigenen Arbeit – war die Entwicklung eines geeigneten Datenmodells. Es zeigt sich, daß konventionelle Datenmodelle hier wenig tauglich sind und daß insbesondere, um dem Ziel der "strukturellen Objektorientierung" näherzukommen, zusätzliche Konzepte wie "strukturierte Objekte" und "Objektversionen" erforderlich sind. Vorliegende Abhandlung macht hierzu einen Vorschlag, das *Entwurfsobjekt-Datenmodell*, indem sie geeignete Modellierungskonzepte und entsprechende Manipulationsoperationen vorstellt. Werkzeuge zur Software-Entwicklung haben damit die – seit einiger Zeit auch praktisch implementierte und erprobte – Möglichkeit, über gemeinsame Daten in einer Datenbasis zu kommunizieren. Voraussetzung hierfür ist aber, daß für die solcherart integrierten Werkzeuge auch die entsprechenden Datenstrukturen (Schemata) integriert sind. Dies läßt sich auf das Problem der Sichtenintegration zurückführen, für die basierend auf dem Entwurfsobjekt-Datenmodell eine Methode vorgeschlagen wird. Im nachhinein kann man feststellen, daß sowohl Datenmodell als auch Integrationsmethode nicht auf das im Thema der Dissertation genannte Anwendungsgebiet beschränkt sind, sondern auch für andere Anwendungen (insbesondere des rechnergestützten Entwerfens) bzw. auf andere Fragestellungen (im Bereich des Datenbankentwurfs) anwendbar sind. Gleichwohl bot der durch den Projektkontext vorliegende Bereich der werkzeuggestützten Software-Entwicklung ein hervorragendes Studienobjekt, um die Praxistauglichkeit der entwickelten Ideen zu überprüfen.

Ich bedanke mich bei all denen, die auf irgendeine Weise zum Gelingen der Arbeit beigetragen haben. Dies gilt in erster Linie für meine Betreuer:

- Herrn Prof. P. Lockemann, der die fachliche Betreuung der Arbeit übernahm, sich dabei trotz großer persönlicher Belastung stets für Diskussionen zur Verfügung stellte und so das Erscheinungsbild der Dissertation mitprägte und der mir für meine Tätigkeit an seinem Lehrstuhl und am Forschungszentrum Informatik große Freiräume gewährte.

- Herrn Professor G. Goos, der das Korreferat übernahm und durch seine – bei aller Knappheit stets konstruktiven und oft richtungweisenden – Kommentare zum Fortgang der Arbeit beitrug.

Natürlich hängt der Erfolg einer solchen Arbeit auch in hohem Maße von der Arbeitsatmosphäre und -umgebung ab. Ich bin dafür vielen Kolleg[inn]en zu Dank verpflichtet, insbesondere

- Klaus Dittrich, Stefan Karl, Angelika Kotz, Jutta Mülle und Jürgen Uhl, die die Arbeit mit zahlreichen Hinweisen und fruchtbaren Diskussionen begleiteten, sowie

- dem *DAMOKLES*-Team, Karol Abramowicz, Martin Härtig, Richard Längle, Thomas Raupp, Simone Rehm und Tobias Wenner, die in besonderem Maße dazu beitrugen, daß ich meine Ideen überprüfen und verbessern konnte, und mit denen zu diskutieren mir sowohl fachlich manche Einsicht bescherte als auch persönlich sehr großes Vergnügen bereitete.

Schließlich bedanke ich mich herzlich bei meiner Frau Ingrid, die es mir durch ihren vermehrten Einsatz leicht machte, auch Zeiten großer Belastung relativ "locker" zu überstehen, und deren Freude über erreichte Zwischenergebnisse mich stets neu für das Gesamtergebnis motivierte.

September 1988   W.G.

Inhaltsverzeichnis

Kapitel 1

Einleitung und Überblick

Datenbanksysteme bieten eine Reihe von Konzepten an, die sie in der Vergangenheit zu wesentlichen Komponenten einer großen Zahl von Anwendersystemen haben werden lassen. Im einzelnen sind dies Konzepte zur anwendungsorientierten Modellierung und Manipulation von Daten (Datenmodell), zur Integration verschiedener Anwendungen über derselben Datenbasis unter Vermeidung von Redundanz (Datenintegration), zur Erlangung von Unabhängigkeit einer Anwendung gegenüber Änderungen der logischen oder physischen Organisation der Daten (Datenunabhängigkeit), sowie ferner zur Gewährleistung von Datenkonsistenz, Mehrbenutzersynchronisation, Datensicherheit und zum Schutz der gespeicherten Daten vor unberechtigtem Zugriff. Den überwiegenden Einsatzbereich von Datenbanksystemen stellen heute Anwendungen dar, die man mit dem Begriff "kommerzielle" oder "administrative" Anwendungen umschreibt (wie z.B. Platzbuchungssysteme, Personalinformationssysteme, Lager- und Materialwirtschaftsysteme). In Anlehnung an den vorherrschenden Einsatzbereich spricht man in diesem Zusammenhang oft von "kommerziellen" (relationalen, hierarchischen oder netzwerkorientierten) Datenbanksystemen.

Auch Systeme zur Automation von Entwurfsprozessen (der Softwareentwicklung, des Entwurfs hochintegrierter Schaltungen oder mechanischer Bauteile) erfordern leistungsfähige Datenhaltungskomponenten. Dies gilt insbesondere für Systeme zur rechnergestützten Entwicklung von Software, für Software-Produktionsumgebungen, die aus Werkzeugen zur Unterstützung der bei der Entwicklung großer Softwaresysteme anfallenden Aufgaben bestehen. Hier erfolgt die Verwaltung der umfangreichen Informationen bislang i.a. unter Abstützung auf Dateiverwaltungssysteme. Weil diese aber die meisten der o.g. Konzepte nicht aufweisen, fällt deren Realisierung nunmehr in den Bereich der Werkzeuge oder muß durch Benutzerdisziplin sichergestellt werden. Dies verursacht nicht nur einen erheblichen Mehraufwand, sondern steht auch der Integration von Werkzeugen und damit dem Aufbau leistungsfähiger und umfassender, d.h. den gesamten Software-Lebenszyklus abdeckender Software-Produktionsumgebungen wesentlich entgegen.

Betrachtet man die Anforderungen von Software-Produktionsumgebungen an geeignete Datenverwaltungskomponenten in ihrer Gesamtheit, so kann eine sinnvolle Lösung hier allein darin bestehen, *eine* Systemkomponente vorzusehen, die *alle* für die Datenverwaltung erforderlichen Konzepte und Mechanismen zentral und einheitlich für sämtliche Werkzeuge bereitstellt. Daß heißt aber, daß Software-Produktionsumgebungen künftig auf Datenbanksystemen basieren, indem die Werkzeuge die Rolle der Datenbankanwendungen einnehmen.

Versuche, die Daten von Software-Produktionsumgebungen durch kommerzielle Datenbanksysteme zu verwalten, erbrachten in der Vergangenheit eine für ein akzeptables Arbeiten wesentlich zu geringe (Laufzeit-) Effizienz. Es hat sich gezeigt, daß dieser Mangel auf eine Reihe von Ursachen zurückzuführen ist, die ihren Ursprung letztlich in einem veränderten Anforderungsprofil technischer gegenüber kommerzieller Datenbankanwendungen haben. Schwächen weisen in diesem Zusammenhang die Datenmodelle kommerzieller Datenbanksysteme auf. Diese Schwächen führen einerseits zu einer unangemessen komplizierten Modellierung der zu verwaltenden Informationen, andererseits sind sie für einen großen Teil der Ineffizienz verantwortlich. Die Kernfrage lautet also nicht, *ob* Datenbanksysteme für Software-Produktionsumgebungen eingesetzt werden sollten, sondern *wie* die Konzepte und Mechanismen dieser Systeme sinnvollerweise aussehen und wie sie methodisch in Software-Produktionsumgebungen einzusetzen sind.

Am Ausgangspunkt der Konstruktion eines für Software-Produktionsumgebungen geeigneten Datenbanksystems steht notwendigerweise die Entwicklung eines geeigneten Datenmodells, als der zentralen Datenbankschnittstelle. Die Zielsetzung der vorliegenden Arbeit besteht in der Entwicklung eines Datenmodells (des *Entwurfsobjekt-Datenmodells*), das auf die Modellierung und Manipulation der Datenstrukturen von Software-Entwicklungswerkzeugen zugeschnitten ist, und das die Integration dieser Werkzeuge in Software-Produktionsumgebungen unterstützt. Diese globale Zielsetzung zerfällt in folgende Teilziele:

1. der Ermittlung der Anforderungen, die Software-Produktionsumgebungen als Datenbankanwendungen (insbesondere an Datenmodell-Konzepte) stellen,

2. der Umsetzung dieser Anforderungen in eine konkrete Datenbankschnittstelle (der eigentlichen Entwicklung des Datenmodells),

3. der Entwicklung einer auf dieses Datenmodell zugeschnittenen Methode zur Werkzeugintegration durch systematische Konstruktion globaler, integrierter Sichten aus den lokalen Sichten einzelner Werkzeuge,

4. der Validierung des entwickelten Datenmodells in Bezug auf Anforderungsangemessenheit, Implementierbarkeit sowie Einsetzbarkeit der Konzepte durch den Anwender.

1.1   Inhaltliche Schwerpunkte

Den Ausgangspunkt für die weiteren Überlegungen bildet die Ermittlung der Anforderungen, die das Entwurfsobjekt-Datenmodell abdecken soll. Anhand einer Analyse von Werkzeugen in Programmierumgebungen wird ermittelt,

- welche Informationsstrukturen für Software-Produktionsumgebungen typisch sind,

- wie diese Strukturen durch Datenbankschemata beschrieben werden können,

- welche typischen Probleme bei der Integration von Werkzeugen entstehen.

Obwohl diese Analyse nur für eine Teilmenge aller Werkzeuge vorgenommen wird (und damit exemplarischen Charakter hat), werden dabei alle relevanten Anforderungen erfaßt. Die

Anforderungen werden sodann den charakteristischen Eigenschaften von Datenbanksystemen gegenübergestellt. Dabei spielen sämtliche der o.a. Datenbank-Eigenschaften eine Rolle (wenngleich Datenmodell und -integration im Vordergrund stehen). Es stellt sich dabei außerdem heraus, daß zentrale Anforderungen – insbesondere an die *strukturelle Objektorientierung* des Datenmodells – nicht nur für Software-Produktionsumgebungen sondern auch für andere Anwendungen im Bereich des rechnergestützten Entwerfens typisch sind.

Die Umsetzung der gewonnenen Anforderungen in ein konkretes Datenmodell – repräsentiert durch Sprachen zur Modellierung von Datenstrukturen (DDL) sowie zur Manipulation von Datenbasen (DML) – bildet den nächsten Schwerpunkt. Die zentralen Konzepte des Entwurfsobjekt-Datenmodells, nämlich

- Konzepte zur Modellierung von *strukturierten Objekten, Objektversionen* und *Generalisierungshierarchien,*

- ein *allgemeines Beziehungskonzept* mit *einfachen* und *varianten Rollen* sowie

- Konzepte für *Attribute* und *Wertemengen,*

ordnen dieses Modell in die Klasse der strukturell-objektorientierten Datenmodelle ein. Für diese Modellierungskonzepte wird systematisch ein Satz von Operatoren abgeleitet. Die Gemeinsamkeiten zu anderen Entwurfsanwendungen lassen dabei den Schluß zu, daß die Datenmodell-Konzepte so oder in ähnlicher Form auch dort sinnvoll sein sollten. Dies gilt insbesondere dann, wenn die wesentlichen Konzepte – wie im vorliegenden Falle – den Charakter von (flexibel einsetzbaren) Basismechanismen haben.

Auf diesem Ergebnis aufbauend stellt sich dann die Frage, wie die Konzepte des Entwurfsobjekt-Datenmodells ausgenutzt werden können, um die Integration von Werkzeugen (im Sinne der Datenintegration) zu unterstützen. Es wird hierzu eine Methode vorgeschlagen, die es erlaubt, aus lokalen, einzelne Werkzeuge modellierenden Entwurfsobjekt-Datenmodell Schemata, systematisch globale und damit integrierte Datenbankschemata zu konstruieren. Dabei stehen die für eine möglichst weitgehende Automatisierung dieser Aufgabe wesentlichen, bisher jedoch kaum behandelten Probleme der Erkennung ähnlicher Konzepte sowie der Strukturierung des Integrationsprozesses im Vordergrund. Darüber hinaus zeigt sich, daß für ein vergleichsweise komplexes Datenmodell wie das Entwurfsobjekt-Datenmodell, auch die für die Integration benötigten Techniken umfangreicher und komplexer werden als bei herkömmlichen Datenmodellen. Die Anwendbarkeit der entwickelten Integrationsmethode ist dabei nicht auf Software-Produktionsumgebungen und prinzipiell auch nicht auf das Entwurfsobjekt-Datenmodell beschränkt. Sie beinhaltet hierüber hinausgehend grundsätzliche – d.h. auch für andere Anwendungen und Datenmodelle relevante – Beiträge zum Problemkreis der Sichtenintegration.

Das vierte Teilziel bildet schließlich die Validierung des Entwurfsobjekt-Datenmodells. Neben einer Bewertung der Angemessenheit der entwickelten Konzepte gegenüber den gestellten Anforderungen werden hier folgende Fragestellungen behandelt:

- *Nachweis der Implementierbarkeit*

  Der Nachweis der Implementierbarkeit stellt eine Validierung "nach unten" dar, indem gezeigt wird, wie ein Datenbanksystem konstruiert werden kann, das das Entwurfsobjekt-Datenmodell implementiert, und damit als Grundlage einer datenbankgestützten Software-Produktionsumgebung dienen kann. Ein Großteil der Betrachtungen wird dabei am Beispiel des Datenbanksystems *DAMOKLES* durchgeführt, der eine große Teilmenge des

Entwurfsobjekt-Datenmodells implementiert. Die Anwendungserfahrung, die mit diesem System inzwischen vorliegt, ermöglicht darüber hinaus Schlußfolgerungen hinsichtlich der effizienten Implementierbarkeit der entwickelten Konzepte.

- *Nachweis der Einsetzbarkeit*

  Demgegenüber stellt der Nachweis der Einsetzbarkeit der Datenmodell-Konzepte eine Validierung "nach oben", in Bezug auf den Benutzer, dar. Die Anwendung der entwickelten Integrationsmethode ermöglicht in diesem Zusammenhang die Behandlung zentraler Probleme, die über die Integration von Werkzeugen hinausgehen:

  - Zur methodischen Entwicklung eines lokalen Werkzeugschemas ist es insbesondere erforderlich, Redundanzen, d.h. unterschiedliche Modellierungen desselben Zusammenhangs, erkennen zu können. Hierzu können Techniken der Integrationsmethode eingesetzt werden.

  - Ein weitere für die Einsetzbarkeit wichtige Anforderung, besteht darin, daß Schemata nicht in einem Schritt entworfen werden und dann für alle Zeiten stabil sein können, sondern daß bestehende Schemata schrittweise, evolutionär weiterentwickelt werden. Dies ist auch dann möglich, wenn zu einem Schema bereits Datenbasisexemplare existieren. Auch zu diesem Problem der *dynamischen Schemamodifikation* bietet die Integrationsmethode Lösungsansätze an.

  - Schließlich unterstützt die Integrationsmethode auch die Integration heterogener Datenbankanwendungen, bezogen auf das vorliegende Anwendungsgebiet also die Integration heterogener, verteilter Software-Produktionsumgebungen.

1.2 Gliederung der Arbeit

Kapitel 2 analysiert die Anforderungen, die von Software-Produktionsumgebungen in Bezug auf Datenbanksysteme ausgehen, und weist den Nutzen der verschiedenen Eigenschaften des Datenbankansatzes für Software-Produktionsumgebungen nach. Wesentliche Aspekte werden jeweils an typischen Beispielen demonstriert, auf die auch im weiteren Verlauf Bezug genommen wird.

Kapitel 3 gibt zunächst einen Überblick über existierende Ansätze für die Datenverwaltung in Software-Produktionsumgebungen – speziell über Erfahrungen mit dem Einsatz kommerzieller Datenbanksysteme und über neuere Datenmodellentwicklungen – und zeigt positive Ansätze aber auch grundlegende Mängel in Bezug auf die vorliegende Aufgabenstellung auf. Weiterhin werden relevante Beiträge zur Integration von Werkzeugen und zum logischen Datenbankentwurf bewertet.

Die wesentlichen Konzepte des Entwurfsobjekt-Datenmodells sowohl zur Modellierung wie auch zur Manipulation von Datenbasen werden in Kapitel 4 präsentiert und spezifiziert. Dabei spielt insbesondere die systematische Ableitung von Operatoren aus gegebenen Modellierungskonzepten eine Rolle.

Kapitel 5 diskutiert die zentralen, mit der Implementierung des Entwurfsobjekt-Datenmodells zusammenhängenden Fragen.   Dabei wird besonders auf solche Aspekte eingegangen, die das Entwurfsobjekt-Datenmodell von herkömmlichen Datenmodellen unterscheiden, sowie auf Schlußfolgerungen aus der *DAMOKLES*-Implementierung.

Das 6. Kapitel behandelt den Einsatz des Entwurfsobjekt-Datenmodells im Hinblick auf die methodische Integration lokaler Sichten. Eine Reihe von Techniken werden präsentiert; deren zielgerichtete Anwendung in einem strukturierten Prozeß zur Sichtenintegration wird erörtert.

Im nächsten Kapitel wird darauf aufbauend die Anwendung der entwickelten Integrationsmethode zur Modellierung lokaler Sichten, zur dynamischen Modifikation von Datenbankschemata sowie zur Integration heterogener Datenbankanwendungen diskutiert. Zudem werden Fragestellungen, die den Einsatz eines Datenbanksystems in Software-Produktionsumgebungen betreffen, nämlich die Integration datenbankbasierter Werkzeuge mit konventionellen Werkzeugen, behandelt.

Kapitel 8 faßt schließlich die gewonnenen Ergebnisse in einer kritischen Bewertung zusammen, zeigt deren Bedeutung auch für Problemkreise, die über das vorliegende Anwendungsgebiet hinausreichen, und gibt einen Ausblick.

Kapitel 2

Anforderungen an Datenbanksysteme für SPUen

Um die ingenieurmäßige Erstellung von Software zu unterstützen, werden seit einiger Zeit *Software-Produktionsumgebungen* (SPUen) [Howd82, Hünk81] entwickelt, die dem Software-Ingenieur *Werkzeuge* zur Automation der im Rahmen des Software-Entwicklungsprozesses anfallenden (Planungs-, Entwicklungs-, Kontroll- und Steuerungs-) Aufgaben anbieten. Es hat sich dabei als sinnvoll erwiesen, den gesamten, komplexen Entwicklungsprozeß entsprechend einem *Software-Lebenszyklus* (SLC) [Boeh76, Goos83a] in *Phasen* zu untergliedern. Die durch die Phaseneinteilung gegebene Grobstruktur wird weiter verfeinert, so daß man einen SLC statisch als baumartige Struktur von Arbeitseinheiten, von *Schritten*, ansehen kann.

Das Ergebnis eines jeden Schrittes wird durch *Dokumente* beschrieben. Werkzeuge arbeiten demnach auf Dokumenten, indem sie diese generieren, analysieren, modifizieren oder transformieren. Kommunikation zwischen Schritten (und damit auch zwischen den entsprechenden Werkzeugen) kommt dadurch zustande, daß Ergebnisdokumente eines Schrittes als Eingabe für den nachfolgenden Schritt fungieren. Die Verwaltung von Dokumenten stellt also in einer SPU eine zentrale Aufgabe dar; eine geeignete Dokumentenverwaltung ist sowohl für Entwickler als auch für Anwender von SPUen unabdingbar.

In diesem Kapitel werden zunächst die Anforderungen ermittelt, die *Datenbanksysteme* befriedigen müssen, um zur Verwaltung von Dokumenten in SPUen tauglich zu sein. Darüber hinaus wird die der Arbeit und dem Datenbankansatz zugrundeliegende Terminologie eingeführt. Der Datenbankansatz zeichnet sich durch eine Reihe von Eigenschaften aus, die es bei richtiger Ausgestaltung ermöglichen, *alle* Anforderungen an die Dokumentenverwaltung durch *eine* Systemkomponente, das Datenbanksystem, abzudecken. Allein leistungsfähige, auf die Anforderungen von SPUen zugeschnittene Datenbanksysteme erscheinen daher geeignet, als Basis künftiger SPUen dienen zu können.

Zunächst werden in einer Fallstudie Software-Entwicklungswerkzeuge analysiert, wobei typische Informationsstrukturen herausgearbeitet und exemplarisch modelliert werden. Ferner werden die mit der Integration von Werkzeugen, der Existenz von Versionen von Dokumenten

sowie der Notwendigkeit kontrollierter Zusammenarbeit von Entwicklern zusammenhängenden
Aspekte behandelt. Nach einer Darlegung der substantiellen Vorteile, die mit dem Einsatz
von Datenbanksystemen in SPUen im Vergleich zu konventionellen, auf Dateiverwaltungssy-
stemen basierenden Ansätzen verbunden sind, werden konkrete Anforderungen in Bezug auf
die Charakteristika des Datenbank-Ansatzes (Datenmodell, -integration und -unabhängigkeit,
Mehrbenutzersynchronisation, Konsistenz, Datensicherheit, Schutz) abgeleitet.

2.1 Analyse von Software-Entwicklungswerkzeugen

In diesem Abschnitt werden Werkzeuge analysiert, die man üblicherweise in *Programmierumgebungen* [Bars84] antrifft, und zwar im einzelnen:

- Übersetzer

- syntax- bzw. semantikorientierte Editoren

- Programmbibliothek

- Binder

- (source level) Debugger

Grundsätzlich wird das zu entwickelnde System in jeder SLC-Phase mit *Sprachen* beschrieben (wie z.B. Sprachen zur Anforderungsanalyse, Spezifikationssprachen, Programmiersprachen.
etc.); eine Systembeschreibung, ein *Dokument*, ist demnach ein *Programm* in der entsprechenden Sprache [Lehm84]. Wenn nun die Auswahl der zu analysierenden Werkzeuge bewußt auf
die *Implementierungsphase* beschränkt wird, so ist dies dadurch gerechtfertigt, daß

- die Eigenschaften von Werkzeugen zur Verarbeitung von Programmiersprachen – und damit die von ihnen ausgehenden Anforderungen an ein Datenbanksystem – auch auf Werkzeuge zur Verarbeitung anderer Sprachen übertragen werden können,

- letztere darüberhinaus keine grundsätzlich neuen Anforderungen aufwerfen.

Die Analyse der genannten Werkzeuge zielt zunächst darauf ab, die zentralen Informations
strukturen und Operationen auf diesen konkret herauszuarbeiten. Für jedes Werkzeug wird
eine Modellierung seiner Informationsstrukturen angegeben, auf deren Basis die wesentlichen
Unterschiede zu kommerziellen Anwendungen und damit die zentralen Anforderungen an Da
tenbanksysteme für SPUen diskutiert werden. Damit soll nicht zum Ausdruck gebracht werden
daß alle diese Informationen immer und in dieser Form in einer Datenbasis existieren. (So könn
ten etwa temporäre Darstellungen stets neu generiert und nicht permanent in einer Datenbasi
abgelegt werden.) Wo sich die Beispiel-Modellierungen auf eine konkrete Programmiersprach
und entsprechende Werkzeuge abstützen, wird Ada [Ada83] mit der Zwischensprache DIANA
[Goos83b] sowie die Karlsruher Ada-Umgebung [Pers85] zugrundegelegt. Grundsätzlich wir
aber angestrebt, von speziellen Eigenschaften dieser Umgebung zu abstrahieren, so daß die Er
gebnisse auch auf andere Programmiersprachen bzw. Werkzeuge übertragbar sind.

Zur Darstellung der analysierten Informationsstrukturen wird ein semantisches Datenmode
eingesetzt, und zwar das *Entity-Relationship* (ER) Modell [Chen76] in der Fassung von [ISO82
Dieses Modell hat eine sehr weite Verbreitung im Bereich des Datenbankentwurfs erfahren un
kann damit als ein klassischer Vertreter semantischer Datenmodelle angesehen werden.

2.1.1　Übersetzer

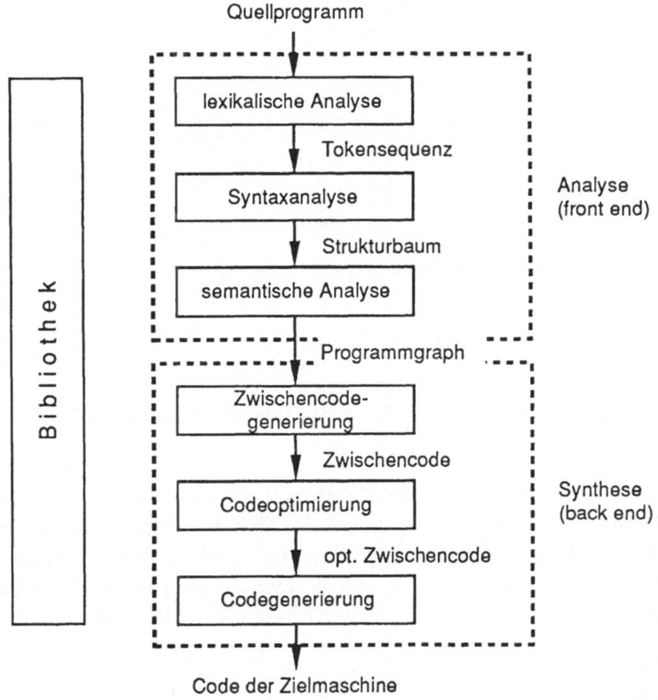

Abbildung 2.1: Struktur eines Übersetzers

Abbildung 2.1 zeigt die grundsätzliche Struktur von Übersetzern [Aho86]. Danach unterscheidet man zunächst zwei wesentliche Komponenten, die *Analyse (front end)*, bestehend aus den Phasen lexikalische Analyse, Syntaxanalyse und semantische Analyse, und die *Synthese (back end)* mit Zwischencodegenerierung, Codeoptimierung und Codegenerierung. Die einzelnen Übersetzerphasen kommunizieren über Datenstrukturen (Tokensequenz, Strukturbaum, Programmgraph, Zwischencode). In der Praxis können manche Phasen verschmolzen sein, mit der Konsequenz, das die entsprechende Zwischendarstellung nicht explizit aufgebaut wird.

Im folgenden sei stets eine Programmiersprache mit getrennter Übersetzbarkeit von Programmeinheiten und Einheits-übergreifenden Prüfungen auf konsistente Verwendung definierter Größen unterstellt, wie z.B. Ada [Ada83] oder MODULA-2 [Wirt83]. Dies erfordert eine Bibliothek, die den Übersetzerphasen Zugriff auf bereits vorübersetzte Einheiten ermöglicht [Daus85]. Die Struktur einer solchen Bibliothek wird in einem späteren Abschnitt behandelt.

2.1.1.1　Lexikalische Analyse

Eingabe der *lexikalischen Analyse* ist eine getrennt übersetzbare Einheit, die i.a. in textueller Form in einer Datei vorliegt. Ausgabe dieser Übersetzerphase ist eine Folge von Grundsymbolen, die *Tokensequenz* (Abbildung 2.2). Ein Grundsymbol (Objekttyp *token* mit dem Attribut

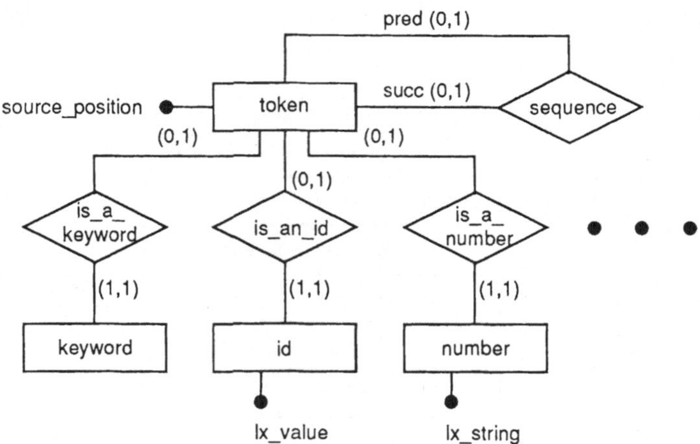

Abbildung 2.2: Übersetzungseinheit nach der lexikalischen Analyse – Tokensequenz

source_position) ist dabei ein Schlüsselwort (*keyword*), ein Bezeichner (*id*), eine Zahl (*number*), usw.; die Reihenfolge der Grundsymbole wird durch den Beziehungstyp *sequence* beschrieben. Die Information über eine Übersetzungseinheit liegt nach der lexikalischen Analyse in Form einer Menge von Objekten und Beziehungen der obigen Typen vor. Eine solche Menge repräsentiert somit eine Übersetzungseinheit aus der Sicht der Phase "lexikalische Analyse".

2.1.1.2 Syntaxanalyse

Die *Syntaxanalyse* prüft, ob die Folge der Grundsymbole zur Sprache der kontextfreien Grammatik gehört, und erzeugt eine baumartige Darstellung, die der abstrakten Syntax des Programms entspricht (*Strukturbaum*). Jeder innere Knoten entspricht einem Operator, dessen Operanden durch die Teilbäume (Söhne) des Knotens beschrieben werden. Eine vereinfachte Modellierung eines Strukturbaumes zeigt Abbildung 2.3.

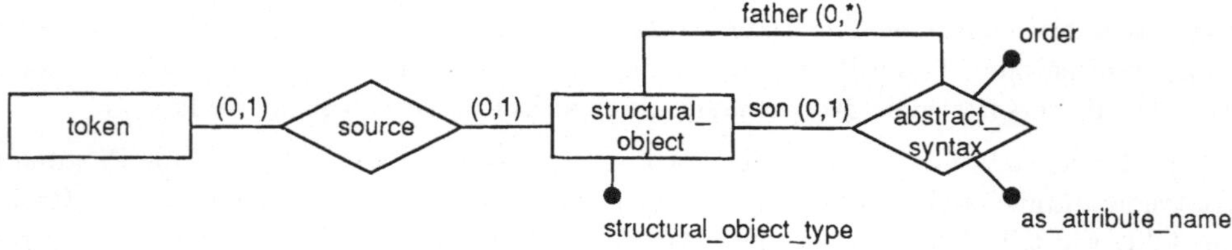

Abbildung 2.3: Übersetzungseinheit nach der Syntaxanalyse – Strukturbaum

Der Strukturbaum besteht aus Knoten oder *Strukturobjekten* (Objekttyp *structural_object*) und Kanten (Beziehungstyp *abstract_syntax* mit den Rollen *father* und *son*). Die Baumstruktur ist in dem ER-Diagramm durch Angabe entsprechender Kardinalitäten nachgebildet (ein *structural_object* kann höchstens einen Vater haben, d.h. einmal in der Rolle *son* auftreten, jedoch beliebig oft in der Rolle *father*). Attribut von *structural_object* ist (u.a.) *structural_object_type* zur Unterscheidung verschiedener Knotentypen entsprechend der abstrakten Syntax.[1] Attribute von *abstract_syntax* sind:

- *as_attribute_name* zur Angabe der Art der Beziehung (vgl. Anmerkung)

- *order* zur Definition einer Ordnung auf der Menge der Söhne (Liste von Söhnen)

Über den Beziehungstyp *source* sind die Strukturobjekte mit den entsprechenden Grundsymbolen verbunden; es ist damit stets möglich, auf eine Position im Quellcode zurückzuverweisen, was insbesondere für die Fehlerbehebung im Quellprogramm (*source level debugging*) notwendig ist – vgl. Abschnitt 2.1.5. Die Operationen, die auf einer solchen Datenstruktur ablaufen, lassen sich grob wie folgt zusammenfassen (vgl. [Goos83b]):

- Erzeugen eines Knotens mit vorgegebenem Typ

- Löschen eines Knotens

- Ermittlung der Anzahl der Söhne eines Knotens

- Einfügen des k-ten Sohnes zu einem Vater

- Zugriff auf den k-ten Sohn eines Vaters

- Operationen zur Manipulation und zum Lesen von Attributwerten eines Knotens

Analog zur Abbildung 2.2 stellt 2.3 eine Übersetzungseinheit aus der Sicht der der Syntaxanalyse dar. Jede Übersetzungseinheit wird auf Exemplarebene durch eine Menge von Objekten und Beziehungen der in 2.3 dargestellten Typen beschrieben. Um diesen Sachverhalt korrekt in einer Datenbasis widergeben zu können, ist ein Abstraktionskonzept erforderlich, das es erlaubt, eine Menge von Objekten und Beziehungen auf einer höheren Abstraktionsebene als ein Objekt aufzufassen.

2.1.1.3 Semantische Analyse

Die semantische Analyse untersucht, ob die als Strukturbaum vorliegende Übersetzungseinheit die Bedingungen der statischen Semantik der Programmiersprache erfüllt. Darunter fallen folgende Aufgaben:

- Zuordnung der gültigen Definition zu jeder Anwendung eines Bezeichners

- Überprüfung der Typen der Operanden eines Operators und Ermittlung seines Ergebnistyps

---

[1]Anmerkung: DIANA unterscheidet etwa 160 Knotentypen. Knoten haben Attribute, die einfache Werte annehmen oder auf Knoten (oder Listen von Knoten) bestimmter Typen verweisen können. Erstere werden in der ER-Modellierung grundsätzlich durch (ER-) Attribute dargestellt, die zweite Klasse, die sog. *strukturellen Attribute*, durch Beziehungen zwischen Strukturobjekten. Aus Gründen einer einfachen Modellierung wurden alle Strukturobjekte (d.h. Knoten) zu einem Typ *structural_object* und alle strukturellen Attribute zu einem Beziehungstyp *abstract_syntax* zusammengefaßt. Die Attribute *structural_object_type* und *as_attribute_name* bezeichnen den DIANA-Typ des Strukturobjekts bzw. des strukturellen Attributs.

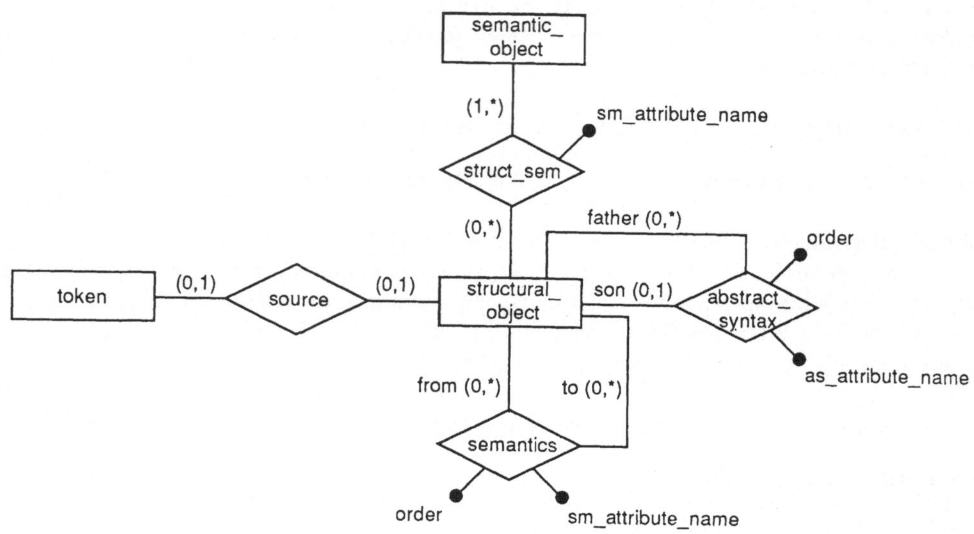

Abbildung 2.4: Übersetzungseinheit nach der semantischen Analyse – Programmgraph

Dazu und für die spätere Verarbeitung durch andere Übersetzerphasen wird den Knoten des Strukturbaumes zusätzliche Information zugeordnet, es entsteht ein *Programmgraph* (Abbildung 2.4). Der Programmgraph – er entspricht dem attributierten Strukturbaum im herkömmlichen Sinn – enthält den Strukturbaum (*structural_object* und *abstract_syntax*). Strukturobjekte können nun zusätzliche Attribute haben und weitere Beziehungen eingehen, die der Baumstruktur eine allgemeine Graphenstruktur überlagern (Beziehungstyp *semantics*).[2] Darüber hinaus ist es möglich, daß die semantische Analyse weitere Objekte und Beziehungen zur Darstellung semantischer Information erzeugt (*semantic_object* und *struct_sem*), denen nicht unmittelbar (über den Beziehungstyp *source*) Konstrukte des Quellprogramms (*token*) entsprechen. Die Operationen auf einem Programmgraphen entsprechen denen des letzten Abschnitts.

Bei dieser Modellierung semantischer Information wird sinnvollerweise ein Beziehungstyp ("semantisches Attribut") vorgesehen, um von dem angewandten Auftreten eines Bezeichners auf dessen definierendes Auftreten zu verweisen. Damit ist zunächst eine Definitionstabelle, die diesen Zusammenhang in konventionellen Übersetzern implementiert, überflüssig. Beziehungen dieses Typs erlauben darüber hinaus aber auch, von einer Definition ausgehend alle zugehörigen angewandten Auftreten zu erreichen. Diese Information, die für Wartungszwecke und für Strategien zur Berechnung optimaler Nachübersetzungen (*smart recompilation* [Tich86, Kais87]) essentiell ist, ist herkömmlicherweise gar nicht oder nur unter erheblichem Aufwand verfügbar.

---

[2]Anmerkung: Analog zu den strukturellen Attributen kennt DIANA auch *semantische Attribute*. Diese werden wie oben beschrieben durch Beziehungen dargestellt. Während es bei den den strukturellen Attributen sinnvoll ist, die Baumstruktur durch einen einzigen Beziehungstyp darzustellen, erscheint es für semantische Attribute vorteilhaft, unterschiedliche Knoten(-sub-)typen und je nach Art des semantischen Attributs verschiedene Beziehungstypen zwischen diesen vorzusehen. Insofern zeigt Abbildung 2.4 eine vergröberte Darstellung dieser Situation mit lediglich zwei Knotentypen (*structural_object* und *semantic_object*) und zwei semantischen Attributen (*semantics* und *struct_sem*).

Darüber hinaus wird eine Übersetzungseinheit aus der Sicht der Syntaxanalyse in ähnlicher Weise wie in den beiden vorangegangenen Fällen beschrieben, als Menge von Objekten und Beziehungen der dargestellten Typen. Die Sicht der semantischen Analyse ist dabei eine Obermenge der Sicht der Vorphase, der Syntaxanalyse (*structural_object* und *abstract_syntax* sind in beiden Abbildungen enthalten), im Unterschied zu den Phasen lexikalische Analyse und Syntaxanalyse.

2.1.1.4 Zwischencodeerzeugung und Codeoptimierung

Ziel der *Codeoptimierung* ist die Verringerung der Laufzeit und des benötigten Speicherplatzes des zu generierenden Codes der Zielmaschine. Die Codeoptimierung stellt eine funktionserhaltende Transformation auf einer geeigneten Zwischensprache dar. Diese Zwischensprache kann auf die Quellsprache (Abbildung 2.5) oder auf die Zielsprache (Abbildung 2.6) bezogen sein. In beiden Fällen wird ein *Basisblockgeflecht* [Aho86] aufgebaut. Die Knoten dieses Geflechts stellen die Basisblöcke dar (Objekttypen *high_level_basic_block* bzw. *low_level_basic_block*), die Kanten (Beziehungstyp *control_flow*) Verzweigungen im Kontrollfluß. Jeder Basisblock repräsentiert eine Folge von Operationen, die selbst keine Verzweigungen des Kontrollflusses enthält. Daten- und Kontrollflußanalysen auf solchen Strukturen ermöglichen u.a. [Aho86]:

- die Eliminierung gemeinsamer Unterausdrücke

- die Eliminierung von totem Code

- die Optimierung von Schleifen

- die Verlagerung von Code

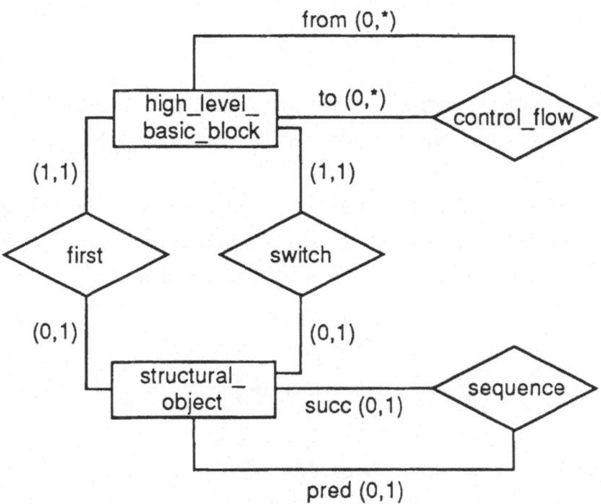

Abbildung 2.5: Basisblockgeflecht (quellsprachbezogen)

Im Fall der quellsprachbezogenen Optimierung bilden die Knoten (*structural_object*) des Strukturbaumes die Operationen der Basisblöcke. Jeder Basisblock verweist in 2.5 auf den Anfang (*first*) einer Liste (*sequence*) von Strukturobjekten (diese Liste kann auch implizit durch eine

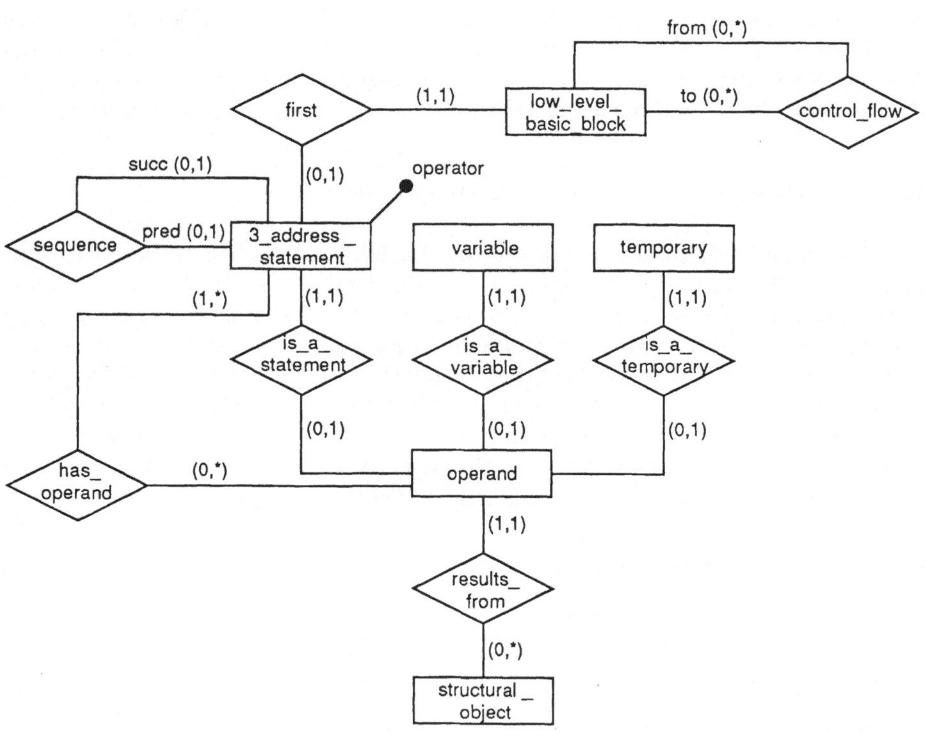

Abbildung 2.6: Basisblockgeflecht mit 3-Adreß Anweisungen

Ordnung der Knoten des Strukturbaumes definiert sein). Das letzte Strukturobjekt eines Basis-
blocks repräsentiert eine Verzweigung des Kontrollflusses (Beziehungstyp *switch*).

Im zweiten Fall wird der Strukturbaum zunächst in eine niedere Zwischensprache transformiert.
Als geeignete Form der Darstellung, die einerseits noch zielsprachenunabhängig ist, sich anderer-
seits aber relativ leicht in Code der Zielmaschine umsetzen läßt, haben sich *3-Adreß Anweisungen*
[Aho86] in der Form

$$x := y \; op \; z$$

herausgebildet. Dabei stellen x, y und z Variable, Konstanten, vom Übersetzer generierte temporäre Bezeichner oder temporäre Zwischenergebnisse und *op* einen beliebigen (arithmetischen,
logischen, ...) Operator dar. Je nachdem, ob Zwischenergebnisse explizit aufgebaut werden oder
nicht, spricht man von *Quadrupel-* oder *Tripeldarstellung*. Abbildung 2.6 zeigt eine Tripeldarstellung. Operanden (Objekttyp *operand*) eines Objekts vom Typ *3_address_statement* können
neben Variablen und temporären Größen auch Zwischenergebnisse, d.h. wiederum 3-Adreß Anweisungen sein. Ein Basisblock (*low_level_basic_block*) verweist auf die erste Anweisung (*first*)
einer Folge (*sequence*) von 3-Adreß Anweisungen. Der Beziehungstyp *results_from* ordnet die
Objekte der niederen Zwischensprache den entsprechenden Konstrukten des Strukturbaumes zu.

2.1.2 Syntax-/semantikorientierte Editoren

Ein syntaxorientierter Editor (vgl. z.B. [Baye81, Donz84, Teit81]) unterstützt die Codierung von Programmen, indem er nur syntaktisch korrekte Eingaben zuläßt. Ein semantikorientierter Editor überprüft zusätzlich die Regeln der statischen Semantik. Semantikorientierte Editoren bieten darüber hinaus Operationen an, die die im Programmgraphen enthaltene semantische Information ausnutzen, z.B. um in einem gewissen Kontext alle angewandten Auftreten eines Bezeichners durch einen anderen Bezeichner zu ersetzen. Im Unterschied zum Analyseteil von Übersetzern unterstützen syntax- und semantikorientierte Editoren *inkrementelle* Übersetzungen, d.h. bei der Modifizierung eines Programms wird nicht mehr der gesamte Quellcode sondern nur die modifizierte Stelle analysiert.

Demzufolge arbeitet ein syntaxorientierter Editor auf Datenstrukturen, wie sie in Abbildung 2.3 dargestellt werden; ein semantikorientierter Editor benötigt zusätzlich die semantische Information entsprechend dem Programmgraphen in Abbildung 2.4. Auch die Operationen entsprechen denen der Analysephase von Übersetzern. Zusätzlich benötigt werden allerdings häufig Mechanismen zum bedingten Auslösen von Aktionen (*Trigger*), z.B. zum Auslösen der entsprechenden Attributauswertungen nach einer inkrementellen Programmänderung.

2.1.3 Programmbibliothek

Für Sprachen mit getrennter Übersetzbarkeit sind bei der Übersetzung einer Einheit stets auch einheitsübergreifende Prüfungen und damit Zugriffe auf die Schnittstellen importierter und bereits übersetzter Einheiten erforderlich. Man setzt zu diesem Zweck *Programmbibliotheken* ein, um die Schnittstellen von und die Beziehungen zwischen Übersetzungseinheiten zu verwalten [Daus85]. Im Gegensatz zum Programmieren im Kleinen steht dabei die makroskopische Struktur von Programmen im Vordergrund. Man kann daher eine Programmbibliothek auch als ein Werkzeug zur Unterstützung des Programmierens im Großen auffassen, das es erlaubt, Moduln zu spezifizieren (durch Angabe ihrer Schnittstellen) sowie die Beziehungen zwischen Moduln festzulegen (durch Angabe der Import-Beziehungen). Ein Vorschlag für ein solches Werkzeug findet sich in [Lewe85].

In der Abbildung 2.7 wird die Struktur einer solchen Bibliothek beschrieben. Ein Modul (Objekttyp *module*) bestehe dabei aus einer Spezifikation (*spec*) und einem Rumpf (*body*), die jeweils getrennt übersetzt werden können, d.h. Übersetzungseinheiten sind (*unit*). Der Beziehungstyp *root* verbindet eine Einheit mit der Wurzel ihres Strukturbaumes (*structural_object*); *imports* beschreibt die (statisch festgelegten) Abhängigkeiten zwischen Einheiten, *comp_dep* solche, die durch eine spezielle Implementierung des Übersetzers entstehen, und *elab_order* die Reihenfolge bei der Initialisierung der Einheiten eines Programms (vgl. auch [Daus85]). Die Aufgaben einer solchen Bibliothek bestehen u.a. in:

- dem Berechnen erforderlicher Nachübersetzungen aufgrund von Änderungen bereits übersetzter Einheiten

- der Konfigurierung vollständiger Programme zum Binden

Dazu müssen jeweils transitive Hüllen der Abhängigkeitsrelation gebildet werden. Im Falle der Nachübersetzungen etwa werden zunächst alle Einheiten ermittelt, die die veränderte Einheit importieren, dann alle Einheiten, welche die so ermittelten Einheiten importieren, usw. Zur Optimierung dieses Prozesses schlagen verschiedene Autoren [Tich86, Kais87] vor, die Nachübersetzung einer Einheit nicht zwangsläufig bereits dann auszulösen, wenn eine (transitiv) importierte

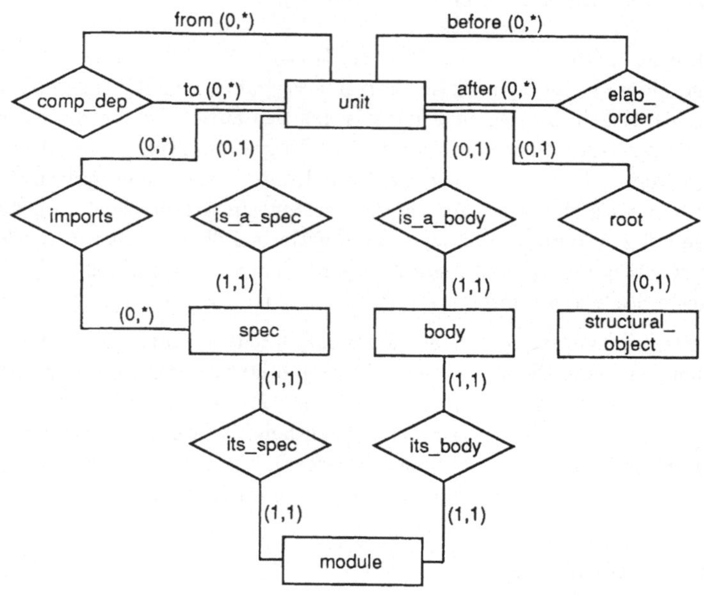

Abbildung 2.7: Struktur einer Bibliothek

Einheit verändert wurde, sondern nur, wenn die von der importierenden Einheit aktuell benutzten Größen modifiziert worden sind (vgl. auch [Daus85]). Dazu ist Information darüber notwendig, wo überall eine Größe, die in einer Einheit definiert wird, (in anderen Einheiten) angewandt wird (vgl. hierzu auch die Ausführungen zur Definitionstabelle im Abschnitt 2.1.1.3).

2.1.4 Binder

Der Binder hat die Aufgabe, aus einer Menge von *bindbaren Einheiten* eine *ausführbare Einheit* oder wiederum eine bindbare Einheit zu erzeugen. Dabei geht man davon aus, daß der vom Übersetzer generierte Code einer Einheit verschieblich (*relocatable*) ist und außerdem noch nicht aufgelöste Externreferenzen enthalten kann. Die Aufgaben des Binders [Wett79] bestehen in der Umrelativierung von Adressen, der Auflösung externer Referenzen sowie u.U. in der automatischen Aufnahme weiterer Einheiten (z.B. aus Unterprogrammbibliotheken) in das Gebinde.

Abbildung 2.8 zeigt ein entsprechendes ER-Diagramm. Objekte vom Typ *unit* sind durch *code*-Beziehungen mit Listen von Maschinenbefehlen verbunden (Objekttyp *machine_instruction*, Beziehungstyp *sequence*). Operanden der Maschineninstruktionen können interne (*internal*) oder externe Referenzen (*external*) sein. Letztere referieren dabei eine Einheit (*refers_to*). Die exportierten Größen ("Entries") einer Einheit werden durch Beziehungen vom Typ *entry* beschrieben. Den Bindevorgang kann man sich nun derart vorstellen, daß ausgehend von einer gegebenen Einheit (dem Hauptprogramm) der Binder selbstständig durch Auflösen der Externreferenzen die Einheiten ermittelt, die zu einem vollständigen Programm, einer *Konfiguration*, gehören. Dies ist nur dann automatisch möglich, wenn von einer Einheit keine *Versionen* existieren; die Modellierung von Versionen von Moduln und die daraus resultierenden Probleme für die Konfiguration von Programmen werden an späterer Stelle behandelt. Schließlich sei darauf hingewiesen, daß

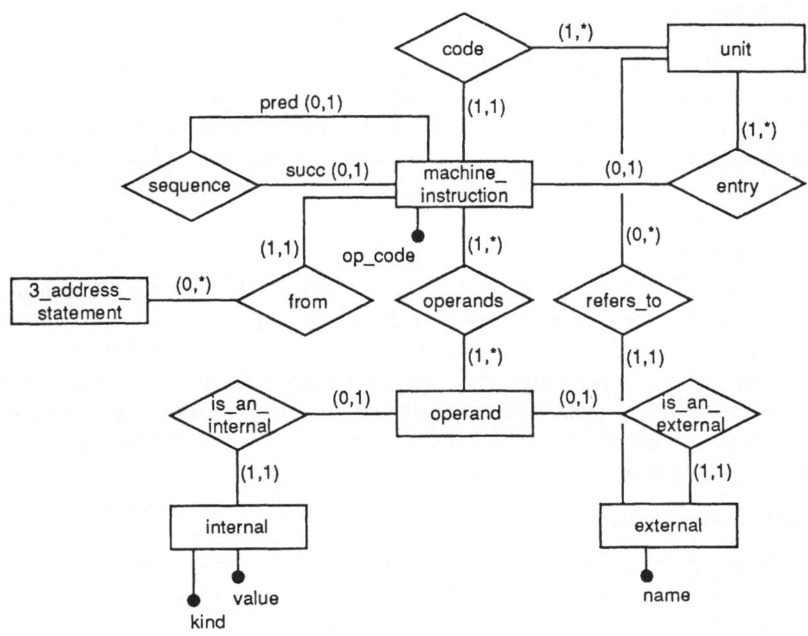

Abbildung 2.8: Übersetzungseinheit aus der Sicht des Binders

auch hier der Bezug zwischen Maschinencode und (niederer) Zwischensprache gegeben ist (Beziehungstyp *from* zwischen *3_adress_statement* und *machine_instruction*).

2.1.5   Source Level Debugger

Die Aufgabe eines *Debuggers* besteht darin, einen Bezug vom Auftreten eines Laufzeitfehlers bei einem Maschinenbefehl zu der Stelle im Programmquelltext ("source level") herzustellen, die diesem Maschinenbefehl entspricht. Die dazu notwendigen Informationen sind als Beziehungen zwischen Konstrukten verschiedener Zwischensprachen modelliert:

- in Abbildung 2.8 *from* zwischen *machine_instruction* und *3_address_statement*

- in Abbildung 2.6 *results_from* zwischen *3_adress_statement* und *structural_object*

- in Abbildung 2.3 *source* zwischen *structural_object* und *token*

- in Abbildung 2.2 als Attribut *source_position* des Typs *token*

Damit ist es grundsätzlich möglich, der Reihe nach auf alle Zwischensprach-Konstrukte zuzugreifen, aus denen ein Maschinenbefehl abgeleitet wurde, bis hin zur Anweisung im Quelltext. In der Praxis dürfte allerdings aus Effizienzgründen eher eine unmittelbare Beziehung zwischen Maschinenbefehl und Quellprogramm-Position von Interesse sein; dies gilt sinngemäß auch für Interpreter, die eine der Zwischensprachen interpretieren.

2.1.6 Dokumente

Die Tätigkeit von Entwicklern besteht darin, (unterstützt durch Werkzeuge) Dokumente zu generieren, modifizieren, analysieren oder zu transformieren. Ein Dokument kann man als einen Behälter für (beliebige) Information ansehen, d.h. einem Dokument sind neben seinem Inhalt Informationen zugeordnet, die das Dokument als ganzes beschreiben. Man kann demnach unterscheiden:

- *Statusinformation,*

  wie z.B. Titel, Autor, Datum der Erzeugung oder letzten Modifikation, Prüfungs- und Freigabevermerke, Rechte von Benutzern oder Benutzergruppen. Diese Informationen sind i.a. für Managementaufgaben von Bedeutung; sie lassen sich grundsätzlich als Attributwerte des entsprechenden Dokumentes darstellen (sofern sie nicht implizit durch das Dokumentenverwaltungssystem einem Dokument zugeordnet werden, wie möglicherweise Rechte). Für die Dokumentenverwaltung ist dabei von Bedeutung, daß aufgrund dieser Information assoziativ auf Dokumente zugegriffen wird.

- *Darstellungsinformation,*

  die die Darstellung des Dokuments auf dem Bildschirm oder als Druckausgabe bestimmt. Hierzu zählen Kopf-, Fußtexte und sonstige Layout-Information.

- *Inhaltsinformation,*

  die die interne Struktur des Dokuments beschreibt auf der die Entwicklungswerkzeuge arbeiten. Die Analyse der Werkzeuge in den vorangegangenen Abschnitten hat als Ergebnis Beschreibungen typischer interner Strukturen erbracht. Bei der Modellierung dieser Information sind zwei Fälle zu unterscheiden:

  1. *Modellierung als monolithische Struktur*
     Die interne Struktur des Dokuments wird ausschließlich durch Werkzeuge und nicht durch das Dokumentenverwaltungssystem interpretiert, stellt also aus der Sicht der Dokumentenverwaltung eine monolithische Struktur dar. Die Dokumentenverwaltung hat keine Kenntnis über einzelne Komponenten innerhalb dieser Struktur. Hierunter fallen z.B. die oft umfangreichen textuellen Systembeschreibungen, die grundsätzlich nicht weiter strukturiert werden. Die Dokumentenverwaltung bietet hierzu die Möglichkeit, die Dokumentstrukturen etwa in der Art von Dateiinhalten zu manipulieren.

  2. *Explizite Modellierung der Komponenten*
     Die interne Struktur des Dokuments wird so dargestellt, daß die Dokumentenverwaltung deren Komponenten als eigenständige Exemplare zur Kenntnis nehmen kann. Beispiele hierfür finden sich in den Abbildungen der vorangegangenen Abschnitte.

Diese beiden Alternativen bestehen auch für die graphische Darstellung von Dokumentinhalten. Im ersten Fall werden Graphiken aus der Sicht der Dokumentenverwaltung als Monolithe behandelt (Beispiel: Bitmaps). In der zweiten Alternative visualisiert die Graphik eine Datenstruktur (z.B. als Baum oder gerichteten Graphen); die graphische Darstellung wird nunmehr aus der internen Dokumentstruktur generiert. Zu ihrer Modellierung wird den einzelnen Konstrukten dieser Struktur (Knoten, Kanten, etc.) zusätzliche Information zugeordnet, die z.B. ihre Darstellung auf einem Bildschirm, ihre Positionierung in einem Koordinatensystem, etc. beschreibt.

2.2 Integration von Werkzeugen

Eine SPU besteht aus einer Menge von Werkzeugen; Kommunikation zwischen diesen kommt dadurch zustande, daß ein Werkzeug Ergebnise eines anderen liest. Dabei lassen sich zwei grundsätzlich verschiedene Arten der Werkzeugkopplung unterscheiden: *integrierte Werkzeuge* und *lose Kopplung*.

2.2.1 Lose Kopplung

Die Kommunikation zwischen Werkzeugen wird durch ein definiertes Datenaustauschformat erreicht. Über den reinen Datenaustausch hinausgehende Funktionen müssen von jedem Werkzeug bereitgestellt werden. Darunter fallen etwa die Transformation des Austauschformates in eine geeignete interne Repräsentation wie auch die (permanente) Speicherung dieser Datenstruktur; jedes Werkzeug verwaltet somit eine eigene Datenbasis gemäß Abbildung 2.9.

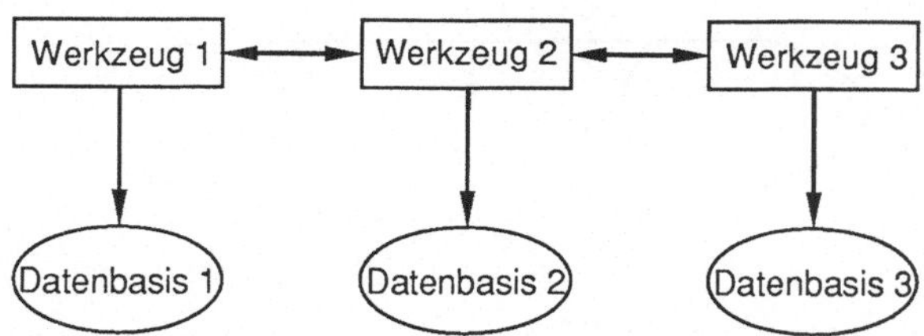

Abbildung 2.9: Lose gekoppelte Werkzeuge

Ein Beispiel für diese Art der Werkzeugkopplung ist UNIX und die darauf aufbauende Programmer's Workbench [Dolo76]. Die Schnittstelle zum Datenaustausch ist hierbei durch die Operationen zur Manipulation von UNIX-Dateien gegeben (auch wenn diese Daten wie im Falle von pipes nicht unbedingt permanent existieren müssen). Die Vorteile dieser Art der Kommunikation liegen darin [Garl86],

- daß die interne Repräsentation eines Dokumentes (unabhängig von anderen Werkzeugen) auf die speziellen Bedürfnisse eines Werkzeugs zugeschnitten werden kann.

- daß die Abhängigkeiten zwischen verschiedenen Werkzeugen durch die schmale Schnittstelle minimiert, und dadurch die Hinzunahme weiterer Werkzeuge in eine Umgebung erleichtert wird.

Dies wird allerdings dadurch erkauft [Balz87],

- daß jedes Werkzeug eine eigene interne Repräsentation von Dokumenten implementieren muß,

- daß stets i.a. aufwendige Transformationen zwischen interner Repräsentation und Austauschformat stattfinden,

- und daß durch Duplizieren von Dokumentrepräsentationen unkontrollierte Redundanz und damit einhergehend schwerwiegende Konsistenzprobleme unvermeidbar sind.

2.2.2   Integrierte Werkzeuge

Demgegenüber ist es für *integrierte* Werkzeuge charakteristisch, daß sie über eine definierte
Schnittstelle auf Datenstrukturen arbeiten, die in einer gemeinsamen Datenbasis verwaltet werden – vgl. Abbildung 2.10. Beispiele für diese Art der Werkzeugkopplung finden sich in nahezu
allen interaktiven Programmierumgebungen [Bars84]; typische interne Repräsentationen sind
hier attributierte Bäume oder Graphen. Dieser Ansatz löst nicht nur das (technische) Problem
der Kommunikation zwischen Werkzeugen (und zwar auf einem weitaus höheren Abstraktionsniveau als im Fall der losen Kopplung), er bietet darüberhinaus folgende Vorteile:

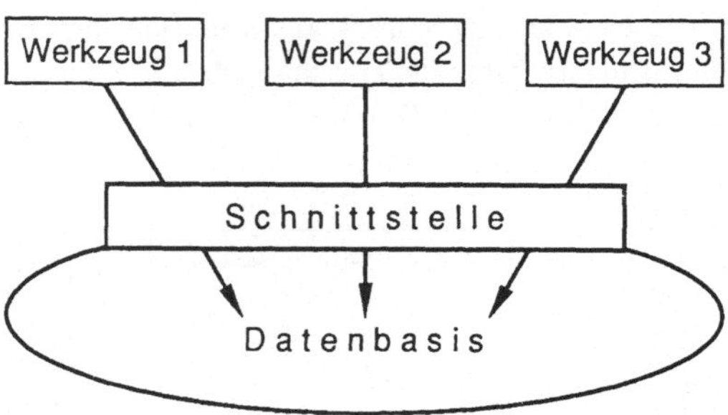

Abbildung 2.10: Integration von Werkzeugen über einer gemeinsamen Datenbasis

- Grundfunktionen, die von allen Werkzeugen benötigt werden, können zentral von einer
  Datenverwaltungskomponente zur Verfügung gestellt werden. Entsprechend werden die
  Werkzeuge von deren Implementierung entlastet; Werkzeuge können einfacher und schnel-
  ler entwickelt werden.

- Der Aufwand (für Implementierung und Laufzeit) der aufwendigen Transformationen
  entfällt, da die Kommunikation zwischen Werkzeugen auf der Basis der (internen)
  Repräsentation der Dokumente erfolgt.

- Ein Werkzeug kann unmittelbar die Modifikationen an einem Dokument zur Kenntnis
  nehmen, die von einem anderen Werkzeug verursacht wurden. Damit ist es möglich, das
  Entstehen unkontrollierter Redundanz und die damit verbundenen Konsistenzprobleme zu
  vermeiden.

Obwohl durch die relativ hohe Schnittstelle und die damit verbundene enge Kopplung die Hinzunahme weiterer Werkzeuge in eine Umgebung grundsätzlich eher erschwert wird, stellt die
Integration von Werkzeugen die zentrale Voraussetzung für die Entwicklung umfassender, d.h.
den gesamten SLC durch Werkzeuge abdeckender SPUen dar. In diesem Zusammenhang po-
stuliert [Balz87], daß künftige Betriebssysteme die Kommunikation zwischen Werkzeugen nicht
mehr auf der Ebene der Dateien sondern über typisierte Objekte eines semantisch hohen Abstraktionsniveaus unterstützen.

2.2.3 Probleme der Werkzeugintegration

Interne Dokumentstrukturen können als monolithische Struktur oder durch explizite Darstellung ihrer Komponenten modelliert werden. Bei der ersten Alternative fallen die mit der Integration verbundenen Aufgaben ausschließlich den Werkzeugen zu. Da dies i.a. für alle textuellen (d.h. nicht formalen) Arten von Systembeschreibungen gilt, kann man umgekehrt folgern, daß erst mit der Integration von Werkzeugen, die *formale* Sprachen verarbeiten, Aufgaben und Anforderungen für die Dokumentenverwaltung verbunden sind. Aus der Analyse der Werkzeuge läßt sich ableiten, daß in diesem Fall grundsätzlich zwei Situationen auftreten können:

1. Die (speziellen) Informationsstrukturen, auf denen die zu integrierenden Werkzeuge arbeiten, sind so beschaffen, daß sie sich sämtlich aus einer (allgemeinen) Informationsstruktur ableiten lassen, d.h. daß ein Exemplar der allgemeinen Struktur auch als ein Exemplar der speziellen Strukturen interpretiert werden kann. Beispiele hierfür sind etwa die Übersetzerphasen syntaktische Analyse (Abbildung 2.3), semantische Analyse (Abbildung 2.4) und quellsprachbezogene Codeoptimierung (Abbildung 2.5).

2. Die Informationsstrukturen der Werkzeuge sind so verschieden, daß es keine allgemeine Informationsstruktur mit obigen Eigenschaften gibt. Der Zusammenhang zwischen den unterschiedlichen Repräsentationen kann somit nur durch explizite Beziehungen zwischen entsprechenden Exemplaren beider Darstellungen modelliert werden; Veränderungen, die an einer Repräsentation durchgeführt werden, müssen explizit durch eine Transformation in die andere Repräsentation überführt werden. Ein Beispiel hierfür stellt etwa der Übergang von der quellsprachbezogenen (Abbildung 2.4) zur niederen Zwischensprache (Abbildung 2.6) dar.

Die erste Alternative weist gegenüber der zweiten unbestreitbare Vorteile auf. Wenn sie – aus prinzipiellen Gründen – dennoch nicht in allen Fällen angewandt werden kann, so ist an dieser Stelle zumindest die Notwendigkeit einer Methode evident, die es erlaubt, in möglichst vielen Fällen eine allgemeine Informationsstruktur mit den geforderten Eigenschaften aus den Informationsstrukturen der zu integrierenden Werkzeuge zu abzuleiten.

2.3 Versionen von Dokumenten

Der dynamische Ablauf des Software-Entwicklungsprozesses folgt in der Regel nicht linear der statischen Struktur. Vielmehr treten in hohem Maße Iterationen auf, bei denen einzelne Schritte oder Gruppen von Schritten wiederholt werden, etwa weil

- sich das Ergebnis eines Schrittes insofern als unbrauchbar erweist, als von ihm ausgehend keine Lösung des Problems mehr erreichbar ist. Der Entwicklungsprozeß muß zurückgesetzt werden, und gewisse Schritte werden erneut durchlaufen, um ein besseres (Zwischen-) Ergebnis zu produzieren (Prinzip von "trial and error").

- die Entwicklungsmethode verlangt, daß ein Schritt iterativ durchlaufen und dabei jeweils auf das Ergebnis des letzten Durchlaufs angewandt wird (z.B. schrittweise Verfeinerung).

- ausgehend von einem Dokument zu einer bestehenden Lösung eine weitere, alternative Lösung entwickelt werden soll.

Die Betrachtung der dynamischen Phasenstruktur läßt somit den Schluß zu, daß Dokumente
prinzipiell zu keinem Zeitpunkt einen endgültigen Zustand erreicht haben, sondern grundsätzlich
immer Gegenstand von Weiterentwicklungen sein können. Da diese u.U. wieder rückgängig
zu machen sind (trial and error), muß die Dokumentenverwaltung zu jedem Dokument eine
Folge von Entwicklungsstadien, von *Versionen*, verwalten. Je nach Weiterentwicklung kann
man verschiedene Arten von Versionen unterscheiden:

- Alternative Weiterentwicklungen eines Dokuments bezeichnet man als *Varianten*.

- Die zeitliche Weiterentwicklung eines Dokuments (Beseitigung von Fehlern, inhaltliche
  Weiterentwicklung) ergibt eine Folge von *Revisionen*.

Die Existenz von Versionen von Dokumenten hat folgende Konsequenzen:

- Der Prozeß der Konfigurierung, d.h. das Zusammenfassen von Komponenten zu lauffähi-
  gen Systemen, muß von Versionen von Dokumenten ausgehen. Dazu ist die Information
  erforderlich, welche Versionen eines Dokuments im Hinblick auf die Konfigurierung als
  gleichwertig anzusehen sind.

- Die Dokumentenverwaltung muß die Entwicklungsgeschichte eines Dokuments als Folge
  seiner Versionen verwalten können.

- Grundsätzlich wird bei Veränderungen nicht der Inhalt einer Version überschrieben, sondern eine neue (Nachfolger-) Version des Dokuments erzeugt.

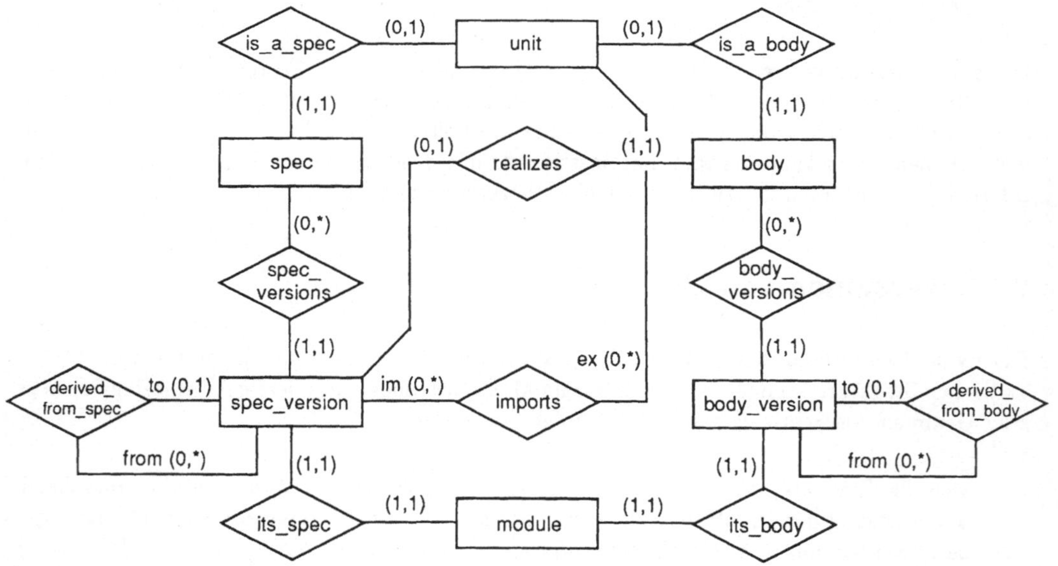

Abbildung 2.11: Versionen von Spezifikationen und Rümpfen

Abbildung 2.11 erweitert die Struktur der Bibliothek 2.7 um Versionen. Spezifikationen (*spec*)
und Rümpfe (*body*) haben jeweils Versionen (*spec_version* bzw. *body_version*). Alle Versionen

eines Rumpfes, die hinsichtlich der Konfigurierung als gleichwertig anzusehen sind, stehen mit
dem *body* in Beziehungen des Typs *body_versions*; entsprechendes gilt für Spezifikationen. Ein
Modul besteht nunmehr aus je einer Version einer Spezifikation und eines Rumpfes. Die Entwicklungsgeschichte einer Spezifikation wird durch die Beziehung *derived_from_spec* beschrieben
(bzw. *derived_from_body* im Falle eines Rumpfes).

2.4 Zusammenarbeit von Entwicklern

Üblicherweise arbeiten mehrere Personen in einem Projekt zusammen. Kooperation zwischen
diesen Personen bedingt, daß ein Mitarbeiter in kontrollierter Weise Zugriff auf die Dokumente eines anderen hat, daß also die Dokumentenverwaltung die Kontrolle über diese Zugriffe ausüben kann. [Lehm86, Dows87] beschreiben ein Modell zur Organisation von Software-
Entwicklungsprojekten (und damit auch zur Organisation der Kooperation), das sog. *Kontraktmodell*. Wegen seiner Allgemeinheit soll es im weiteren als Grundlage für die Ermittlung der
Anforderungen dienen.

Danach kann man jede Aktivität im Rahmen eines Projektes als einen *Kontrakt* auffassen und
durch folgende Informationen beschreiben: Auftraggeber, Auftragnehmer, Aufgabenstellung,
Akzeptanzkriterien, Fertigstellungstermin, etc. Der Auftragnehmer liefert nach Beendigung der
Aufgabe das Ergebnis (in Form von Dokumenten) an den Auftraggeber ab. Um die in einem
Kontrakt vereinbarten Aufgaben zu erfüllen, können nun weitere Subkontrakte abgeschlossen
werden, die Mitarbeitern bestimmte Teilaufgaben zuweisen. Ein Software-Entwicklungsprojekt
läßt sich demzufolge durch eine baumartige Hierarchie von Kontrakten beschreiben, die dynamisch mit dem Projektfortschritt wächst; die Wurzel des Baumes definiert die Aufgabe des
Gesamtprojektes, seine Blätter atomare Teilaufgaben, und die inneren Knoten des Baumes Teilaufgaben, die weiter zerlegt werden.

Das Kontraktmodell impliziert keine spezielle Projektorganisation. So könnte etwa je ein Sub-
kontrakt für jede SLC-Phase abgeschlossen werden, alternativ wäre aber auch je ein Kontrakt für
eine Komponente des Systems denkbar. Das Kontraktmodell definiert aber den Informationsfluß
innerhalb einer Projektorganisation. Dazu wird jedem Kontrakt eine eigene Datenbasis, zugeordnet. Informationsflüsse zwischen Kontrakten entstehen beim Einrichten eines neuen (Sub-)
Kontraktes, bei der Kontrolle des Fortgangs seiner Arbeiten und bei der Übergabe seiner Ergebnisse, beschränken sich also stets auf einen (Vater-) Kontrakt und die von ihm abhängigen Söhne
(genauer: auf entsprechenden Datenbasen). Entsprechend der baumartigen Kontraktstruktur
existiert eine Hierarchie von Datenbasen, die i.a. über ein Netz von Rechnern verteilt sein kann.
Darüber hinaus gibt es *lokale* Datenbasen, in denen einzelne Entwickler arbeiten; ihre Ergebnisse
werden anschließend in die entsprechende Kontrakt-Datenbasis transferiert. Die Häufigkeit von
Operationen, die verschiedene Datenbasen involvieren, ist demnach gering im Vergleich zu der
Anzahl der durch Entwicklungswerkzeuge ausgelösten datenbasislokalen Operationen.

Jede der o.g. Datenbasen enthält eine Menge von Dokumenten; diese stehen damit jeweils
grundsätzlich einem bestimmten, festen Benutzerkreis zur Verfügung. Darüber hinaus müssen
die Zugriffe, die innerhalb einer Datenbasis auf Dokumente ausgeübt werden, durch die Dokumentenverwaltung synchronisiert werden. Dies wird üblicherweise über *Dokumentzustände*
bewirkt, die ausdrücken, für welche Operationen ein Dokument gesperrt ist. Üblich ist dabei
eine Unterscheidung nach Operationen, um Dokumente zu lesen, zu verändern und zu löschen;
einige Systeme wie DSEE [Lebl84] ermöglichen zusätzlich, das Erzeugen neuer (Nachfolger-)
Versionen zu verbieten. Grundsätzlich muß dabei ein entsprechender Sperrvermerk *vor Beginn*
der gewünschten Operation *explizit* vom Benutzer angefordert werden.

2.5 Warum Datenbanksysteme für SPUen?

Datenbanksysteme weisen eine Reihe von Eigenschaften auf, die von Fall zu Fall zwar unterschiedlich ausgeprägt sein können, in ihrer Gesamtheit aber charakteristisch für den Datenbankansatz sind [Date86]:

Datenmodell

> Das Datenmodell repräsentiert für den Benutzer die Gesamtheit der Konzepte zur Modellierung und Manipulation von Informationsstrukturen. Es enthält zunächst eine Menge von Basistypen und Typkonstruktoren. Sprachlicher Ausdruck der Modellierungsmöglichkeiten ist die *Datendefinitionssprache* (DDL), mit der der Anwender die Menge der für seine Anwendung benötigten Typen, das *Datenbasisschema* (Schema), definiert. Darüber hinaus enthält das Datenmodell eine Menge generischer Operatoren zur Manipulation von Exemplaren der im Schema definierten Typen. Die Menge dieser Exemplare wird als *Datenbasis* (oder, wenn man einen bestimmten Zeitpunkt meint, als *Datenbasiszustand*), die Menge der Operatoren als *Datenmanipulationssprache* (DML) bezeichnet.

Bezogen auf SPUen ermöglicht ein geeignetes Datenmodell die *einheitliche* Modellierung *aller* Dokumente, und zwar auf einem semantisch hohen, dem Problem angemessenen Abstraktionsniveau. Insbesondere die Vielzahl der Beziehungen (innerhalb und/oder zwischen Dokumenten) wird damit erst beherrschbar. Mächtige Anfrage- und Manipulationsoperatoren erhöhen die Produktivität bei der Entwicklung von Anwendungen (d.h. Werkzeugen). Dies schließt Aufgaben mit ein, die heute noch durch spezielle Werkzeuge realisiert werden müssen (z.B. Versionsverwaltung).

Datenintegration

> Datenintegration bedeutet die Möglichkeit, Daten verschiedener Anwendungen – soweit sie untereinander in Beziehung stehen – unter Vermeidung von Redundanz zusammenzufassen und für alle Anwendungen nach einheitlichen Kriterien zu verwalten. Damit wird den betroffenen Anwendungen der Austausch von Daten ermöglicht.

Damit können Werkzeuge verschiedener Phasen und Aufgaben in einer SPU integriert werden, was die Abdeckung des gesamten SLC unterstützt. Integration bedeutet ferner, daß es für jedes Dokument *genau eine* Repräsentation in der Datenbasis gibt und daß Werkzeuge nicht mehr über temporäre Zwischendarstellungen kommunizieren müssen, so daß die Probleme, die mit der damit verbundenen Redundanz einhergehen (Konsistenz der Darstellungen, Aufwand bei Veränderungen) nicht auftreten.

Datenunabhängigkeit

> Ein Datenmodell orientiert sich an logischen Gesichtspunkten des Anwendungsgebietes, ohne Abhängigkeiten von der physischen Strukturierung und Verteilung von Daten, der Art und Weise ihrer Lokalisierung, von Betriebssystem- oder Hardwareeigenschaften einzugehen (*physische Datenunabhängigkeit*). Darüber hinaus ist es sinnvoll, Anwendungen soweit wie möglich auch von logischen Gesichtspunkten der Datenorganisation zu entkoppeln (z.B. von der Definition neuer Typen in einem Schema – *logische Datenunabhängigkeit*).

Um Datenintegration und Datenunabhängigkeit zu erreichen, wird durch ein *Sichtenkonzept* einer Anwendung nur der Ausschnitt eines Schemas und der zugehörenden Datenbasis zur Verfügung gestellt, auf dem die Anwendung arbeitet.

Datenunabhängigkeit bedeutet also insbesondere die Unabhängigkeit des Datenmodells (der Datenverwaltungsschnittstelle) von Hardware und Betriebssystem. Man hat damit prinzipiell die Dokumentenverwaltung *identisch* auch auf verschiedenartigen Rechnern zur Verfügung, so daß die Probleme heutiger, heterogener SPUen vermieden werden. Darüber hinaus können neue Werkzeuge in eine SPU integriert werden, ohne daß existierende Werkzeuge davon Kenntnis nehmen müssen. Die Beschränkung der Sicht eines Werkzeugs auf die erforderlichen Typen und Exemplare (möglichst in einer für das Werkzeug besonders geeigneten Struktur) begrenzt die Auswirkungen fehlerhaften Verhaltens.

Mehrbenutzersynchronisation

Sind Datenbasen das Ergebnis der Integration verschiedener Anwendungen, so ist gleichzeitiger Zugriff verschiedener Benutzer eine natürliche Folge. Das Datenbanksystem sichert jedem der konkurrierenden Benutzer ein Verhalten zu, als ob dieser allein auf einer Datenbasis arbeitete.

Konsistenz

Ein Datenbasiszustand stellt ein Abbild eines Umweltausschnitts dar. Konsistenz bedeutet, daß *alle interessierenden* Umweltgesetze dieses Ausschnitts auch in der Datenbasis widergespiegelt und bei Änderungsoperationen aufrechterhalten werden. Dazu müssen die Umweltgesetze zunächst geeignet beschrieben werden. Teilweise ist es dabei möglich, zur Beschreibung der Umweltgesetze im Schema Konzepte des Datenmodells auszunutzen (*modellimmanente* oder *implizite Konsistenzbedingungen*). Andere Umweltgesetze müssen als *explizite Konsistenzbedingungen* außerhalb des Schemas formuliert werden.

Die Prüfung der zahlreichen und komplexen Konsistenzbedingungen, die innerhalb von Dokumenten oder zwischen auseinander abgeleiteten Dokumenten bestehen, wird damit aus den Werkzeugen in das Datenbanksystem verlagert, zentralisiert, und außerdem durch geeignete Mechanismen bedeutend besser unterstützt, als dies bisher möglich war.

Datensicherheit (Recocery)

Das Datenbanksystem bietet Mechanismen an, um eine Datenbasis vor Zerstörung aufgrund von Software- oder Hardwarefehlern zu schützen, bzw. um nach einer Zerstörung wieder einen konsistenten Datenbasiszustand herstellen zu können.

Schutz

Das Datenbanksystem kontrolliert Vergabe und Ausübung von *Rechten*, die es Benutzern oder Benutzergruppen erlauben, bestimmte Operationen (Erzeugen, Löschen, Verändern, Lesen) auf spezifizierten Teilmengen einer Datenbasis auszuführen.

Für das Projekt- und Produktmanagement von Projekten bedeutet dies, daß die Regeln, die bei der Kooperation verschiedener Entwickler (etwa beim Verändern von Dokumenten) einzuhalten sind, nicht mehr durch Benutzerdisziplin sondern durch die Kontrolle des Datenbanksystems sichergestellt werden, wodurch bestimmte Verfahrensabläufe (Protokolle) erzwungen werden können. Insgesamt lassen sich die mit dem Einsatz eines Datenbanksystems verbundenen Eigenschaften wie folgt charakterisieren und damit von Ansätzen, die auf Dateisystemen basieren, qualitativ abheben:

- *Problembezogenheit*
  Die Schnittstellen (z.B. Datenmodell, Konsistenzsicherung) repräsentieren ein Abstraktionsniveau, das der (Entwicklung der) Anwendung angemessen ist.

- *Unabhängigkeit*
  Identische Datenbankschnittstellen existieren in ganz unterschiedlichen Hardware-/Betriebssystemumgebungen, was Portabilität und Integrierbarkeit der Werkzeuge zur Folge hat.

- *Zentralisierung*
  Wichtige Mechanismen (z.B. Konsistenz, Schutz, ...) werden im Datenbanksystem zentralisiert und nicht auf verschiedene Komponenten einer SPU verteilt. Sie stehen damit allen Werkzeugen zur Verfügung.

- *Einheitlichkeit*
  Alle Datenbankmechanismen stehen den Werkzeugen in einheitlicher Weise zur Verfügung, ohne daß sich dadurch unerwünschte Seiteneffekte zwischen Werkzeugen ergäben (Sichtenkonzept).

Faßt man diese Vorteile zusammen, so steht außer Frage, daß leistungsfähige SPUen künftig auf Datenbanksystemen basieren werden (über erste Erfahrungen berichten [Boeh84, Dows87]). Die eigentliche Frage, welche Konzepte geeignete Datenbanksysteme anbieten sollten, und wie diese Konzepte in SPUen einzusetzen sind, wird – zumindest für das Datenmodell als zentrale Schnittstelle – in den folgenden Kapiteln behandelt. Im folgenden Abschnitt werden zunächst aus der Fallstudie konkrete Anforde.ungen bzgl. der einzelnen Datenbankeigenschaften abgeleitet.

2.6   Anforderungen

Wenn aus den Ergebnissen der vorangegangenen Abschnitte nun Anforderungen an Datenbanksysteme für SPUen abgeleitet werden, so ist dabei folgendes zu beachten:

1. Der Schwerpunkt liegt auf solchen Anforderungen, die nicht ohne weiteres von kommerziellen Datenbanksystemen abgedeckt werden können (die somit SPUen von kommerziellen Datenbankanwendungen substantiell unterscheiden).

2. Die in den ER-Diagrammen enthaltene Darstellung von Informationsstrukturen ist das Ergebnis eines zwangsläufig subjektiven Modellierungsprozesses. Gleichwohl haben diese Strukturen selbst bereits den Charakter von Anforderungen, stellen sie doch typische in einer SPU anzutreffende und von einem entsprechenden Datenbanksystem zu verwaltende Dokumente dar. Wenn nun daraus (weitere) Anforderungen abgeleitet werden, beinhaltet dies neben der Umsetzung in die Datenbank-Terminologie einen Abstraktionsprozeß, als dessen Ergebnis Konzepte und -mechanismen gefordert werden, die auf die spezifischen Eigenschaften von SPUen als Datenbank-Anwendungen zugeschnitten sind.

3. Die Abdeckung mancher Anforderungen ist grundsätzlich durch Bereitstellen spezieller Konzepte durch ein Datenbanksystem und/oder durch den Einsatz von Datenbank-Konzepten in einer der Problemstellung besonders angepaßten Weise möglich. Die Anforderungsanalyse nimmt keinerlei Entscheidungen bzgl. dieses Freiheitsgrades vorweg.

Im weiteren werden folgende Abkürzungen verwendet: *DM* – Datenmodell, *DI* – Datenintegration, *DU* – Datenunabhängigkeit, *KO* – Konsistenz, *SY* – Synchronisation, *DS* – Datensicherheit sowie *SZ* – Schutz.

2.6.1 Modellierung und Manipulation von Dokumenten

Jedes Schema ist ein Modell eines betrachteten Umweltausschnitts und beschreibt deshalb nur einen Teil der darin enthaltenen Information. Um die Informationsstrukturen des vorliegenden Anwendungsbereiches möglichst gut durch ein Schema modellieren zu können, sollte das Datenmodell Konzepte anbieten, die es erlauben, jedes Objekt der Anwendung (d.h. jedes Dokument) unmittelbar auf ein Datenbank-Objekt abzubilden (*strukturelle Objektorientierung*, [Ditt87]). Dazu müssen folgende Sachverhalte durch Konzepte abgedeckt werden:

DM 1. Objekte

> Das Datenmodell sollte ein Konzept für *Objekte* als universellen Informationseinheiten anbieten. Objekten wird Information vermittels *Attributen* zugeordnet. Neben den üblichen Datentypen sollte insbesondere ein Typ *langes Feld* zur Modellierung von Dokumentinhalten als monolithischen Strukturen angeboten werden [Hask82] (zum letzten Punkt vgl. auch Abschnitt 2.1.6).

DM 2. Beziehungen

> Es sollte möglich sein, Beziehungen zwischen beliebigen Objekten zu modellieren. Obligatorisch sind dabei *zweistellige* Beziehungen; *n-stellige* sind wünschenswert (vgl. [IST83]). Beziehungen sind grundsätzlich *bidirektional*. Beziehungen können wie Objekte Eigenschaften haben, die durch Attribute dargestellt werden. Für zweistellige Beziehungen sind *1:1*, *1:n* und *m:n*-Charakteristika zu unterstützen.

Diese Grundkonzepte reichen prinzipiell aus, um beliebige Informationsstrukturen zu modellieren, wie die ER-Diagramme der Abbildungen 2.2 bis 2.8 sowie 2.11 zeigen. Vergleichbare Konzepte finden sich (mit Abstrichen) auch in den Datenmodellen kommerzieller Datenbanksysteme. Was diese Datenmodelle aber für den vorliegenden Anwendungsfall ungeeignet macht, ist der Umstand, daß die Beschränkung auf die Grundkonzepte die Schemata sehr komplex werden läßt und die Beschreibung wichtiger Zusammenhänge damit unmöglich (weil nicht mehr praktikabel) wird. Ein geeignetes Datenmodell muß somit (im Sinne der strukturellen Objektorientierung) *weitergehende Abstraktionskonzepte* beinhalten, um wichtige und häufig auftretende (d.h. typische) Sachverhalte in effizienter Weise zu modellieren. Die folgenden Datenmodell-Anforderungen gehen daher substantiell über [Chen76] – und damit (bis auf *DM 5*) auch über die klassischen Datenmodelle – hinaus:

DM 3. Molekulare Aggregation

> Bei der expliziten Modellierung dokument-interner Strukturen wird die Inhaltsinformation von Dokumenten durch Mengen von eigenständig existierenden Einheiten, von Komponenten, beschrieben. Die im Zuge der Verarbeitung eines Dokuments auftretenden Datenbasis-Zugriffe weisen also eine hohe Lokalität innerhalb der Menge seiner Komponenten auf. Es ist deshalb ein Konzept erforderlich, das es erlaubt, eine Menge von Objekten und Beziehungen strukturell zusammen- und als Komponenten eines Objektes aufzufassen, ein Konzept zur *molekularen Aggregation* [Bato84]. Da die Komponenten eines Objekts wiederum molekulare Aggregationen darstellen können, entstehen auf diese Weise *Objekt-Komponenten-Hierarchien*. Dabei sind verschiedene Fälle zu unterstützen (vgl. [Bato84]):

- Hierarchien verschiedenen Typs können überlappen, d.h. gemeinsame Komponenten aufweisen.

- Hierarchien desselben Typs können überlappen oder disjunkt sein.

- Ein Objekt und seine Komponenten können Exemplare desselben Typs sein.

Beispiele, die diese zentrale Anforderung untermauern, finden sich in nahezu allen bisher vorgestellten ER-Diagrammen (konnten aber in Ermangelung eines entsprechenden Konzeptes dort nicht modelliert werden): Die Abbildungen 2.2 bis 2.6 sowie 2.8 stellen Übersetzungseinheiten aus der Sicht verschiedener Phasen eines Übersetzers dar. Die dort auftretenden Objekt- und Beziehungstypen beschreiben Komponenten von Übersetzungseinheiten (*unit* in 2.8), vgl. auch diesbezügliche Bemerkungen in den Abschnitten 2.1.1.1, 2.1.1.2 und 2.1.1.3. Die Basisblöcke *high_level_basic_block*, *low_level_basic_block* der Abbildungen 2.5 bzw. 2.6 enthalten als Komponenten die Folge (*sequence*) der entsprechenden Operationen (*structural_object* bzw. *3_address_statement*). Da *structural_object* bereits Komponente von *unit* ist, liegt hier eine Überlappung der Objekt-Komponenten Hierarchien vor.

DM 4. Generalisierung

> Die Analyse hat gezeigt, daß Objekttypen häufig auf einer Abstraktionsebene gemeinsame, bei verfeinerter Betrachtung jedoch unterschiedliche Eigenschaften aufweisen. Um diese Ähnlichkeit von Objekten auf Typebene erfassen zu können, sollte das Datenmodell ein Konzept zur Modellierung von Generalisierungshierarchien [Smit77b] anbieten. Die gemeinsamen Eigenschaften können dann *einem* Typ (der Generalisierung) zugeordnet und über ein Vererbungskonzept an die Spezialisierungen weitergegeben werden, womit eine Replikation dieser Eigenschaften für jede Spezialisierung vermieden wird.

Auch für diese Anforderung finden sich zahlreiche Belege. Als Beispiel betrachte man Abbildung 2.2, wo Objekten der Typen *keyword*, *id* und *number* die Position im Quelltext (*source_position*) sowie die lineare Anordnung in einer Folge (*sequence*) gemeinsam ist. Weitere Beispiele zeigen die Abbildungen 2.6 (Generalisierung *operand*), 2.7 und 2.11 (Generalisierung *unit*) sowie 2.8 (Generalisierungen *unit* und *operand*). Der Zusammenhang zwischen Generalisierung und Spezialisierung wird dort durch explizite *1:1*-Beziehungen dargestellt, die jedoch die Vererbung von Eigenschaften nicht unterstützen.

DM 5. DML

> Operatoren des Datenmodells sollten interaktiv wie auch aus Programmen heraus aufgerufen werden können. Zur Unterstützung von Werkzeugen kommt der Programmschnittstelle bei weitem höheres Gewicht zu. Darüber hinaus sollten die Operatoren folgende Anforderungen abdecken:
>
> - Die Abstraktionsmechanismen, die das Datenmodell bietet, sollten durch Operatoren unterstützt werden. Existiert dabei ein Objekt auf mehreren Abstraktionsebenen, so sollte eine Beschränkung der Wirkung eines Operators auf eine Ebene ebenso möglich sein wie die Bearbeitung der Abstraktionshierarchie als ganzes.
> Für die molekulare Aggregation bedeutet dies beispielsweise, daß Operatoren einerseits ganze Übersetzungseinheiten samt interner Struktur als Objekte bearbeiten (z.B. Erzeugen, Kopieren Löschen, ...) andererseits aber auch gezielt auf deren Komponenten wirken können (z.B. Einfügen von Strukturobjekten, Navigieren im Programmgraphen). Für Generalisierungshierarchien heißt dies entsprechend, daß etwa

in Abbildung 2.8 ein *external*-Objekt sowohl zusammen mit seinen Eigenschaften als *operand* betrachtet werden kann (also etwa partizipierend in Beziehungen des Typs *operands*), als auch, daß Operatoren lediglich die speziellen (external)-Eigenschaften ausnutzen.

- Als interne Strukturen von Dokumenten treten typischerweise Graphen auf. Werkzeuge greifen auf deren Knoten i.a. ausgehend von einem Startknoten sukzessive aufgrund der Kantenbeziehungen zu, sie *navigieren* durch den Graphen (vgl. hierzu die DIANA-Operatoren in [Goos83b]). Operatoren sollten diesen *strukturorientierte* Zugriffsart unterstützen.
  Beispiele hierfür finden sich in den Abbildungen 2.2 bis 2.6 (Strukturbaum, Programmgraph, Basisblockgeflechte).

2.6.2 Versions- und Konfigurationsverwaltung

DM 6. Versionen

Das Datenmodell sollte die Modellierung von Versionen von Dokumenten gemäß folgender Anforderungen unterstützen (vgl. auch Abbildung 2.11):

- Versionen können (wie Dokumente) Attribute und interne Strukturen haben sowie Beziehungen eingehen.

- Die Versionen eines Dokumentes haben stets bestimmte Eigenschaften gemeinsam (z.B. mindestens den Namen des Dokuments), in weiteren Eigenschaften unterscheiden sie sich in der Regel (z.B. in ihren internen Strukturen).

- Veränderungen an einer Version führen i.a. zur Erzeugung einer neuen Version, d.h. ältere Versionen werden grundsätzlich nicht automatisch verändert oder gelöscht.

- Zur Darstellung der Entwicklungsgeschichte eines Dokuments muß der Menge seiner Versionen eine partielle Ordnung aufgeprägt werden (*Versionsgraph*). Dabei sind Verzweigungen im Versionsgraph (Varianten) zu unterscheiden von linearen Nachfolgern (Revisionen).

DM 7. Konfigurationen

Konfigurationen sind Mengen von Versionen von Dokumenten. Um die Bildung konsistenter Konfigurationen zu unterstützen, ist eine Gruppierung von Versionen, nach dem Gesichtspunkt der Gleichwertigkeit im Hinblick auf die Konfigurierung erforderlich (d.h. alle Versionen in einer Gruppe sind in einer Konfiguration grundsätzlich austauschbar). Das Datenmodell hat diese Gruppierung zu unterstützen.

2.6.3 Zusammenarbeit von Entwicklern

Um die Kooperation von Entwicklern zu unterstützen, sollte das Datenbanksystem zunächst verschiedene, logisch getrennte Arbeitsbereiche zur Isolation der durch unterschiedliche Aktivitäten ausgelösten Zugriffe auf Dokumente unterstützen:

DM 8. Datenbasen

Das Datenbanksystem sollte den Betrieb mehrerer Datenbasen (als logisch voneinander isolierten, d.h. disjunkten, Arbeitsumgebungen) gemäß folgender Anforderungen erlauben:

- Datenbasen können Entwicklern exklusiv zugeordnet sein (private oder lokale Datenbasis) oder einer Gruppe von Entwicklern (genauer: einem Kontrakt) gehören.

- Durch Definition von Kommunikationspfaden zwischen Datenbasen sollte eine hierarchische Datenbasisstruktur entsprechend der Projektorganisation aufgebaut werden können. Baumartige Strukturen sind dabei ausreichend.

- Datenbasen können in einem Rechnernetz verteilt sein.

- Das Datenmodell sollte Operatoren bereitstellen, um Dokumente aus einer Datenbasis (auch über Rechnergrenzen) in eine andere zu transportieren (über definierte Kommunikationspfade).

Neben der Bereitstellung einer auf die Projektorganisation abgestimmten Datenbasisstruktur ist es erforderlich, daß Entwickler innerhalb einer Datenbasis nur in kontrollierter Weise auf Dokumente zugreifen können, d.h. das Datenbanksystem muß Mechanismen zur Zugriffskontrolle bereitstellen:

SZ 1. Zugriffskontrolle

Das Datenbanksystem sollte grundsätzlich alle Zugriffe auf Dokumente kontrollieren. Dabei ist folgenden Aspekten Rechnung zu tragen:

- Zugriffe gehen von Benutzern aus, die im Rahmen eines Kontraktes arbeiten. Kontrakte spielen im Hinblick auf Zugriffskontrolle die Rolle von *Benutzergruppen*. Mitglieder von Benutzergruppen sind (einfache) Mitarbeiter und/oder wiederum Gruppen. Die Zuordnung zwischen Gruppe und Mitglied ist $m{:}n$.

- Gegenstand von Zugriffen sind Dokumente oder Versionen von Dokumenten, die entsprechend der angebotenen Datenmodell-Konzepte aus Komponenten bestehen, für die ebenfalls entsprechende Schutzregelungen aufrechterhalten werden müssen. (So dürfte z.B. eine Komponente eines Dokuments nicht gelöscht werden, wenn das Dokument schreibgeschützt ist.)

- Das Schutzkonzept muß ferner die Art des (gewünschten) Zugriffs in Betracht ziehen. Dabei sind Operationen, die Dokumente (bzw. Dokument-Versionen) lesen, verändern, löschen sowie neue Versionen erzeugen, zu unterscheiden.

Neben der Zugriffskontrolle muß das Datenbanksystem auch die Synchronisation konkurrierender Zugriffe auf Dokumente übernehmen. Da durch die (geforderte) hierarchische Datenbasisstruktur die Entwickler bereits weitgehend gegeneinander isoliert sind (d.h. Zugriffskonflikte hier prinzipiell nicht auftreten können), müssen nur noch Konflikte solcher Zugriffe aufgelöst werden, die innerhalb einer Datenbasis stattfinden. Dabei tritt allerdings der Umstand auf, das Zugriffe eines Benutzers auf ein Dokument häufig von langer Dauer sind (lange Transaktionen):

SY 1. Synchronisation

Zur Synchronisation konkurrierender Zugriffe innerhalb einer Datenbasis muß das Datenbanksystem Mechanismen anbieten, um Dokumente oder deren Versionen für bestimmte Operationen (lesen, verändern, löschen, erzeugen einer neuen Version) zu sperren. Aufgrund der Dauer der Dokumentzugriffe ist das explizite Anfordern von Sperren durch den Benutzer vor dem Zugriff der einzig sinnvoll erscheinende Weg. Das Datenbanksystem hat somit Operatoren bereitzustellen, die das Setzen und Aufheben von Langzeitsperren bewirken.[3]

2.6.4 Integration von Werkzeugen

Einer der wesentlichen Vorteile, die mit der Nutzung von Datenbanksystemen verbunden ist, ist die Möglichkeit der Integration verschiedener Anwendungen über einer Datenbasis. Wesentliche Voraussetzung, um diese Möglichkeit auch im Falle von Werkzeugen als Datenbankanwendungen (entsprechend der Architektur in Abbildung 2.10) ausnutzen zu können, ist zunächst ein Datenmodell, das auf die Modellierung und Manipulation von Dokumenten zugeschnitten ist (vgl. die Anforderungen in den vorangegangenen Abschnitten). Ein solches Datenmodell legt eine standardisierte Schnittstelle fest, über die Werkzeuge auf Dokumente zugreifen müssen. SPUen sind i.a. offen für den Einbau neuer Werkzeuge. Ein Datenbanksystem muß diesem Umstand dadurch Rechnung tragen, daß es die Modifikation einmal definierter Strukturen erlaubt:

DI 1. Schemadynamik

> Damit in eine bestehende Umgebung weitere Werkzeuge integriert, bzw. bereits integrierte Werkzeuge modifiziert werden können, muß ein Schema dynamisch modifiziert werden können, d.h. auch dann noch, wenn bereits eine Datenbasis zu dem Schema existiert. Schemaänderungen umfassen mindestens das Hinzufügen neuer Typen, möglichst aber auch Änderungen an bereits definierten Typen. Nicht betroffene Werkzeuge sollten von der Modifikation keine Notiz nehmen müssen.

Um trotz einer semantisch hohen Schnittstelle, wie sie das Datenmodell darstellt, die geforderte Entkopplung der Werkzeuge voneinander zu erreichen, (d.h. die möglichst weitgehende Unabhängigkeit eines Werkzeuges gegenüber Schemaänderungen, die von anderen Werkzeugen ausgelöst werden) ist ein *Sichtenkonzept* notwendig. Damit wird einem Werkzeug nur ein Ausschnitt eines Schemas und einer Datenbasis sichtbar gemacht, was auch aus Schutzgesichtspunkten sinnvoll ist (Fehlfunktionen des Werkzeuges können sich nicht auf die ihm verborgenen Datenbasisbereiche auswirken).

DI 2. Sichten

> Das Datenmodell ein flexibles Sichtenkonzept anbieten, das folgende Anforderungen erfüllt (vgl. auch [Garl86]):
>
> - Das Sichtenkonzept sollte die Möglichkeit bieten, dem Anwender nur eine Teilmenge der in einem Schema definierten Typen zur Verfügung zu stellen.
> - Das Sichtenkonzept sollte die Möglichkeit bieten, dem Anwender nur eine Teilmenge der in der Datenbasis enthaltenen Exemplare (im Extremfall nur ein Exemplar) zur Verfügung zu stellen.
> - Die Auswahl der Typen sowie der Teilmenge der Exemplare der ausgewählten Typen in einer Sicht muß (wie ein Schema) dynamisch änderbar sein.

---

[3]Das Setzen einer solchen Sperre bewirkt, daß für andere Benutzer bestimmte Operationen auf ein Dokument in einer bestimmten Zeit nicht möglich sind. An dieser Stelle scheint es sinnvoll zu sein, Synchronisation mit Mechanismen der Zugriffskontrolle zu verbinden (d.h. Sperren durch den Entzug von Rechten zu implementieren). Da das Datenbanksystem ohnehin den Zugriff auf Dokumente kontrolliert, könnten Schutz und Synchronisation langer Transaktionen auf einem einheitlichen Konzept basieren.

DU 1. Umstrukturierung

Um Datenstrukturen speziell auf die Belange eines jeden Werkzeuges zuschneiden zu können, ist es wünschenswert, wenn das Sichtenkonzept auch Umstrukturierungen der in einem Schema definierten Typen erlaubt.

2.7   Gemeinsamkeiten mit anderen Entwurfsanwendungen

Betrachtet man Systeme zur Automation anderer Entwurfsanwendungen wie z.B. der Entwicklung höchstintegrierter Schaltungen oder der Konstruktion mechanischer Bauteile, so werden auch diese durch kommerzielle Datenbanksysteme nur schlecht unterstützt [Sidl80]. Die Anforderungen an ein geeignetes Datenmodell weisen hier große Gemeinsamkeiten mit denen des letzten Abschnitts auf. Ohne auf Einzelheiten einzugehen – eine vergleichende Betrachtung der Anforderungen findet sich in [Lock85] – seien folgende Gemeinsamkeiten angeführt:

- *Objekte und Beziehungen*

  Objekte zeichnen sich grundsätzlich dadurch aus, daß sie aus Komponenten bestehen, also eine interne Struktur aufweisen. Dabei treten im Hinblick und Überlappung und Rekursion alle Fälle nach [Bato84] auf. Das Datenmodell muß diesem Umstand durch Konzepte für molekulare Aggregation (bei expliziter Modellierung der Komponenten) sowie für lange Felder Rechnung tragen. Zwischen Objekten können beliebige Beziehungen bestehen.

- *Abstraktionshierarchien*

  Existiert ein Objekt auf verschiedenen Ebenen einer Abstraktionshierarchie, so sollten Operatoren diese Sichtweise widerspiegeln, indem ihre Wirkung (wahlweise) auf eine Abstraktionsebene beschränkt ist oder aber die gesamte Hierarchie erfaßt.

- *Entwurfsprozeß*

  Objekte werden oft im Zuge eines (mehr oder weniger standardisierten) Entwurfsprozesses manipuliert. Dabei ist i.a. die Entwicklungsgeschichte eines Objekts von Bedeutung, d.h. die Aufzeichnung des nach jedem Entwurfsschritt vorliegenden Objektzustandes.

- *Programmschnittstelle*

  Der Entwerfer arbeitet in allen Fällen in erster Linie nicht unmittelbar sondern über Werkzeuge mit der Datenbasis. Dementsprechend ist eine Programmschnittstelle von größerer Bedeutung als interaktive Operationen.

Auf der anderen Seite lassen sich Unterschiede nicht verkennen, die dazu führen, daß jeder Anwendungsbereich letztlich durch ein eigenes Datenmodell unterstützt werden muß:

- *Entwurf höchstintegrierter Schaltungen:*

  1. Der Entwurfsprozeß ist in weit höherem Maße standardisiert als im Bereich der Softwareentwicklung. Dies hat zur Folge, daß man von einer festen Entwurfshierarchie

     Entwurfsobjekt → Repräsentation → Variante → Änderungsstand

     ausgehen kann.

2. Beim Entwurf von Schaltungen wird in hohem Maße angestrebt, reguläre Strukturen zu erhalten. Dies führt dazu, daß die internen Objektstrukturen häufig aus *Instantiierungen* vordefinierter Bausteine aufgebaut sind. Eine einzelne Instanz wird dann durch relativ wenige Daten (wie z.B. ihre Plazierung auf einem Chip) beschrieben. Einen Instantiierungsvorgang gibt es in diesem Sinne in der Software-Entwicklung nicht, auch nicht bei der Benutzung vorübersetzter Moduln einer Bibliothek.

3. Der Benutzer arbeitet i.a. auf graphischen Darstellungen des Entwurfsobjekts. Im Unterschied zu SPUen stellt die Graphik hier unmittelbar die Objektgeometrie zweidimensional dar. Operationen müssen den Zugriff aufgrund geometrischer Sachverhalte (z.B. Nachbarschaft) unterstützen.

4. Bei der Prüfung der Konsistenz eines Objektes sind häufig physikalische und technologische Bedingungen von Bedeutung (z.B. Mindestabstand zweier Verbindungen).

- *Konstruktion mechanischer Bauteile:*

1. Auch wenn der Entwicklungsprozeß ähnliche Charakteristika wie bei den anderen Anwendungen hat, existiert i.a. kein Variantenkonzept. Damit entfällt auch das Problem der Konfiguration (das Ergebnis des Prozesses stellt die einzige Konfiguration dar).

2. Auch hier steht bei der Datenbankrepräsentation eines Objekts dessen (zwei- oder dreidimensionale) Geometrie im Vordergrund. Damit einher gehen standardisierte Vorgänge beim Konstruieren; eine wichtige Rolle spielen hier geometrische Transformationen, die ein Objekt aus unterschiedlichen Sichten zeigen, es aber in seiner Zusammensetzung unverändert lassen.

3. Objekte werden häufig aus Standardvolumina (wie Quader, Kugeln, Pyramiden, etc.) zusammengesetzt, deren Oberflächen selbst analytisch beschrieben werden.

Die beiden letzten Punkte legen es nahe, nicht nur die Struktur eines Objekts durch ein Datenbanksystem zu verwalten (strukturelle Objektorientierung) sondern zusätzlich auch seine Manipulation nur über *benutzerdefinierte Datenbankoperationen* zu erlauben.[4] (*verhaltensmäßige Objektorientierung*, vgl. [Ditt87])

---

[4] Ein entsprechender Datenmodell-Ansatz wird z.B. in [Lüke83] vorgeschlagen.

Kapitel 3

Relevante Beiträge aus der Literatur

Legt man die Anforderungen an ein geeignetes Datenmodell zugrunde, so haben bisherige Arbeiten sowohl auf dem Gebiet der SPUen als auch im Bereich der Datenbankforschung noch nicht zu einem befriedigenden Ergebnis geführt. Demzufolge ist auch das Problem der Werkzeugintegration bei Vorliegen entsprechender Modellierungskonzepte bisher kaum behandelt worden; entsprechendes gilt für den methodischen Einsatz dieser Konzepte, den Datenbankentwurf. Im folgenden werden Überblick die relevanten Beiträge aus der Literatur in Bezug auf die Entwicklung geeigneter Datenmodelle, die Unterstützung der Werkzeugintegration sowie den Datenbankentwurf präsentiert.

3.1 Entwicklung von Datenmodellen

3.1.1 Ansätze aus dem Bereich der SPUen

Die Datenverwaltung in SPUen basierte bisher i.a. auf Dateisystemen. Da diese die meisten Datenbank-Eigenschaften nur unzureichend aufweisen [Nest86], fiel deren Realisierung zwangsläufig den Werkzeugen zu. So entstanden Werkzeuge, die einzelne Aufgaben wie die Versionsverwaltung auf Dateibasis (SCCS [Roch75] und RCS [Tich85]) oder die Konfigurierung von Programmen (MAKE [Feld79]) zufriedenstellend unterstützten. Gleichwohl sind diese Werkzeuge nicht für allgemeinere Aufgaben einsetzbar, und auch prinzipiell kann der Ansatz, eine Vielzahl von Werkzeugne zu entwickeln, anstatt immer wieder benötigte Datenverwaltungsaufgaben in einer Komponente zu zentralisieren, nicht überzeugen.

Die Beschränkungen der hierarchisch organisierten Dateisysteme zur Modellierung allgemeiner Beziehungen zu umgehen, war u.a. die Zielsetzung von PCTE [PCTE85] und CAIS [CAIS85]. Beide Schnittstellen basieren auf einfachen ER-Ansätzen (einfache Objekte, zweistellige Beziehungen) und gehen davon aus, daß Dokumentinhalte in Dateien abgelegt werden, die als Attributwerte von Objekten auftreten. Da auch zur Unterstützung der Versionsverwaltung keine Kon-

zepte vorgesehen sind, können beide Ansätze im Hinblick auf die Datenmodell-Anforderungen
kaum zum Fortschritt beitragen, insbesondere im Vergleich zum Einsatz kommerzieller Datenbanksysteme. Der Vollständigkeit halber sei angemerkt, daß sich beide Ansätze nicht auf
die Datenverwaltung beschränken, sondern auch die Bereiche Prozeßkommunikation, Benutzerschnittstelle sowie Verteilungsaspekte abdecken.

Zur Modellierung von hierarchisch strukturierten Objekten wurden in zahlreichen Programmierumgebungen Konzepte und Komponenten bereitgestellt. Im Vordergrund stand dabei die Verwaltung der in Programmierumgebungen vorherrschenden Datenstrukturen (attributierte Syn-
taxbäume). Entsprechende Ansätze finden sich in den meisten Programmierumgebungen, so
etwa im CDL2-Labor [Baye81] oder in Mentor [Donz84], wo jeweils die gesamte Information
in Form von Bäumen verwaltet wird. Während dabei teilweise komfortable Manipulationsoperatoren angeboten werden, fehlt grundsätzlich ein allgemeines Beziehungskonzept (stattdessen
werden Zeiger eingesetzt). Auch gibt es keine Konzepte zur Unterstützung verschiedener Abstraktionsebenen eines Objekts. Dasselbe gilt auch für Modelle wie IDL [Nest81, Newc86] oder
wie DIANA [Goos83b]. Gemessen an den Anforderungen des letzten Abschnitts können diese
Ansätze deshalb nicht als befriedigend angesehen werden. (Dies wird im übrigen auch dadurch
gestützt, daß die genannten Umgebungen nur selten mehr als die beschränkte Sicht der Implementierungsphase abdecken.)

3.1.2   Erfahrungen mit dem Einsatz kommerzieller Datenbanksysteme

Die Schwierigkeiten beim Einsatz von Dateisystemen sowie der erfolgreiche Einsatz von Datenbanksystemen in kommerziellen Anwendungen führten zu Versuchen, relationale Datenbanksysteme (INGRES und SQL/DS) auch in SPUen einzusetzen. Dabei müssen zwei Varianten
unterschieden werden:

1. *Nutzung des Datenbanksystems als Dateikatalog*

   Bei der ersten Variante werden Dokumente vollständig in Dateien abgespeichert. Das
   Datenbanksystem verwaltet nur die Beziehungen zwischen Dokumenten und referenziert
   die Dokumente über Dateinamen. Evtl. werden zusätzliche Komponenten (außerhalb von
   Datenbank- und Dateisystem) zur Versionsverwaltung eingesetzt. Das Datenbanksystem
   fungiert als komfortabler Dateikatalog.

   [Boeh84] beschreibt eine SPU, deren Dokumentverwaltung auf dem UNIX-Dateisystem
   (für Dokumente), SCCS (für Versionen von Dateien) sowie auf INGRES (zur Verwaltung
   der Inter-Dokument-Beziehungen) basiert; [Nara85] beschreibt eine ähnliche Architektur,
   lediglich mit RCS zur Versionsverwaltung anstelle von SCCS. In beiden Fällen steht das
   Bestreben im Vordergrund, die sehr beschränkten Fähigkeiten des UNIX-Dateisystems um
   die Möglichkeit, Attribute von sowie Beziehungen zwischen Dokumenten darzustellen, zu
   erweitern, wobei gleichzeitig die Effizienz des Dateizugriffs erhalten bleiben sollte. Auch
   wenn hier bereits versucht wurde, vielen der Anforderungen zu genügen, wird die Kombi-
   nation *unabhängiger* Komponenten zu einem System den wechselseitigen Abhängigkeiten,
   die zwischen den verschiedenen Anforderungen bestehen, nicht gerecht:

   - Zur Modellierung interner Dokumentstrukturen wird keinerlei Unterstützung durch
     ein Datenmodell angeboten.

   - Insgesamt steht für Werkzeuge und Anwender kein einheitliches Datenmodell zur
     Verfügung, sondern eine Vielzahl von Schnittstellen sind zu beherrschen.

- Durch das Zusammenwirken der verschiedenen, voneinander unabhängigen Komponenten entstehen schwerwiegende Probleme in Bezug auf Konsistenz, Synchronisation, Recovery und Schutz.

2. *Verwaltung aller Informationen durch ein Datenbanksystem*

Die zweite Alternative versucht, anstelle verschiedener unabhängiger Komponenten eine einheitliche Datenverwaltungsschnittstelle bereitzustellen. Sie sieht dazu vor, daß ein Datenbanksystem die Dokumente, alle Beziehungen zwischen Dokumenten sowie sämtliche Dokument-internen Strukturen verwaltet.

In [Lint84, Powe83a, Powe83b] wird der Einsatz von INGRES in einer Programmierumgebung (OMEGA) zur Abspeicherung sämtlicher Dokumente in Form von Relationen beschrieben. [Ceri83a] beschreibt ein ähnliches Vorgehen für eine Ada-Programmierumgebung. In beiden Ansätzen wird der Vorteil eines einheitlichen (des relationalen) Datenmodells in Bezug auf die Integration der Datenstrukturen verschiedener Werkzeuge, und insbesondere die Möglichkeit, Sichten für verschiedene Werkzeuge zu bilden, deutlich herausgestellt. Darüber hinaus wird die Möglichkeit, mit dem Relationenkalkül eine mächtige Anfragesprache zur Verfügung zu haben, als großer Vorteil angesehen.

Auf der anderen Seite treten auch nach einigen Optimierungen wie z.B. in [Lint84] eindeutige Effizienzprobleme auf, die u.a. darauf beruhen, daß sehr viele "kleine" relationale Anfragen abgearbeitet werden müssen, um eine gewünschte Information zu ermitteln:

> *The problem of processing a large number of small queries is a general one.*
> *Queries have an inherent amount of overhead due to the parsing, access strategy*
> *selection, and locking that is necessary.* [Lint84, S. 138]

Dieser Umstand resultiert daher, daß selbst einfachste Navigationen (aufwendige) Join-Operationen erfordern. Dies wiederum ist ganz wesentlich darauf zurückzuführen, daß die Information z.B. über eine Übersetzungseinheit auf verschiedene Relationen zersplittert werden muß, und keine Möglichkeit besteht, diese Information – im Sinne der molekularen Aggregation – logisch und auch physisch zusammenzuhalten. Daß außerdem die Schemata sehr komplex werden (z.B. 58 Relationen zur Modellierung allein der Datenstrukturen eines Übersetzers [Lint84]), unterstreicht auch die Forderungen des letzten Kapitels, die unter dem Oberbegriff strukturelle Objektorientierung erhoben wurden und dokumentiert den qualitativen Unterschied zwischen kommerziellen Datenbankanwendungen und SPUen.

Zusammenfassend läßt sich feststellen, daß die Vorteile (Datenmodell, Sichten, Anfragesprache) grundsätzliche Eigenschaften des Datenbankansatzes sind, wohingegen die Nachteile (komplexe Modellierung, unzureichende Effizienz) auf mangelnder Eignung des Relationenmodells für objektorientierte Anwendungen beruhen. [Härd86] berichtet über vergleichbare Ergebnisse beim Einsatz eines Netzwerkdatenbanksystems in Anwendungen des geometrischen Modellierens, wo eine Operation auf einem geometrischen Objekt bis zu siebzig (!) Datenbankoperationen zur Folge hat. Zusammenfassend kann man somit feststellen, daß kommerzielle Datenbanksysteme für Entwurfsanwendungen nur wenig geeignet sind, daß insbesondere durch existierende Datenmodelle nur eine komplizierte Modellierung der Datenstrukturen bei gleichzeitig wenig effizienter Manipulation der Datenbasen unterstützt wird – eine Erkenntnis, die bereits von verschiedenen Autoren geäußert wurde [Sidl80, Nest86].

3.1.3   Beiträge aus dem Bereich der Datenbankforschung

Im Bereich der Datenbankforschung hat die mangelnde Eignung klassischer Datenmodelle für Ingenieuranwendungen hat zur Entwicklung neuer Datenmodelle geführt [Hart85]. Generell sind hier zwei Entwicklungsrichtungen zu unterscheiden, die Erweiterung klassischer Datenmodelle und die Entwicklung neuer (semantischer) Datenmodelle.

3.1.3.1   Erweiterung klassischer Datenmodelle

Bei dieser Entwicklungsrichtung wurde vorzugsweise das Relationenmodell um Konzepte zur Modellierung und Manipulation komplexer Objekte, zur Modellierung von Byteketten beliebiger Länge (long fields) sowie zur Modellierung von Versionen erweitert. Die wesentlichen Ansätze in dieser Richtung sind:

- *XSQL* [Hask82]

  XSQL erweitert das Relationenmodell um die Konzepte

  - *komplexes Objekt*
    Ein Attributtyp "COMP-OF" erlaubt es, baumartige Tupelstrukturen als komplexe Objekte zu modellieren. Die Manipulation solcher Objekte (z.B. Kopieren, Löschen) wird durch entsprechende Operatoren unterstützt.

  - *Tupelreferenz*
    Ein Attributtyp "REF" erlaubt die Modellierung beliebiger (also auch nicht baumartig-hierarchischer) Beziehungen zwischen Tupeln. Durch diese Beziehungen entstehen allerdings keine komplexen Objekte im Sinne von XSQL.

  - *langes Feld*
    Ein Attributtyp erlaubt die Modellierung von Byteketten beliebiger Länge, entsprechende Operatoren unterstützen die Manipulation von langen Feldern, wobei ein (positionierbarer) Zeiger innerhalb des langen Feldes die aktuelle Position markiert.

- *NF^2* [Sche83, Dada84, Dada86]

  Die auf dem NF^2 Ansatz basierenden Erweiterungen gehen davon aus, daß sich Relationen nicht in erster Normalform befinden müssen, daß also insbesondere in einer Relation *relationenwertige Attribute* auftreten dürfen, die zur Modellierung baumartiger Tupelstrukturen herangezogen werden können. Eine erweiterte, rekursive Relationenalgebra ermöglicht den Zugriff auf Relationen auf allen Ebenen der Hierarchie. [Dada84] beschreibt eine Erweiterung des NF^2-Ansatzes um ein Konzept zur Modellierung und Manipulation von Versionen die zeitlich verschiedene Datenbasiszustände repräsentieren.

Die Vorteile beider Ansätze liegen im Aufsetzen auf dem theoretisch fundierten Relationenmodell und in der flexiblen und mächtigen relationalen Datenmanipulationssprache. Als Nachteil fällt dagegen die Beschränkung auf baumartige Hierarchien ins Gewicht (keine überlappende Objekte nach [Bato84]). Hinzu kommt, daß die Tiefe der Hierarchie statisch durch das Schema festgelegt ist (keine Rekursion im Sinne von [Bato84]). Weiterhin wirkt sich das Fehlen navigierender Operationen nachteilig aus; die (erweiterte) Relationenalgebra ist zwar sehr mächtig, wie die Erfahrung gezeigt hat (vgl. [Lint84]), aber auch nur mit vergleichsweise hohem Laufzeitaufwand zu implementieren.

Ein Ansatz, das Relationenmodell um das Konzept des abstrakten Datentyps zu erweitern, findet sich in [Ston83]. Er bietet die Möglichkeit, abstrakte Datentypen als Attributtypen (Domains) vorzusehen. Deren Implementierung (interne Repräsentation und Operatoren) muß der Benutzer (genauer: der sog. ADT implementor) vornehmen. Das Datenbanksystem verwaltet die ADT-Exemplare ohne Kenntnis von deren Struktur in Byteketten fester Länge. Die Operatoren werden in der Programmiersprache C realisiert und anschließend (über den Namen der ausführbaren Datei) dem Datenbanksystem bekannt gemacht. Das Relationenmodell wurde also um ein ADT-Konzept erweitert, welches selbst keinerlei Beziehung zu dem Datenmodell aufweist. Damit stellt dieses ADT-Konzept keine den Anforderungen des letzten Abschnitts entsprechende Erweiterung des Relationenmodells zur Modellierung komplexer Objekte dar.

3.1.3.2 Entwicklung neuer Datenmodelle

Im allgemeinen liegen den Ansätzen zur Entwicklung neuer Datenmodelle Konzepte aus dem Bereich der semantischen Modellierung, nämlich das Gegenstands- und Beziehungskonzept des *Entity-Relationship Ansatzes* [Chen76, ISO82] sowie die Abstraktionsmechanismen der *Generalisierung* und *Aggregierung* [Smit77a, Smit77b], zugrunde. Der Schwerpunkt liegt eindeutig auf der Modellierung von Datenstrukturen und nicht auf der Bereitstellung einer DML zur Manipulation entsprechender Datenbasen. Wesentliche Ansätze in dieser Richtung sind:

- Das *Zwei-Ebenen-Modell* [Neum83a, Neum83b]

  Dieser Ansatz sieht zunächst eine obere Ebene (design level) zur Darstellung der verschiedenen Repräsentationen und Versionen von Dokumenten sowie deren Transformation ineinander vor (Entwurfshierarchie). Auf der unteren Ebene (representation level) wird der Aufbau der eigentlichen Objekte durch ein erweitertes Entity-Relationship Modell beschrieben, das u.a. Konzepte zur Modellierung hierarchisch strukturierter Dokumente vorsieht (kernel entities, reference relationships).

  Von den Modellierungsmöglichkeiten her betrachtet erfüllt dieses Datenmodell einen wesentlichen Teil der Anforderungen. Störend wirkt sich allerdings die Vielzahl der dazu notwendigen Konzepte aus (zwei Ebenen, auf der unteren Ebene drei Objekt- – weak-, regular-, kernel entities – und Beziehungsarten – weak-, regular-, reference relationships). Der Ansatz macht keinen Vorschlag für eine DML.

- Die Arbeiten von Batory, Buchmann und Kim [Bato84, Bato85],

  die Konzepte vorsehen, um molekulare Aggregationen, d.h. die Abstraktion von Mengen von Objekten und Beziehungen zu höherwertigen Objekten, darzustellen. Molekulare Aggregationen stellen Verallgemeinerungen der "atomaren" Aggregationen nach [Smit77a, Smit77b] dar. Darüber hinaus werden Mechanismen zur Attributvererbung vorgesehen (version generalization, instantiation, parameterized versions), um Versionen eines Objekts redundanzfrei zu modellieren.

  [Bato84, Bato85] beschreiben dabei *kein* konkretes Datenmodell, sondern stellt lediglich eine Menge von *Modellierungskonzepten* vor, die ein für den VLSI-Entwurf geeignetes Datenmodell unterstützen sollte. Insbesondere der Versions- und Instantiierungsmechanismus ist sehr speziell auf dieses Anwendungsgebiet zugeschnitten und nicht unbedingt auf SPUen zu übertragen, während das Konzept der molekularen Aggregation auch in SPUen sinnvoll einsetzbar erscheint. Es fällt nachteilig ins Gewicht, daß kaum Ansätze für eine DML existieren.

- Das *Object Model* [Katz85],

  das speziell für Anwendungen des VLSI-Entwurfs geschaffen wurde. Das Objektkonzept dieses Datenmodells sieht eine Zweiteilung in "index objects" (zur Zusammenfassung von Objekten im Sinne einer Konfiguration) und "representation objects" (zur Modellierung der eigentlichen Objektdarstellung) vor. Objekte beider Arten können in mehrfachen Ausprägungen (Alternativen und Versionen) auftreten, so daß bei diesem Ansatz die Entwurfshierarchie ähnlich der oberen Ebene in [Neum83a, Neum83b] im Vordergrund steht. Für die der unteren Ebene von [Neum83a, Neum83b] entsprechenden Strukturen wird angenommen, daß diese in Dateien verwaltet werden, deren Struktur dem Entwerfer verborgen werden kann, wenn er nur eine Schnittstellenbeschreibung des Dateinhaltes erhält. Störend wirkt sich das Fehlen eines allgemeinen Beziehungskonzepts, das Verbergen von Objektstrukturen in Dateien, sowie das Fehlen einer Datenmanipulationssprache aus.

- Datenmodelle auf der Basis *objektorientierter Programmiersprachen*

  Diese Datenmodelle enthalten Konzepte, auf denen auch *objektorientierte Programmiersprachen*, insbesondere Smalltalk [Gold83], beruhen. Ein Umweltausschnitt wird dabei als Menge von Objekten beschrieben. Jedes Objekt gehört als Exemplar einem (oder mehreren) Typen an, welche die Eigenschaften sowie die zulässigen Operatoren definieren. Objekte lassen sich damit als Exemplare abstrakter Datentypen auffassen, deren Manipulation nur über die definierten Operatoren erfolgen kann. Die Objekttypen können in einer (nicht notwendigerweise baumartigen) Generalisierungshierarchie angeordnet werden. Das Paradigma der Objektorientierung wird in gleicher Weise auch auf Metadaten ausgedehnt: Typen, Attribute, Operatoren, usw. sind ebenfalls Objekte und können entsprechend manipuliert werden. Ein objektorientiertes Datenmodell stellt eine Hierarchie vordefinierter Typen bereit, aus der durch Instantiierung oder Spezialisierung alle Typen alle Exemplare einer Anwendung hervorgehen.

  Entsprechende Datenmodelle werden in [Cope84, Maie85], [Atwo85] und [Zdon85, Zdon86a, Zdon86b] vorgeschlagen. Die beiden letzteren Ansätze führen auch Konzepte zur Verwaltung von Objektversionen sowie zur Modellierung von Aggregationen (d.h. von Objekt-Unterobjekthierarchien) ein.

  Die Leistungen dieses Ansatzes liegen grundsätzlich in der Einheitlichkeit, mit der Objekte auf Typ- (Schema-) und Exemplar- (Datenbasis-) -ebene manipuliert werden können (vgl. [Zani86]), ferner in der Möglichkeit, unter Ausnutzung der Vererbungsmechanismen Abstraktionshierarchien zu definieren, sowie in der Mächtigkeit, die sich aus der Definition von Operatoren durch den Anwender ergibt.

  Gerade das Konzept der Datenabstraktion bewirkt aber, daß die Modellierung (komplexer) Objektstrukturen verborgen wird (information hiding). Für einfache Objekte erscheinen generische Operatoren zum Erzeugen, Löschen, Verändern und Lesen ohnehin ausreichend. Daß der Modellierung insgesamt nur eine untergeordnete Rolle beigemessen wird, wird auch durch das Fehlen eines Beziehungskonzepts (Beziehungen werden über Attribute – d.h. Verweise auf Objekte – dargestellt) sowie durch – gemessen an semantischen Datenmodellen – geringe modellimmanente Konsistenz unterstrichen. Der Schwerpunkt objektorientierer Datenmodelle liegt eindeutig in der Abstraktion von den zu modellierenden Datenstrukturen und weniger der Bereitstellung von Hilfsmitteln zu deren Modellierung.

3.2 Konzepte zur Werkzeugintegration

Aus dem Bereich der SPUen sind bisher nur wenige Ansätze bekannt geworden, die spezielle, über eine allgemeine Datenverwaltungsschnittstelle hinausgehende Konzepte zur Werkzeugintegration vorschlagen. [Snod86] schlägt vor, die Schnittstellen von Werkzeugen zu beschreiben, indem man ein- und ausgehende Datenstrukturen in IDL [Nest81] spezifiziert. Dieser Ansatz unterstützt darüber hinaus die Verfeinerung von Werkzeugen (ein Werkzeug kann aus Teil-Werkzeugen bestehen, die in gleicher Weise behandelt werden). Die Integration von Werkzeugen wird dadurch unterstützt, daß sie über definierte Schnittstellen kommunizieren und nicht – im Sinne der Datenintegration – auf gemeinsamen Datenstrukturen arbeiten.

Nach [Garl86] arbeitet jedes Werkzeug auf einer eigenen *Sicht* einer gemeinsamen Datenbasis, die sich durch Vereinigung aller Sichten ergibt. *Statische* Sichten erlauben die Bildung von Ausschnitten auf Typebene. Verschiedene Sichten auf ein Objekt können sich dabei auch strukturell unterscheiden. Dabei werden allerdings die verschiedenen Sichten getrennt als Objekte verwaltet (Redundanz); Abbildungen zwischen Operatoren geben an, wie sich operationale Effekte in der einen Sicht auf die andere Sicht auswirken. *Dynamische* Sichten erlauben die Bildung von Teilmengen auf Exemplarebene, indem durch Prädikate die Menge von Objekten in einer Sicht beschrieben wird (ähnlich dem *view*-Konzept in relationalen Datenbanken).

Die im Datenbankbereich geläufigen Sichtenkonzepte basieren auf dem relationalen *view*-Mechanismus und erlauben eine Ausschnittbildung sowohl auf Typ- als auch auf Exemplarebene. Die Auswertung einer solchen Sicht (d.h. die Bestimmung der in ihr enthaltenen Exemplare aus den Basisrelationen) wird bei jeder Anfrage vorgenommen [Ston75]. Da views auch abgeleitete Information enthalten können, hat in der Vergangenheit die Behandlung von *view-updates* (d.h. die Abbildung von Veränderungen an views auf entsprechende Veränderungen an den Basisrelationen) breiten Raum eingenommen (z.B. [Banc81, Daya82, Kell86]). Da die Lösung dieses Problems i.a. nicht eindeutig ist, wird vorgeschlagen, daß der Datenbankadministrator bei der view-Definition festlegt, welche Veränderungen erlaubt sind und wie diese auf Veränderungen der Basisrelationen abgebildet werden.

3.3 Datenbankentwurf und Sichtenintegration

Unter den zahlreichen Veröffentlichungen zum Thema Datenbankentwurf ([Teor82, Yao85] geben einen Überblick) beschränken wir uns auf Ansätze, die auf dem Entity-Relationship Modell basieren. Datenbankentwurf wird hier als ein Prozeß verstanden, der in Phasen zerfällt, nach [Ceri83b, Eick84, Nava86] u.a. etwa gemäß Abbildung 3.1. Die genannten Ansätze behandeln sämtlich den Datenbankentwurf für kommerzielle Anwendungen; zum Datenbankentwurf für Entwurfsanwendungen sind bisher keine Beiträge bekannt. Das heißt, daß es derzeit keine Vorschläge zur methodischen Anwendung der in den vorher genannten Datenmodellansätzen enthaltenen, speziellen Abstraktionsmechanismen wie z.B. der molekularen Aggregation gibt. Im Kontext kommerzieller Anwendungen geht man allgemein davon aus,

1. daß als Ausgangspunkt eine Menge von Informationsanforderungen i.a. in Form natürlich-sprachlicher Anfragen vorliegt, die in der Phase *Entwurf lokaler Sichten* in eine formale Beschreibung umgesetzt werden.

2. daß diese Umsetzung unabhängig für jede der beteiligten Benutzergruppen erfolgt und als Ergebnis eine entsprechende lokale Sicht erbringt, die dann mit den anderen lokalen Sichten zu einem konzeptuellen Schema integriert wird.

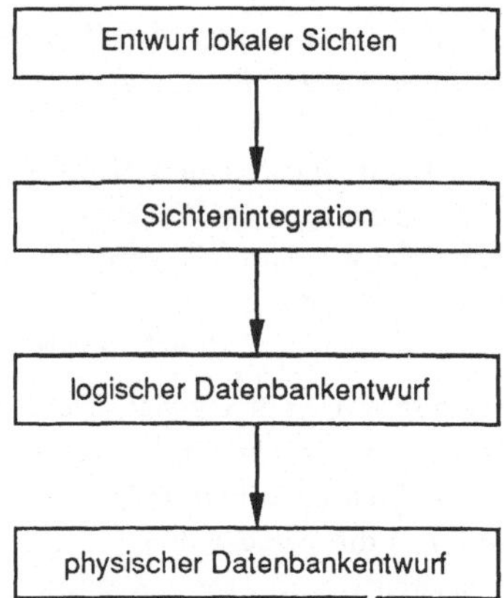

Abbildung 3.1: Phasenstruktur des Datenbankentwurfs

3. daß als Ergebnis des Entwurfsprozesses (speziell der Phase *logischer Datenbankentwurf*)
   ein Schema in einem der klassischen Datenmodelle entsteht (welches im *physischen Entwurf*
   optimiert und um Angaben zur Leistungssteuerung angereichert wird).

Im Kontext von SPUen als Datenbankanwendungen stehen diese Annahmen zur Diskussion
(die letzte ist aufgrund der speziellen Datenmodellentwicklungen nunmehr unzutreffend). Hinsichtlich der zweiten Annahme war die Vorgehensweise bei der Entwicklung von SPUen in der
Vergangenheit häufig umgekehrt: Anstatt von den unabhängig entstandenen lokalen Sichten
auszugehen und daraus durch Integration das konzeptuelle Schema abzuleiten, wurden die Sichten konstruktiv von einem konzeptuellen Schema abgeleitet, das die Informationsanforderungen
aller Werkzeuge befriedigte. Obwohl dadurch viele Probleme der Sichtenintegration vermieden
werden, wird diese Vorgehensweise dem Problem nicht (in vollem Umfang) gerecht:

- Das konzeptuelle Schema muß so entwickelt werden, daß die Informationsanforderungen
  aller Sichten damit befriedigt werden. Wenn die Informationsanforderungen aller Sichten
  aber schon bekannt sein müssen, dann können sie auch als formalisierte Beschreibungen
  (d.h. als lokale Schemata) in die Integration eingehen.

- Das bisher praktizierte Verfahren funktioniert nur dann, wenn man sich auf bestimmte
  Klassen von Werkzeugen (z.B. Programmierumgebungen) beschränkt. Datenbankbasierte
  SPUen müssen ihrer Natur nach aber offene Umgebungen sein, also die Integration beliebi-
  ger Werkzeuge unterstützen. In diesem Fall gilt die zweite Voraussetzung uneingeschränkt.

In der Praxis wird man deshalb davon ausgehen, daß lokale Sichten gelegentlich nicht unabhängig
entstehen, sondern einen Kern von Konzepten enthalten, die per constructionem identisch sind.
I.a. treten aber alle mit der zweiten Annahme verbundenen Probleme der Sichtenintegration auf,
weshalb wir uns im folgenden auf entsprechende Beiträge konzentrieren. Damit bleibt die Entwicklung eines geeigneten Modells zur Formalisierung von Informationsanforderungen anderen
Arbeiten vorbehalten (Voraussetzung 1.). Relevante Beiträge zur Integration von Sichten stellen

die Arbeiten von Navathe et al. [Nava82, Nava84, Nava86], die im italienischen DATAID-Projekt [Ceri83b, Alba85] entstandenen Ansätze [Bati83, Bati84] sowie die Arbeiten zum verwandten Problem der Integration heterogener Datenbasen z.B. von Dayal [Daya84] dar. Die Sichtenintegration zerfällt danach in drei Teilphasen:

1. Die wichtigste Teilaufgabe stellt die *Integrationsvorbereitung* dar. Sie analysiert, ob zwischen den Modellierungen gleicher Umweltsachverhalte in den zu integrierenden Schemata Konflikte vorliegen. Diese Konflikte können durch Benennungen von Konzepten (Synonyme, Homonyme) oder durch unterschiedliche Modellierungen desselben Sachverhalts entstehen. Erkannte Konflikte werden durch Transformation eines Schemas aufgelöst. Randbedingung ist dabei i.a., daß die Transformationen informationserhaltend sind (Beispiele finden sich in [Bati84]; zum Problem der Äquivalenz von ER-Schemata vgl. auch [Jajo83]). Darüber hinaus werden *Integrationsbedingungen* festgelegt, die Aussagen enthalten, auf welche Weise die betreffenden Konzepte in der nachfolgenden Teilphase zu integrieren sind.

2. Sind die Konflikte ausgeräumt, so erfolgt in der Teilphase der *Schemaintegration* die eigentliche Konstruktion der globalen Sicht; dabei können zusätzliche Beziehungen zwischen den verschiedenen Benutzersichten auftreten (an dieser Stelle ist das Konzept der Generalisierung von großer Bedeutung [Daya84, Nava86]).

3. In der abschließenden Teilphase der *Schemaanpassung* werden Redundanzen im globalen Schema ausgeräumt sowie evtl. zusätzliche Beziehungen, die nur in der globalen Sicht existieren, neu definiert.

Zusammenfassend besteht die Leistung der o.g. Ansätze darin, daß für die einzelnen Teilphasen der Integration jeweils Techniken vorgeschlagen werden, die teilweise durch Werkzeuge unterstützt werden (DATAID). Die Grobstrukturierung des Integrationsprozesses ist dabei weitgehend unabhängig vom gewählten Datenmodell; für die Techniken trifft dies nur in geringem Maße zu. Defizite sind jedoch darin zu sehen, daß keine über die Grobgliederung hinausgehende Strukturierung des Prozesses vorgeschlagen wird, so daß letztlich unklar bleibt, wie insbesondere die wichtige und komplexe Phase der Integrationsvorbereitung konkret abläuft.

Im Bereich der Werkzeugunterstützung wird das Problem der automatischen Erkennung von Konzepten der zu integrierenden Schemata, die denselben Umweltsachverhalt modellieren sollen, kaum behandelt (Ausnahme: [Wenz85]). Allerdings lassen sich hier Verwandtschaften zur Programmierung auf der Basis von *frames* [Mins75] feststellen – etwa in Sprachen wie KRL [Bobr77, Bobr79, Lehn79] oder in objektorientierten Sprachen [Stef86]. Frames beschreiben Objekte der Umwelt durch Attribute und Operationen (slots), und zwar sowohl Klassen (in Form von Prototypen – stereotypical individual [Lehn79]) als auch spezielle Exemplare (particular individual). Das Ausführen eines Programms in einer frame-orientierten Sprache beinhaltet deshalb den Vergleich zwischen existierenden Prototypen (Muster) und "neuen" frames (Datum). Zu diesem Zweck bietet etwa in KRL eine mächtige Vergleichskomponente, der *matcher*, dem Anwender eine Reihe unterschiedlicher Strategien und Möglichkeiten für solche Vergleichsoperationen an. Gleichwohl läßt sich dieser Ansatz nicht unbedingt auf die Sichtenintegration anwenden, da der Vergleich eines Datums mit einem Muster keine symmetrische Operation ist (etwa analog der Prüfung, ob ein Exemplar von einem gegebenen Typ ist). Hingegen muß der Vergleich zweier lokaler Sichten unbedingt symmetrisch sein, da evtl. aufgedeckte Konflikte potentiell in jedem der beiden Schemata behebbar sein müssen.

Vor dem Hintergrund strukturell objektorientierter Datenmodelle (mit notwendigerweise reichhaltigen und komplexen Modellierungskonzepten) erscheinen die vorgeschlagenen Techniken nicht ausreichend; sowohl die Erkennung von Konflikten als auch deren Behebung werden komplizierter ebenso wie die Schemaintegration. Diese Beobachtung wird auch durch einen Vergleich mit der Methode von Eick [Eick84] gestützt, die auf einem gemessen am ER-Ansatz weniger komplexen semantischen Modell basiert.

3.4 Folgerungen für die vorliegende Arbeit

Sowohl kommerzielle Datenbanksysteme als auch Dateisysteme weisen für den Einsatz in SPUen teilweise erhebliche Schwächen auf. Da andererseits die Eigenschaften des Datenbankansatzes auch für SPUen erforderlich sind, verspricht somit allein der Einsatz von Datenbanksystemen, die besonders auf die Anforderungen von SPUen ausgerichtet sind, eine Beseitigung der Schwächen konventioneller Dokumentenverwaltungen.

Ausgangspunkt der Entwicklung eines solchen Datenbanksystems muß ein geeignetes Datenmodell sein. Hier existiert nach unserem Wissen gegenwärtig kein Ansatz, der geeignet ist, Software-Produktionsumgebungen entsprechend den im letzten Kapitel formulierten Anforderungen zu unterstützen. Andererseits läßt sich feststellen, daß kaum grundsätzlich neue Datenmodell-Konzepte (Abstraktionsmechanismen) erforderlich sind, da in verschiedenen Ansätzen für sich genommen einzelne Aspekte durchaus befriedigend gelöst sind. Entscheidend ist daher vielmehr die Integration der notwendigen Konzepte zu einem einheitlichen Datenmodell. Die Defizite, die die verschiedenen Ansätze aufweisen, lassen sich folgendermaßen zusammenfassen:

- das Fehlen eines allgemeinen Beziehungskonzeptes

- fehlende oder mangelnde Unterstützung von sich überlappenden und rekursiven Objekt-Komponenten-Hierarchien

- das Fehlen von Konzepten zur Datenmanipulation (bei den Ansätzen, die auf semantischen Datenmodellen) beruhen

- die einseitige Betonung operationaler Aspekte zulasten von Modellierungskonzepten (bei den Ansätzen, die auf objektorientierten Programmiersprachen basieren)

Für den Bereich Datenbankentwurf hat sich ergeben, daß bisher keine Ansätze existieren, den Entwurf objektorientierter Anwendungen durch geeignete Beschreibungsmittel (semantische Modelle) und darauf aufbauende Methoden zu unterstützen. Auch für die existierenden strukturell objektorientierten Datenmodelle sind bisher kaum Entwurfserfahrungen bekannt geworden. Für das im Rahmen dieser Arbeit relevante Teilproblem der Integration von Benutzersichten existieren auf (klassische) semantische Datenmodelle zugeschnittene Techniken, die jedoch für objektorientierte Anwendungen höchstens als Ausgangspunkt dienen können. Vor diesem Hintergrund läßt sich die Zielsetzung der vorliegenden Arbeit folgendermaßen präzisieren:

- *Datenmodell*

  Es wird ein Datenmodell (das *Entwurfsobjekt-Datenmodell, EODM*) entwickelt, das Modellierung und Manipulation solcher Informationsstrukturen besonders unterstützt, die typischerweise von Software-Werkzeugen verarbeitet werden. Das EODM stellt damit einerseits als konkrete Datenbankschnittstelle die Grundlage einer datenbankbasierten SPU dar, andererseits unterstützt es als semantisches Datenmodell die Integration von Werkzeugen durch die Modellierung der gemeinsam benutzten Datenstrukturen.

Dazu sind zunächst aus den Anforderungen des zweiten Kapitels geeignete Modellierungskonzepte sowie eine Menge darauf abgestimmter Operationen zur Datenmanipulation abzuleiten. Um die Komplexität des Datenmodells zu begrenzen und damit seinen Einsatz durch Werkzeugentwickler zu erleichtern, wird angestrebt, die Anforderungen mit möglichst wenigen aber flexiblen (Abstraktions-) Mechanismen abzudecken.

- *Integration von Werkzeugen*

Die Integration von Werkzeugen erfordert die Integration ihrer lokalen Sichten (EODM-Schemata) zu einer globalen Sicht. Es wird eine konstruktive Methode entwickelt, nach der dies systematisch und in einer weitestgehend automatisierbaren Weise erfolgen kann. Schwerpunkte sind dabei die Strukturierung des (komplexen) Integrationsprozesses in elementare und automatisierbare Teilaufgaben, sowie die Bereitstellung geeigneter, auf das EODM abgestimmter Techniken zur Erkennung von Konzepten, die denselben Umweltsachverhalt modellieren (ähnlicher Konzepte), zur Erkennung von Konflikten zwischen solchen Konzepten, zur Auflösung erkannter Konflikte durch informationserhaltende Transformation von EODM-Schemata, zur Festlegung von Integrationsbedingungen sowie zur Integration von Konzepten. Die Anwendbarkeit dieser Methode ist dabei nicht auf SPUen und prinzipiell auch nicht auf das EODM beschränkt; wesentliche Ergebnisse lassen sich auch ganz allgemein auf die Integration von Sichten, sowie auf Probleme, die mit der Sichtenintegration verwandt sind (s.u.), anwenden.

- *Validierung des EODM*

Zur Validierung der Konzepte des EODM werden neben der Anforderungsangemessenheit zwei Kriterien herangezogen: Implementierbarkeit und Einsetzbarkeit.

 - Die Demonstration der Implementierbarkeit stellt eine Validierung "nach unten" dar, als dadurch dokumentiert wird, wie die EODM-Datenbankschnittstelle als Grundlage einer datenbankbasierten SPU realisiert werden kann. Damit ist es auch praktisch möglich, SPUen zu entwickeln, deren sämtliche Dokumente in einheitlicher Weise durch ein geeignetes Datenbanksystem verwaltet werden. Eine Prototypimplementierung für ein solches Datenbanksystem liegt mit dem *DAMOKLES*-System vor. Nach der Implementierung der zentralen EODM-Konzepte wird daher auf Erfahrungen eingegangen, die sich aus dieser Implementierung ergeben haben.

 - Der Nachweis der Einsetzbarkeit des EODM ist demgegenüber eine Validierung "nach oben", d.h. in Bezug auf den Anwender. Die Anwendung von Techniken der Integrationsmethode ermöglicht in diesem Zusammenhang die Beseitigung von Redundanz als wesentliche Voraussetzung für eine korrekte Modellierung lokaler Benutzersichten, sowie die evolutionäre, d.h. schrittweise Entwicklung von EODM-Schemata, und zwar auch dann, wenn bereits Datenbasis-Exemplare zu einem Schema existieren. Schließlich ist die Integration von Sichten eng verwandt mit der Integration heterogener Datenbasen. Die Integrationsmethode liefert damit nicht zuletzt die Möglichkeit, verteilte und heterogene SPUen zu integrieren.

Kapitel 4

Das Entwurfsobjekt-Datenmodell

In den vorangegangenen Kapiteln wurde dargelegt, daß zur Lösung der Datenhaltungsprobleme in SPUen leistungsfähige Datenbanksysteme erforderlich sind. Die Leistung eines solchen Systems ist dabei an dem Erfüllungsgrad der ermittelten Anforderungen zu bemessen. In diesem Abschnitt wird nun das *Entwurfsobjekt-Datenmodell* (*EODM*) vorgestellt, das die (das Datenmodell betreffenden) Anforderungen weitgehend erfüllt. Die Entwicklungsphilosophie folgt dabei den Grundsätzen

- *Strukturelle Objektorientierung*

  Die zentrale Zielsetzung besteht in der Bereitstellung von Konzepten zur Modellierung von Dokumenten; dabei soll jedes Dokument unmittelbar durch ein Datenbankobjekt repräsentiert werden können – ungeachtet seiner internen Struktur. Die zur Manipulation erforderlichen Operatoren sollen auf diese Modellierungskonzepte ausgerichtet sein, die Unterstützung von benutzerdefinierten Operatoren ist jedoch nicht intendiert. Da nach der Bestandsaufnahme des letzten Abschnitts eine Reihe von Ansätzen jeweils Konzepte für Teilprobleme vorschlägt, ist es naheliegend, durch *Integration* geeigneter Konzepte aus dem Bereich der semantischen Datenmodelle zu einer Lösung zu gelangen.

- *Flexible Basismechanismen*

  Es ist sinnvoll, die Anforderungen mit möglichst wenigen, flexiblen Konzepten abzudecken (die dann den Charakter von Basismechanismen haben):

  1. Das Datenmodell soll allgemein für SPUen einsetzbar sein. Das bedeutet, daß Entscheidungen bzgl. der Dokumentenverwaltung, die in verschiedenen Umgebungen unterschiedlich ausfallen können (Benutzerstrategien), nicht durch das Datenmodell präjudiziert werden dürfen. Im Gegenteil, nur diejenigen Abstraktionsmechanismen sollen Eingang in das Datenmodell finden, die sich als charakteristisch und typisch für den gesamten Anwendungsbereich herauskristallisiert haben.[5]

---

[5]Dies kommt auch dem Einsatz des EODM in anderen Entwurfsanwendungen entgegen, was zwar nicht zentrales Ziel dieser Arbeit ist, aber als "Nebeneffekt" gerne toleriert wird.

2. Das EODM wird von Werkzeugentwicklern eingesetzt, also von Personen, die häufig keine Datenbankexperten sind. Ein Datenmodell, bei dem nur die Beherrschung weniger Konzepte erforderlich ist, ist von den Anwendern leichter zu erlernen und zu benutzen.

3. Das EODM ist eine Datenbankschnittstelle und nicht nur ein Hilfsmittel zur Modellierung. Es können demzufolge nicht alle für semantische Datenmodelle üblichen Konzepte Eingang finden, da (speziell bei nicht-orthogonalen Konzepten) die Wirkung von Operationen nur schwer überschaubar ist. Damit kann zwangsläufig weniger Konsistenz implizit im Schema beschrieben werden.

Das EODM basiert auf dem *Entity-Relationship* Ansatz [Chen76, ISO82], der einfache Objekte ("entities" genannt), n-stellige Beziehungen sowie Attribute zur Modellierung von Objekt- und Beziehungseigenschaften vorsieht. Aufgrund der Anforderungsanalyse sind darüber hinausgehend die folgenden EODM-Konzepte erforderlich:

- variante Rollen

- strukturierte Objekte

- Generalisierungen

- Objektversionen

Die operationale Schnittstelle des EODM hat den Charakter einer *Ein-Objekt-Schnittstelle*, d.h. Operatoren wirken i.a. auf *ein strukturiertes* Objekt (bzw. eine Beziehung – vgl. hierzu auch [Bigg87]). Der Zugriff auf ein Objekt erfolgt hauptsächlich über die Beziehungen, an denen dieses partizipiert. Das EODM unterstützt deshalb primär die *Navigation* in Objekt-Beziehungs-Geflechten als strukturorientierte Zugriffsart. Entsprechend den Modellierungskonzepten lassen sich folgende Gruppen unterscheiden:

- Operatoren auf (strukturierten) Objekten

- Operatoren auf Generalisierungshierarchien

- Operatoren auf Versionen

- Operatoren auf Beziehungen

- Operatoren auf Attributen

- Navigationsoperatoren

4.1   Konzepte des Entwurfsobjekt-Datenmodells

Das EODM unterscheidet zunächst zwischen *einfachen Werten* und *Objekten*. Zur ersteren Klasse zählen etwa Zahlen, Zeichenreihen, Wahrheitswerte, etc.; sie existieren per definitionem und können nicht vom Benutzer erzeugt oder gelöscht werden. Das EODM bietet eine Reihe vordefinierter Wertemengen sowie Konstruktoren zur Definition weiterer Wertemengen durch den Benutzer an.

Der Anwender hat darüber hinaus verschiedene Modellierungskonzepte (Konstruktoren) zur Verfügung, um ausgehend von einfachen Wertemengen (Objekt- und Beziehungs-) Typen zu definieren. Im folgenden werden die Konzepte des EODM eingeführt, wobei von einfachen Konzepten zu komplexeren fortgeschritten wird (zunächst Wertemengen, dann einfache Objekt- und Beziehungstypen, strukturierte Objekte, Generalisierungen und Versionen). Sprachlicher Ausdruck dieser Modellierungskonzepte ist eine Datendefinitionssprache (DDL), die im folgenden ebenfalls eingeführt wird, und deren Syntax in erweiterter BNF sich in Anhang A findet. Die Präsentation eines Konzepts erfolgt dadurch, daß die Semantik des entsprechenden Ausschnitts der DDL formal spezifiziert wird. Das Ergebnis der Modellierung ist eine Menge von Typen, ein *Schema*. Konventionen für die graphische Notation von Schemata werden in Anhang B beschrieben. Im folgenden seien

- OT eine Menge von Objekttypnamen

- RT eine Menge von Beziehungstypnamen

- AN eine Menge von Attributnamen

- RN eine Menge von Rollennamen

- VS eine Menge von Wertemengen

- $MINC = \{0, 1\}$

- $MAXC = \{1, \infty\}^6$

In einem Schema werden Konzepte (Objekt-, Beziehungstypen, Attribute, Rollen und Wertemengen) über Bezeichner angesprochen. Wo im weiteren für ein Konzept k die Unterscheidung zwischen seinem Bezeichner und seiner Extension von Bedeutung ist, steht

- 'k' für den Bezeichner von k und

- $\underline{k}$ für die Extension von k.

Für Objekt- und Beziehungstypen, sowie für Wertemengen sind die Extensionen die Mengen der betreffenden Exemplare; für Attribute sind dies die Funktionen von Typen auf Wertemengen, entsprechendes gilt für Rollen.

4.1.1 Wertemengen

Einfache Werte treten als Ausprägungen von Attributen von Objekten oder Beziehungen auf, ihre Existenz ist stets an die des betreffenden Exemplars gebunden. (Einfache Werte haben somit keine *eigenständige* Existenz.) Gleichartige einfache Werte werden zu *(einfachen* Wertemengen) zusammengefaßt. Das EODM bietet zunächst eine Reihe vordefinierter Wertemengen an, nämlich ganze Zahlen (INT), Gleitpunktzahlen ($REAL$), Wahrheitswerte ($BOOL$), Zeichen ($CHAR$) und Zeitpunkte ($TIME$). Darüber hinaus stehen Typkonstruktoren zur Verfügung, vermittels derer der Anwender neue Wertemengen definieren kann, und zwar:

---

[6]In der DDL und in den folgenden Abschnitten wird '∞' stets durch '$*$' dargestellt.

- *STRING*[n] für Zeichenreihen der Länge n

- *ENUM* für Aufzählungstypen

- *SUBR* für Ausschnitte aus den Wertemengen CHAR, INT, REAL, TIME

- *ARRAY* für Reihungen von Elementen vordefinierter Wertemengen

- *STRUCT* zur Bildung kartesischer Produkte (Verbunde) von Wertemengen

- *UNION* zur Vereinigung von Wertemengen

Eine genauere Beschreibung der Wertemengen findet sich in [Gott86]. Das EODM bietet darüber hinaus eine vordefinierte Wertemenge *LONG_FIELD* an, deren Elemente Byteketten beliebiger Länge sind (vgl. [Hask82]). Lange Felder können wie direkte Dateien benutzt werden, wobei ein Zeiger stets die aktuelle Position innerhalb des langen Feldes angibt. Die Manipulation langer Felder ist ausschließlich vermittels einer Menge von Operatoren möglich, die es u.a. erlauben, ab der internen Position eine Anzahl von Bytes zu lesen, zu überschreiben, zu löschen oder neu einzufügen (vgl. auch Abschnitt 4.4.5.3 sowie [Gott86]).

4.1.2 Objekte und Beziehungen

Ein *Objekt* ist das datenbankinterne Abbild einer realen oder gedachten Einheit, die in dem betrachteten Umweltausschnitt von anderen Einheiten unterscheidbar ist und eine eigenständige Existenz aufweist (d.h. unabhängig von anderen Einheiten existieren kann). Objekte werden anhand gleichartiger Eigenschaften zu *Objekttypen* klassifiziert.

$$
\begin{array}{lll}
6.1 & object\_type\_decl & ::= \quad "OBJECT" \; [\; "TYPE" \;] \; object\_type\_id \\
& & \qquad\qquad object\_desc \\
& & \qquad "END" \; object\_type\_name \; ";" \; .
\end{array}
$$

$$
\begin{array}{lll}
6.4 & object\_desc & ::= \quad [\; specialization\_clause \;] \\
& & \qquad [\; attribute\_clause \;] \\
& & \qquad [\; version\_clause \;] \\
& & \qquad [\; structure\_clause \;] \; .
\end{array}
$$

$$
\begin{array}{lll}
6.6 & attribute\_clause & ::= \quad "ATTRIBUTES" \; (attribute \; // \; ";" \;) \\
& & \qquad [\; "UNIQUE" \; ("(" \; unique\_attributes \; ")" \; // \; ";") \;] \; .
\end{array}
$$

Definition von Objekttypen und Attributen in der DDL

Die (intensionale) Definition eines Objekttyps (*object_type_decl*) legt neben dem Namen des Typs (*object_type_id*) zunächst dessen *Attribute* fest (*attribute_clause*), der Benutzer definiert dabei implizit die folgende Funktion *desc*:

$$
\begin{aligned}
desc: \quad & OT \rightarrow \mathcal{P}(AN \times VS) \\
& (\text{'}attribute\_id\text{'}, \text{'}value\_set\text{'}) \in desc\,(\text{'}object\_type\_id\text{'}) \Rightarrow \\
& \underline{attribute\_id} : \underline{object\_type\_id} \rightarrow \underline{value\_set}.
\end{aligned}
\tag{4.1}
$$

Ein Attribut ist demnach eine benannte Funktion (*attribute_id*), die Objekten eines Typs (*object_type_id*) Elemente einer Wertemenge (*value_set*) zuordnet. Objekte können miteinander in Beziehung treten. Beziehungen mit gemeinsamen Eigenschaften werden zu *Beziehungstypen* klassifiziert:

7.1 *relship_type_decl* ::= "RELSHIP" ["TYPE"] *relship_type_id*
                                           relship_type
                                           "END" *relship_type_name* ";" .

7.2 *relship_type* ::= "RELATES" (*role* // ",") [*attribute_clause*] .

7.3 *role* ::= [*role_id* ":"] (*object_type_denotation* // ",")
                                     [["CARDINALITIES"] *cardinality_clause*] .

7.4 *cardinality_clause* ::= "(" *minc* "," *maxc* ")" .

7.5 *minc* = "0" | "1" .

7.6 *maxc* = "1" | "*" .

Definition von Beziehungstypen in der DDL

Ein Beziehungstyp hat einen Namen (*relship_type_id*) und (optional) Attribute entsprechend einem Objekttyp (*attribute_clause*). Für die Funktion *desc* gilt deshalb in Erweiterung von (4.1):

$$desc: \quad OT \cup RT \to \mathcal{P}(AN \times VS) \tag{4.2}$$
$$(\text{'}attribute\_id\text{'}, \text{'}value\_set\text{'}) \in desc\,(\text{'}type\_id\text{'}) \Rightarrow$$
$$\underline{attribute\_id} : \underline{type\_id} \to \underline{value\_set}.$$

Der Benutzer definiert darüber hinaus eine Anzahl von Rollen (*role*), die Objekte in Beziehungen des fraglichen Typs einnehmen können. Rollen sind benannte Funktionen (*role_id*) des Beziehungstyps auf eine Vereinigung von Objekttypen (*object_type_denotation*):

$$roles: \quad RT \to \mathcal{P}(RN \times \mathcal{P}(OT) \times MINC \times MAXC) \setminus \emptyset \tag{4.3}$$
$$(\text{'}role\_id\text{'}, \{\text{'}ot_1\text{'}, \text{'}ot_2\text{'}, \ldots, \text{'}ot_m\text{'}\}, minc, maxc) \in roles\,(\text{'}relship\_type\_id\text{'}) \Rightarrow$$
$$\underline{role\_id} : \underline{relship\_type\_id} \to \underline{ot}_1 \cup \cdots \cup \underline{ot}_m.$$

Eine Rolle wird von einer Vereinigung von Objekttypen ($\underline{ot}_1 \cup \cdots \cup \underline{ot}_m, m \geq 2$) oder von einem einzelnen Objekttyp ($m = 1$) eingenommen. Im ersteren Fall heißt die Rolle *variante Rolle* andernfalls *einfache Rolle* (entsprechend [Chen76]). Objekte aller auftretenden Typen können in Beziehungen dieses Typs partizipieren.

$$n = |\{\, roles\,(\text{'}relship\_type\_id\text{'})\,\}| \geq 1 \tag{4.4}$$

heißt *Stelligkeit* des Beziehungstyps *relship_type_id*. Durch Angabe von *Minimal-* und *Maximalkardinalitäten*, kann festgelegt werden (*cardinality_clause*), wie oft ein Objekt eines Typs mindestens eine Rolle einnehmen muß (0 oder 1) bzw. höchstens einnehmen darf (1 oder * für beliebig oft), vgl. [ISO82].

Jedes Objekt und jede Beziehung ist in einem Umweltausschnitt von anderen Exemplaren unterscheidbar, besitzt also unabhängig von seinen Eigenschaften eine Identität. Um diese Identität auch in einer Datenbasis darzustellen, haben alle Exemplare einen eindeutigen Identifikator, ein *Surrogat* [Hall76], mit folgenden Eigenschaften:

1. Alle Objekte und Beziehungen können in eindeutiger Weise anhand ihres Surrogates identifiziert werden.

2. Surrogate werden nicht vom Benutzer sondern vom System vergeben, und zwar beim Einfügen des Exemplars.

3. Ein Surrogat ist während der Lebensdauer seines Exemplars konstant, und wird hernach nicht wieder an ein anderes Exemplar vergeben.

Im folgenden wird davon ausgegangen, daß es eine Funktion *surr* gibt, die jedem Exemplar (Objekt oder Beziehung) sein Surrogat zuordnet.

4.1.3   Strukturierte Objekte

Objekte können neben deskriptiven Eigenschaften (Attributen) auch *strukturelle* Eigenschaften haben, die beschreiben, in welcher Weise sich ein Objekt aus *Komponenten* zusammensetzt. Das EODM stellt dafür das Konzept der *strukturierten Objekte* zur Verfügung, einen Abstraktionsmechanismus, der es erlaubt, eine Menge von Objekten und Beziehungen als ein zusammengesetztes Objekt aufzufassen, gemäß folgender Definition:

Definition 4.1 (Direkte Komponente)

Seien

$$O = \bigcup_{'ot' \in OT} \underline{ot}, \ R = \bigcup_{'rt' \in RT} \underline{rt}, \ OR = O \cup R, \ comp \subseteq O \times OR.$$

Ein Objekt oder eine Beziehung *or* $\in OR$ heißt *direktes Unterobjekt* (bzw. *direkte Unterbeziehung*, allgemein *direkte Komponente*) eines Objekts *o* $\in O$, falls gilt: $(o, or) \in comp$. Das Objekt o heißt dann *Oberobjekt* von *or*.   ◇

Die Relation *comp* hat axiomatischen Charakter, d.h. sie wird explizit durch den Benutzer per Datenbankoperation hergestellt.

6.14	*structure_clause*	::=	"STRUCTURE" ["IS"] (*component_clause* // ",") .
6.15	*component_clause*	::=	*type_denotation* [["AT" "MOST"] "ONCE"] .
6.16	*type_denotation*	=	*object_or_relship_type_name* | *implicit_version_name* .

Definition strukturierter Objekttypen in der DDL

Die Definition eines strukturierten Objekttyps erfolgt, indem in der *structure_clause* eine Menge von Typen aufgezählt werden, deren Exemplare als direkte Komponenten in Objekten des fraglichen Typs auftreten können (*component_clause*); dies können Objekte wie auch Beziehungen sein. Implizit wird dadurch die folgende Funktion *struct* definiert:

$$struct: \quad OT \to \mathcal{P}(\,(OT \cup RT) \times MAXC\,) \tag{4.5}$$
$$\forall \,'object\_type\_id' \in OT, \,'type\_denotation' \in (OT \cup RT):$$
$$\exists\, o \in \underline{object\_type\_id}, \; x \in \underline{type\_denotation}: \; comp(o,x) \Rightarrow$$
$$'type\_denotation' \in struct\,('object\_type\_id')|_1.^7$$

Man kann sich ein strukturiertes Objekt demnach als eine Hülle vorstellen, dem zur Beschreibung seiner deskriptiven Eigenschaften Attribute zugeordnet sind, und dessen Objektstruktur durch seine direkten Komponenten beschrieben wird. Unterobjekte können ihrerseits strukturierte Objekte sein, so daß ein strukturiertes Objekt o insgesamt alle die Objekte und Beziehungen als Komponenten enthält, die in ihm direkt enthalten sind, oder die Komponenten strukturierter Objekte sind, die in o enthalten sind. Strukturierte Objekte entsprechen *molekularen Aggregationen* [Bato84] und sind damit Verallgemeinerungen der Aggregationen nach [Smit77a, Smit77b]. Das EODM unterstützt dabei verschiedene Fälle im Hinblick auf Überlappung und Rekursion:

- Ein Objekt bzw. eine Beziehung kann Komponente von strukturierten Objekten verschiedener Typen sein (indem der Typ in beiden *structure_clauses* auftritt).

- Ein Objekt bzw. eine Beziehung kann Komponente verschiedener strukturierter Objekte eines Typs sein. Will man diesen (Default-) Fall ausschließen, so muß man in der entsprechenden *component_clause* "AT MOST ONCE" angeben.

- Unter- und Oberobjekt können vom selben Typ sein (in der *structure_clause* tritt dann der strukturierte Objekttyp selbst als Komponente auf – Rekursion).

4.1.4 Generalisierungen und Objektversionen

Die Konzepte, die in diesem Abschnitt beschrieben werden, beruhen auf dem Mechanismus der *Ererbung* von Eigenschaften:

Definition 4.2 (Ererbung)

Seien o_1 und o_2 Objekte der Typen ot_1 bzw. ot_2; o_1 *ererbt* die (deskriptiven und strukturellen) Eigenschaften von o_2 falls gilt:

$$inh(o_1, o_2)$$

$\diamond$

---

[7]Dabei beschreibe $f\,|_i$ die Projektion einer mehrdimensionalen Funktion f auf die i-te Dimension (hier der Funktion *struct* auf die erste Komponente).

Die Relation *inh* wird durch den Benutzer per DML-Operation erzeugt – hat also axiomatischen Charakter – und folgendermaßen interpretiert: Ererbt ein Objekt o_1 Eigenschaften eines Objektes o_2 , so sind alle Attributwerte des vererbenden Objekts (o_2) auch Attributwerte des ererbenden Objekts o_1; entsprechendes gilt für die direkten Komponenten. Das ererbende Objekt kann darüber hinaus weitere, *eigene*, deskriptive und strukturelle Eigenschaften haben. Diese Semantik des Vererbungsmechanismus kann ausschließlich durch entsprechende Operatoren erzielt werden – vgl. hierzu spätere Abschnitte. Dieser Vererbungsmechanismus ist damit in gewisser Weise unabhängig von der Modellierung von Dokumenten: Ob die Inhaltsinformation eines Dokuments explizit (und damit durch eine Menge von Komponenten eines entsprechenden strukturierten Objekts) modelliert, oder implizit, d.h. durch Attributwerte, beschrieben wird – in beiden Fällen können Objekteigenschaften an eine Spezialisierung oder eine Version des Objekts vererbt werden (sofern sinnvoll).

6.5	*specialization_clause*	::=	"SPECIALIZES" *object_type_denotation* .
6.11	*version_clause*	::=	"VERSIONS" *version_kind* "(" *version_desc* ")" .
6.12	*version_kind*	=	"LINEAR" | "TREELIKE" | "ACYCLIC" .
6.13	*version_desc*	::=	[*attribute_clause*] [*version_clause*] [*structure_clause*] .

Definition von Generalisierungen und Versionen in der DDL

Das EODM unterstützt das Konzept der *Generalisierung*, das durch die Arbeiten von Smith/Smith [Smit77a, Smit77b] in den Datenbankbereich allgemein, und durch [Sant80, Sche80] in den ER-Ansatz Eingang gefunden hat. Bei der Definition eines Objekttyps wird in der *specialization_clause* angegeben, welcher Objekttyp (*object_type_denotation*) Generalisierung des zu definierenden Typs, der *Spezialisierung*, ist. Alle Objekte der Spezialisierung sind auch Exemplare der Generalisierung; sie ererben die (deskriptiven und strukturellen) Eigenschaften, die für den Generalisierungstyp definiert wurden (zusätzlich zu ihren eigenen Eigenschaften, die in ihrer *attribute_clause* bzw. *structure_clause* festgelegt sind). Diesen Sachverhalt beschreibt die folgende Funktion *generalizes*:

$$
\begin{aligned}
generalizes : \quad & OT \rightarrow OT, \\
& generalizes\,(\text{`}object_type_id\text{'}) = \text{`}object_type_denotation\text{'} \Rightarrow \\
& \forall\, o_1 \in \underline{object\_type\_id} \ \exists\, o_2 \in \underline{object\_type\_denotation} : \\
& surr\,(o_1) = surr(o_2) \wedge inh\,(o_1, o_2).
\end{aligned}
\tag{4.6}
$$

Man beachte, daß das Surrogat eines Objektes eindeutig ist (d.h. es handelt sich aus Datenbanksicht um *ein* Objekt), unabhängig welche Ebene einer Generalisierungshierarchie (d.h. welchen Objekttyp) man betrachtet. Generalisierungen erlauben es, auf Typebene für einen Objekttyp (Generalisierung) eine Menge von Subtypen (Spezialisierungen) vorzusehen. Auf Exemplarebene existiert zu jeder Generalisierung zu jedem Zeitpunkt höchstens eine Spezialisierung. Umgekehrt verhält es sich bei dem im folgenden beschriebenen *Versionskonzept*: Wird ein Objekttyp als versionsbehaftet definiert, so wird dadurch implizit *ein* weiterer Objekttyp als der Typ seiner Versionen deklariert. Auf Exemplarebene kann es zu einem sog. *generischen Objekt* allerdings eine Menge von Versionen geben, die dessen Eigenschaften ererben. Generalisierungen und Versionen ist gemeinsam, daß sie Anwendungen desselben, in 4.2 definierten Vererbungskonzeptes sind. Da eine Generalisierung auf Exemplarebene ihre Eigenschaften an höchstens eine Spezialisierung vererben kann, kann man hier auch von einer *1:1-Vererbung* sprechen. Da für generische Objekte (auf Exemplarebene!) diese Begrenzung nicht gilt, handelt es sich hier um eine *1:n-Vererbung*.

Bei der Definition eines Objekttyps (des Typs der *generischen* Objekte) wird in der *version_clause* festgelegt, welche Eigenschaften die Versionen dieser Objekte haben (*version_desc*). Dies können Attribute (*attribute_clause*) oder Komponenten (*structure_clause*) sein; auch können Versionen wiederum versionsbehaftet sein (*version_clause*). Auf Exemplarebene hat ein generisches Objekt eines Typs O eine Menge von Versionen, die selbst Objekte des Typs $O.VERSION$ sind und als solche auch eigenständig in Beziehungen eintreten können. Zu jeder Version existiert dabei genau ein generisches Objekt, das seine Eigenschaften an seine Versionen vererbt. Die Eigenschaften des generischen Objektes sind daher allen seinen Versionen gemeinsam, während die Versionen untereinander verschieden ausgeprägte Eigenschaften haben können. Die Zuordnung zwischen Version und generischem Objekt, (die bei der Generalisierung durch die Identität der Surrogate implizit erfolgt) wird axiomatisch über eine Funktion *gen-obj* hergestellt gemäß folgender Definition:

Definition 4.3 (Generisches Objekt)

Seien G und V Objekttypen und *gen-obj* eine Funktion

$$gen-obj : \underline{V} \to \underline{G},$$

dann heißt $g = gen\text{-}obj\,(v)$ das *generische Objekt* von v; v heißt *Version* von g. Darüber hinaus gilt $inh\,(v,g)$. $\Diamond$

Der Menge aller Versionen $gen\text{-}obj^{-1}\,(o)$ eines Objektes o wird gemäß folgender Definition eine partielle Ordnung aufgeprägt, der *Versionsgraph* von o.

Definition 4.4 (Versionsgraph)

Sei $gen\text{-}obj^{-1}$ die Umkehrrelation zu *gen-obj*, und *v-graph* eine Relation

$$v-graph \subseteq \bigcup_{'ot'\in OT} (\bigcup_{o\in \underline{ot}} (gen-obj^{-1}(o) \times gen-obj^{-1}(o)))$$

sowie $v\text{-}graph_o$ die Beschränkung von *v-graph* auf $gen\text{-}obj^{-1}(o) \times gen\text{-}obj^{-1}(o)$. Gilt für alle $o \in \underline{ot},\, 'ot' \in OT$, daß die transitive Hülle von $v\text{-}graph_o$ antisymmetrisch ist (d.h. $v\text{-}graph_o$ induziert eine strenge Halbordnung auf der Menge $gen\text{-}obj^{-1}(o)$), dann heißt

$$(gen-obj^{-1}(o), v-graph_o)$$

Versionsgraph des Objekts o. Für $(v_1, v_2) \in v\text{-}graph_o$ heißt v_2 *abgeleitet von* v_1. $\Diamond$

Der Versionsgraph eines generischen Objekts kann als linear, baumartig oder im allgemeinsten Falle azyklisch definiert werden (*version_kind*). Er wird per Datenbankoperation explizit durch den Benutzer erzeugt. Bei der Definition eines Objekttyps als versionsbehaftet legt der Anwender implizit die folgende partielle Funktion *generic* fest:

$$generic: \quad OT \setminus generalizes^{-1}(OT) \to OT, \tag{4.7}$$
$$generic\,(\text{'}ot_1\text{'}) = \text{'}ot_2\text{'} \Rightarrow \forall\, o_1 \in \underline{ot}_1 \; \exists\, o_2 \in \underline{ot}_2 : \; gen\!-\!obj\,(o_1) = o_2$$

Man beachte, daß aufgrund der Definition der Funktionen *generalizes* und *generic* keine mehrfache Ererbung auftritt, da ein Versionstyp nicht zugleich auch Spezialisierung sein kann und da eine Spezialisierung genau einer Generalisierung zugeordnet ist (vgl. hierzu auch die Diskussion im letzten Abschnitt dieses Kapitels).

4.2 Schema und Datenbasis

Mit den bisherigen Definitionen ist es nun möglich, den Schema- und Datenbasisbegriff formal zu fassen:

Definition 4.5 (EODM-Schema)

Sei $T = OT \cup RT$. Ein *EODM-Schema* S (Schema) ist ein 10-Tupel

$$S = (OT, RT, AN, RN, VS, desc, roles, struct, generalizes, generic)$$

mit

OT	ist eine Menge von Objekttyp-Namen.
RT	ist eine Menge von Beziehungstyp-Namen.
AN	ist eine Menge von Attribut-Namen.
RN	ist eine Menge von Rollen-Namen.
VS	ist eine Menge von Wertemengen.
desc	ist eine Funktion gemäß (4.2), die einem Typ seine Attribute und Wertemengen zuordnet.
roles	ist eine Funktion gemäß (4.3), die einem Beziehungstyp seine Rollen zuordnet.
struct	ist eine Funktion gemäß (4.5), die einem Objekttyp seine Komponententypen zuordnet.
generalizes	ist eine partielle Funktion gemäß (4.6), die einem Objekttyp den Typ seiner Generalisierung zuordnet.
generic	ist eine partielle Funktion gemäß (4.7), die einem Objekttyp den Typ seiner generischen Objekte zuordnet.

◇

Definition 4.6 (Datenbasis)

Sei S ein Schema; eine *EODM-Datenbasis (Datenbasis)* DB ist ein 5-Tupel

$$DB = (O, R, comp, gen{-}obj, v{-}graph)$$

mit

O ist eine Menge von Objekten.

R ist eine Menge von Beziehungen.

comp   ist eine Funktion gemäß Def. 4.1.

gen-obj   ist eine partielle Funktion gemäß Def. 4.3.

v-graph   ist eine Relation gemäß Def. 4.4.

DB heißt *schema-konsistent zu S (konsistent)*, falls gilt:

1. $O \subseteq \bigcup_{`ot` \in OT} \underline{ot}$
   $R \subseteq \bigcup_{`rt` \in RT} \underline{rt}$

2. $\forall\, `rt` \in RT : (`role\_id`, \{`ot_1`, `ot_2`, \ldots, `ot_m`\}, minc, maxc) \in roles\,(`rt`) \Rightarrow$
   $\qquad minc \leq |\,\{o \in \underline{ot}_1 \cup \cdots \cup \underline{ot}_n |\, \exists\, r \in \underline{rt} : \underline{role\_id}\,(r) = o\}\,| \leq maxc$
   $\quad \forall\, `ot` \in OT \;\forall\, `t` \in OT \cup RT :$
   $\qquad (`t`, maxc) \in struct\,(`ot`) \Rightarrow \forall\, x \in \underline{t} : |\,\{o \in \underline{ot}\,|\, comp\,(o, x)\}\,| \leq maxc$

Die Menge D aller schema-konsistenten Datenbasen zu einem gegebenen Schema S wird im weiteren mit

$$D = Inst(S)$$

bezeichnet. $\Diamond$

Die Bedingungen unter 1. legen fest, daß in einer schema-konsistenten Datenbasis nur Objekte und Beziehungen der vereinbarten Typen auftreten dürfen. Die Bedingungen unter 2. legen darüber hinaus implizite Konsistenzbedingungen fest, nämlich:

- die Einhaltung der Kardinalitätsbedingungen (Minimal- und Maximalkardinalität) für allgemeine Beziehungen

- die Einhaltung der Kardinalitätsbedingungen für Objekt-Komponenten-Beziehungen

4.3   Ein Beispiel

Im folgenden sollen die Modellierungskonzepte des EODM an einem Beispiel illustriert werden. (Die Konventionen zur graphischen Darstellung von EODM-Schemata finden sich in Anhang B.) Dazu betrachten wir die ER-Diagramme, die in der Anforderungsanalyse entwickelt wurden, und zwar im einzelnen die Abbildungen 2.2, 2.4, 2.5 und 2.11.

Abbildung 4.1 zeigt das EODM-Diagramm für eine Tokensequenz (vgl. Abbildung 2.2). Der Objekttyp *token* ist nunmehr eine Generalisierung mit den Typen *keyword*, *id* und *number* als Spezialisierungen. Alle Objekte der Spezialisierungen ererben das Attribut *source_position* von *token*. Alle Typen, die die Tokensequenz beschreiben, sind Komponententypen eines Objekttyps *unit* (Schachtelung der entsprechenden Symbole in der Graphik). Das bedeutet, daß Objekte vom

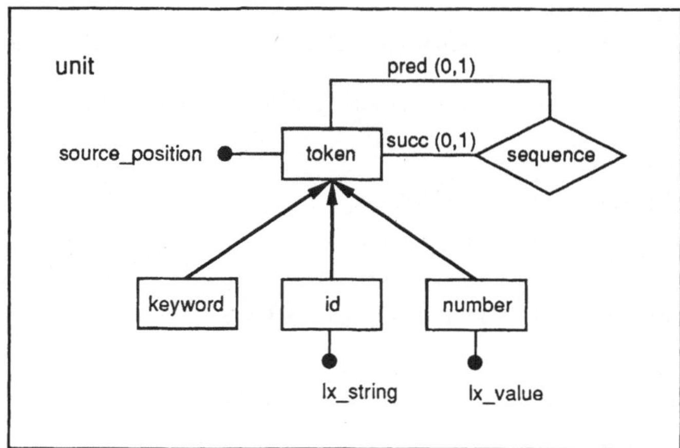

Abbildung 4.1: Übersetzungseinheit aus der Sicht der lexikalischen Analyse

Typ *unit* (also Übersetzungseinheiten) aus der Sicht der lexikalischen Analyse alle Objekte und
Beziehungen, die die Tokensequenz darstellen, als Komponenten enthalten. Dieser Sachverhalt
konnte in Abbildung 2.2 nicht ausgedrückt werden, dennoch ist dieses Schema weniger komplex
als 2.2 (6 Typen hier gegenüber 8 dort), was auch für die folgenden Abbildungen im Vergleich
zu den entsprechenden Darstellungen des zweiten Kapitels gilt. Die Abbildung stellt somit eine
natürliche Sicht der Phase "lexikalische Analyse" auf eine Übersetzungseinheit dar: nach der
lexikalischen Analyse werden die wesentlichen Eigenschaften einer Übersetzungseinheit gerade
durch die Folge der Grundsymbole beschrieben – in der Abbildung als strukturelle Eigenschaften
von *unit*.

Abbildung 4.2 zeigt i.w. den Programmgraphen aus 2.4 und veranschaulicht den Einsatz von
varianten Rollen. Die Klasse der Strukturobjekte (*structural_object*) stellt eine Generalisierung
dar; als Subtypen treten nun – im Unterschied zu Abbildung 2.4 – die verschiedenen Knotentypen auf, die den Nichtterminalen der kontextfreien Grammatik der Programmiersprache
entsprechen. Im Beispiel sind der Einfachheit halber nur die Spezialisierungen *definition* (für
das definierende Auftreten von Größen) sowie *type* und *constant* aufgeführt. Die hierarchische
Struktur des Strukturbaumes wird der Menge der *structural_objects* durch Beziehungen des Typs
abstract_syntax aufgeprägt (entsprechend 2.4). Im Unterschied zu 2.4 sind hier die semantischen
Beziehungen auf der Ebene der Spezialisierungen modelliert: Beziehungen des Typs *defines*
verbinden das angewandte Auftreten von Größen mit dem entsprechenden definierenden Auftreten, stellen also (implizit) die konventionelle Definitionstabelle dar. Dabei kann die Rolle
applied_occurrence wahlweise von einem Objekt der Typen *type*, *constant*, etc. eingenommen
werden.

Wiederum sind alle Typen, die den Programmgraphen beschreiben, Komponententypen von
unit (vgl. entsprechende Bemerkung zu 4.1). Die Abbildung stellt somit die Sicht der Phase
"semantische Analyse" auf eine Übersetzungseinheit dar: der Programmgraph wurde als strukturelle Eigenschaft von *unit* modelliert; die Information, die eine Übersetzungseinheit nach der
semantischen Analyse beschreibt, ist gerade die Gesamtheit ihrer Komponenten, die den Programmgraphen ausmachen.

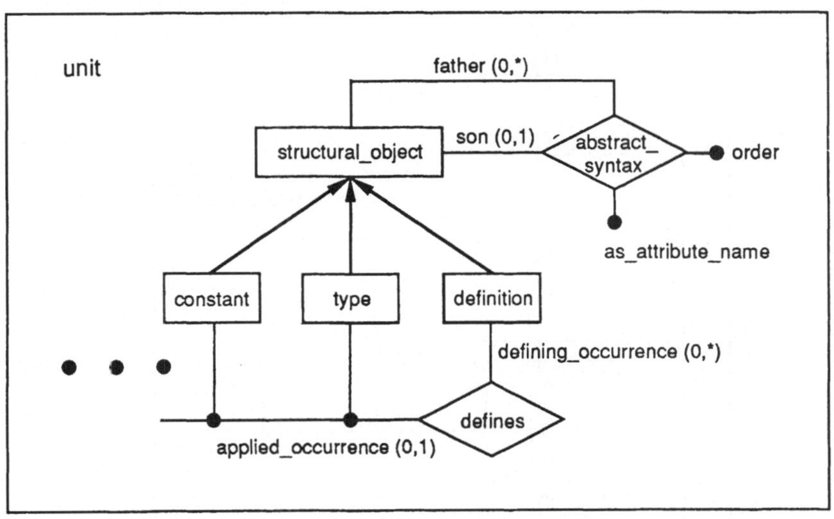

Abbildung 4.2: Übersetzungseinheit aus der Sicht der semantischen Analyse

Abbildung 4.3 zeigt die EODM-Modellierung eines quellsprachbezogenen Basisblockgeflechtes (vgl. Abb. 2.5). Basisblöcke sind strukturierte Objekte (*high_level_basic_block*), mit einer Folge (*sequence*) von Strukturobjekten (*structural_object*) als Komponenten. Der Kontrollfluß wird durch den Beziehungstyp *control_flow* beschrieben. Eine Beziehung des Typs *first* verbindet einen Basisblock mit dem ersten Strukturobjekt der Folge. Diese Beziehung ist selbst Komponente von *high_level_basic_block* und und verbindet ein strukturiertes Objekt mit seinen Komponenten (entsprechendes gilt für *switch*). Das Basisblockgeflecht ist seinerseits Komponente von *unit*. Durch Schachtelung strukturierter Objekttypen hat man somit die Möglichkeit, Objekthierarchien zu modellieren. Im vorliegenden Fall ist die Tiefe der Hierarchie statisch durch das Schema festgelegt. Tritt ein strukturierter Objekttyp (mittelbar) als Komponententyp seiner selbst auf (Rekursion), so ist dynamisch eine potentiell beliebig tiefe Hierarchie möglich.

Abbildung 4.4 zeigt schließlich die Struktur einer Modulbibliothek (Objekttyp *library* – vgl. Abbildung 2.11). Übersetzungseinheiten (*unit*) sind Schnittstellen (*spec*) oder Rümpfe (*body*). Objekte beider Typen können Versionen haben (Typen *spec.version* bzw. *body.version*); dabei realisieren alle Versionen eines Rumpfes dieselbe Schnittstellenversion (Beziehungstyp *realizes* zwischen *spec.version* und den generischen Objekten des Typs *body*). Übersetzungseinheiten können Versionen von Schnittstellen importieren (*imports*).[8] Schließlich ist hier im Unterschied zu 2.11 ein Modul (Objekttyp *module*) ein strukturiertes Objekt, das aus einer Schnittstellenversion und einer entsprechenden Version eines Rumpfes besteht. An dieser Stelle wird die Verringerung der Schemakomplexität besonders deutlich (9 Typen im EODM-Schema gegenüber 16 in Abbildung 2.11).

---

[8]Dadurch, daß Importe nur auf der Ebene der *units*, d.h. der *specs* oder *bodies* stattfinden können, haben stets alle Versionen einer Einheit dieselbe Importschnittstelle. Wollte man hier differenzieren, so würde man sinnvollerweise die Rolle *im* von *imports* als variante Rolle modellieren.

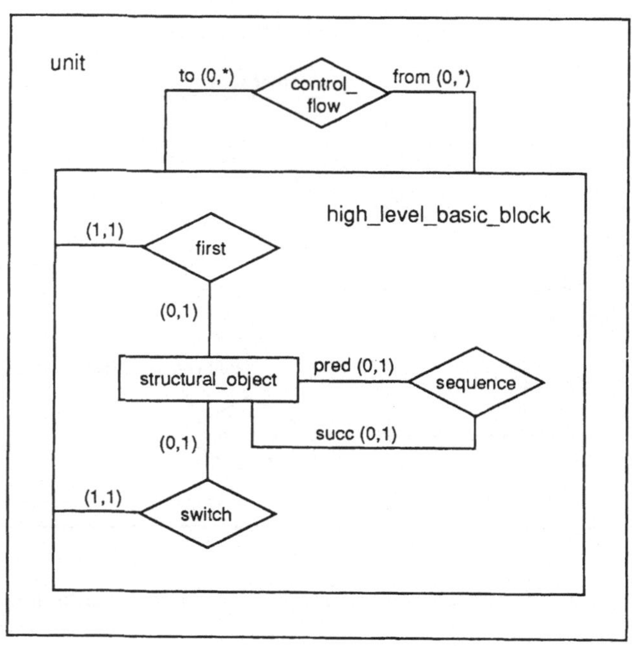

Abbildung 4.3: Quellsprachbezogenes Basisblockgeflecht

4.4 Operatoren des Entwurfsobjekt-Datenmodells

Die Operationen, die in den folgenden Abschnitten vorgestellt werden, sind in erster Linie intendiert, Werkzeugen eine Datenverwaltungsschnittstelle anzubieten, und weniger, Softwareentwickler, die direkt (d.h. ohne zwischengeschaltetes Werkzeug) auf einer Datenbasis arbeiten, zu unterstützen. Die operationale Schnittstelle hat demzufolge den Charakter einer *Programmschnittstelle*. Es werden Operatoren angeboten, die zum Zugriff die definierten Objekt- und Beziehungsstrukturen ausnutzen (strukturorientierter Zugriff). Die Operatoren bilden eine *Ein-Objekt-Schnittstelle*, d.h. sie liefern als Ergebnis stets ein (strukturiertes) Objekt oder eine Beziehung. (Anmerkung: Für eine interaktive Schnittstelle ist hingegen der assoziative und mengenorientierte Zugriff auf Objekte und Beziehungen von größerer Bedeutung – sinnvollerweise in Verbindung mit einer graphischen Benutzungsoberfläche.)

Im Rahmen dieser Arbeit werden nur die Operatoren behandelt, die auf den über den klassischen ER-Ansatz hinausgehenden Konzepten (Generalisierung, Versionen, strukturierten Objekten) beruhen oder deren Semantik den Vererbungsmechanismus ausnutzt. Für die Spezifikation der vollständigen operationalen Schnittstelle sei der Leser auf [Gott86] verwiesen. Die Spezifikation der Operatorsemantik erfolgt durch Angabe von Vor- und Nachbedingungen. Grundlage ist dabei immer ein Schema

$$S = (OT, RT, AN, RN, VS, desc, roles, struct, generalizes, generic)$$

entsprechend Def. 4.5 sowie eine schema-konsistente Datenbasis DB gemäß Definition 4.6:

$$DB = (O, R, comp, gen\text{-}obj, v\text{-}graph)$$

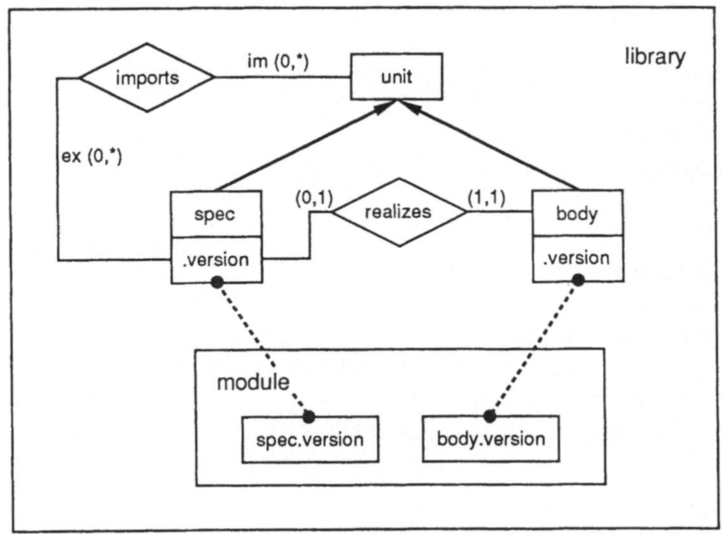

Abbildung 4.4: Modulbibliothek mit Versionen

Der Einfachheit halber werden im folgenden anstelle der Objekt- und Beziehungsexemplare stets deren Surrogate verwendet (d.h. O und R sowie die Extensionen aller Objekt- und Beziehungstypen als Mengen von Surrogaten aufgefaßt). Die Vorbedingungen beschreiben den Datenbasiszustand vor einer Operation, wobei dessen Konsistenz stets unterstellt und deshalb nicht eigens aufgeführt wird, bzw. machen Aussagen über die Eingangsparameter der Operation. Eine Datenbankoperation hinterläßt i.a. einen konsistenten Datenbasiszustand; die Nachbedingungen beschreiben somit nur die Wirkung einer Operation auf Datenbasiszustand bzw. Ausgabeparameter. Im weiteren werden Operatoren für folgende Konzepte vorgestellt:

- Operatoren auf Attributen

- Operatoren auf (strukturierten) Objekten

- Operatoren auf Generalisierungshierarchien

- Operatoren auf Versionen

4.4.1 Operatoren auf Attributen

Operatoren auf Attributen erlauben Lesen (*get_attributes*) und Modifizieren (*modify_attributes*) von Attributwerten von Objekten und Beziehungen. Der Operator *get_attributes* erlaubt es dabei, den Vererbungsmechanismus für deskriptive Eigenschaften auszunutzen, also nicht nur die eigenen sondern auch die ererbten Attributwerte einer Spezialisierung oder einer Version zu lesen. Veränderungen mit *modify_attributes* sind hingegen nur an den eigenen Attributen möglich.

4.4.1.1 get_attributes

Schnittstelle:

In:	*type*
	surrogate
	inheritance
Out:	$(v_{0,1}, v_{0,2}, \ldots, v_{0,n_0}), (v_{1,1}, v_{1,2}, \ldots, v_{1,n_1})$

Semantik:

Pre: '*type*' $\in OT \cup RT$

        surrogate $\in \underline{type}$

        inheritance $\in \overline{Boolean}$

Post: $\{v_{0,1}, v_{0,2}, \ldots, v_{0,n_0}\} = \{\underline{att}\,(surrogate) \mid \exists\,'vs' \in VS : ('att','vs') \in desc\,('type')\}$

        inheritance $\Rightarrow \{v_{1,1}, v_{1,2}, \ldots, v_{1,n_1}\} =$

$$\bigcup_{o \in O:\ inh^+(surrogate,o)} \{\underline{att}\,(o) \mid \exists\,'vs' \in VS : ('att','vs') \in desc\,(o)\}^{9}$$

Kommentar:

Die Operation *get_attributes* erlaubt es, in Abhängigkeit von *inheritance* wahlweise nur die eigenen Attributwerte eines Objekts oder einer Beziehung des Typs *type* mit Surrogat *surrogate* zu lesen (*inheritance* = *false*), oder – falls *inheritance* = *true* – zusätzlich die Attributwerte, die das Exemplar transitiv ererbt (was nur dann Ergebnisse liefert, wenn *surrogate* auf ein Objekt verweist). Der Operator *get_attributes* ermöglicht also optional, die Vererbung deskriptiver Eigenschaften auszunutzen.

4.4.1.2 modify_attributes

Schnittstelle:

In:	*type*
	surrogate
	$((att_1, v_1), (att_2, v_2), \ldots, (att_n, v_n))$
Out:	–

Semantik:

Pre: '*type*' $\in OT \cup RT$

        surrogate $\in \underline{type}$

        $\forall\, i \in \{1, 2, \ldots, n\}\ \exists\,'vs_i' \in VS : ('att_i','vs_i') \in desc\,('type') \wedge v_i \in \underline{vs_i}$

Post: $\forall\, i \in \{1, 2, \ldots, n\} : \underline{att_i}(surrogate) = v_i$

Kommentar:

Die Operation *modify_attributes* erlaubt es, die eigenen Attributwerte eines Objekts oder einer Beziehung des Typs *type* mit Surrogat *surrogate* zu modifizieren. Dabei müssen jeweils Attributname (att_i) und neuer Attributwert (v_i) angegeben werden. Der Operator hat *keine* Wirkung auf Attributwerte, die ein Objekt (transitiv) ererbt.

---

[9] Dabei sei *inh*$^+$ die transitive und nicht reflexive Hülle der Relation *inh*.

4.4.2   Operatoren auf Objekten

Die Operatoren dieses Abschnittes erlauben lesende und verändernde Zugriffe auf die strukturellen Eigenschaften von Objekten, d.h. sie manipulieren die Relation *comp* bzw. nutzen sie für Zugriffe aus. Für lesende Zugriffe auf strukturelle Eigenschaften von Objekten (Operator *find_component_of_structured_object*) ist es dabei möglich, den Vererbungsmechanismus für Komponenten auszunutzen, während die Manipulation (Operatoren *insert_component_into_structured_object, remove_component_from_structured_object*) – analog dem letzten Abschnitt – nur an eigenen Komponenten möglich ist.

Die Operatoren *insert_object, remove_object, insert_component_into_structured_object* und *remove_component_from_structured_object* manipulieren die Relation *comp*. Objekte können optional als Komponenten existierender Objekte in die Datenbasis eingefügt werden; beim Löschen kann ein Objekt zusammen mit seinen Komponenten, bzw. nur die Komponenten oder nur die Hülle mit den deskriptiven Eigenschaften gelöscht werden. Die beiden letzten Operatoren stellen nur die Komponenteneigenschaft eines Exemplars her bzw. heben sie auf.

Die Operatoren *find_component_of_structured_object* und *find_structured_object_of_component* sind Navigationsoperatoren, die es erlauben, über bestehende Objekt-Komponenten Beziehungen zu navigieren. Jeder Operatoraufruf liefert das Surrogat des gefundenen Exemplars, so daß z.B. alle Komponenten eines strukturierten Objekts iterativ lokalisiert werden können. Navigationsoperatoren existieren in ähnlicher Form für allgemeine Beziehungen sowie für Versionsgraphen – vgl. [Gott86].

4.4.2.1   insert_object

Schnittstelle:

In: $type$
        $((att_1, v_1), (att_2, v_2), \ldots, (att_n, v_n))$
        $component$
        so_type
        $so\_surrogate$

Out: $surrogate$

Semantik:

Pre: 'type' $\in OT$
        $\neg \, \exists$ 'type'' $\in OT : generalizes$ ('type') = 'type'' $\vee generic$ ('type') = 'type''
        $surrogate \notin O$
        $\forall \, i \in \{1, 2, \ldots, n\} \, \exists$ 'vs_i' $\in VS : ($'att_i', 'vs_i'$) \in desc$ ('type') $\wedge v_i \in \underline{vs_i}$
        $component \in Boolean$
        $component \Rightarrow$ 'so_type' $\in OT \wedge so\_surrogate \in \underline{so\_type} \wedge$ 'type' $\in struct$ ('so_type')

Post: $surrogate \in \underline{type}$
        $\forall \, i \in \{1, 2, \ldots, n\} : \underline{att_i}(surrogate) = v_i$
        $component \Longleftrightarrow comp \, (so\_surrogate, surrogate)$

Kommentar:

Die Operation *insert_object* erlaubt es, ein Objekt eines Typs *type*, der weder Version noch Spezialisierung ist, in eine Datenbasis einzufügen. Dazu müssen Attributnamen (att_i) und -werte (v_i) angegeben werden; als Ergebnis erhält der Aufrufer das Surrogat ($surrogate$) des neu eingefügten Objekts. Über den Parameter *component* kann gesteuert werden, ob das neu eingefügte Objekt gleichzeitig Komponente eines strukturierten Objekts *so_surrogate* des Typs *so_type* werden soll oder nicht.

4.4.2.2 remove_object

Schnittstelle:

In:	*type*
	surrogate
	mode
Out:	–

Semantik:

Pre:	$'type' \in OT$
	$surrogate \in \underline{type}$
	$mode \in \{desc, struct, all\}$
Post:	$P_{inh}(o) := o \in O \wedge inh^+(o, surrogate).$

$$mode = desc \Longleftrightarrow$$
$$P_{comp}(x) := x = surrogate.$$
$$mode = struct \Longleftrightarrow$$
$$P_{comp}(x) := x \in O \cup R \wedge (\exists\, o \in O : P_{inh}(o) \wedge comp^+(o, x)).$$
$$mode = all \Longleftrightarrow$$
$$P_{comp}(x) := x \in O \cup R \wedge (\exists\, o \in O : P_{inh}(o) \wedge comp^*(o, x)).^{10}$$
$$P_{role}(r) := r \in R \wedge \exists\, 'role' \in RN \; \exists\, o \in O : (P_{inh}(o) \vee P_{comp}(o)) \wedge \underline{role}(r) = o.$$
$$P_{inh}(x) \vee P_{comp}(x) \vee P_{role}(x) \Rightarrow x \notin O \cup R$$

Kommentar:

Die Operation *remove_object* erlaubt es, ein Objekt *surrogate* eines Typs *type*, zu löschen. Mit dem Objekt werden zunächst alle Objekte, die Eigenschaften des zu löschenden Objektes (transitiv) ererben, gelöscht (Prädikat $P_{inh}(o)$), d.h. alle (mittelbaren) Spezialisierungen und Versionen. Über den Parameter *mode* kann gesteuert werden, ob mit dem Objekt gleichzeitig auch seine (mittelbaren) Komponenten gelöscht werden sollen (*mode = all* – transitive und reflexive Hülle von *comp* im Prädikat $P_{comp}(x)$), oder nur seine Komponenten ohne das Objekt selbst (*mode = struct* – transitive und nicht reflexive Hülle von *comp*) oder nur das Objekt ohne Komponenten (*mode = desc*). Schließlich werden auch alle Beziehungen, an denen ein zu löschendes Objekt partizipiert, gelöscht (Prädikat $P_{role}(r)$).

4.4.2.3 insert_component_into_structured_object

Schnittstelle:

In:	*comp_type*
	comp_surrogate
	so_type
	so_surrogate
Out:	–

---

[10]Dabei sei *comp** die transitive und reflexive Hülle von *comp*.

Semantik:

Pre: 'comp_type' $\in OT \cup RT$
$comp\_surrogate \in \underline{comp\_type}$
'so_type' $\in OT$
$so\_surrogate \in \underline{so\_type}$
'comp_type' $\in struct\,('so\_type')$
$\neg\, comp\,(so\_surrogate, comp\_surrogate)$
$('comp\_type', maxc) \in struct\,('so\_type') \Rightarrow$
$\qquad |\,\{\,so \in \underline{so\_type}\,|\,comp\,(so, comp\_surrogate)\,\}\,|\, < maxc$
Post: $comp\,(so\_surrogate, comp\_surrogate)$

Kommentar:

Die Operation *insert_component_into_structured_object* erlaubt es, ein Exemplar eines Typs *comp_type* mit Surrogat *comp_surrogate* zur Komponente eines strukturierten Objektes *so_surrogate* des Typs *so_type* zu machen. Voraussetzung ist, daß beide Exemplare in der Datenbasis existieren sowie daß die Operation nicht die Maximalkardinalität für die entsprechende Objekt-Komponentenbeziehung verletzt.

4.4.2.4   remove_component_from_structured_object

Schnittstelle:

In: *comp_type*
comp_surrogate
so_type
so_surrogate
Out: –

Semantik:

Pre: 'comp_type' $\in OT \cup RT$
$comp\_surrogate \in \underline{comp\_type}$
'so_type' $\in OT$
$so\_surrogate \in \underline{so\_type}$
'comp_type' $\in struct\,('so\_type')$
$comp\,(so\_surrogate, comp\_surrogate)$
Post: $comp\_surrogate \in \underline{comp\_type}$
$\neg\, comp\,(so\_surrogate, comp\_surrogate)$

Kommentar:

Die Operation *remove_component_from_structured_object* erlaubt es, ein Exemplar eines Typs *comp_type* mit dem Surrogat *comp_surrogate*, das Komponente eines strukturierten Objekts *so_surrogate* des Typs *so_type* ist, aus der Menge der Komponenten dieses strukturierten Objekts zu entfernen. Das Exemplar *comp_surrogate* existiert hernach weiter in der Datenbasis.

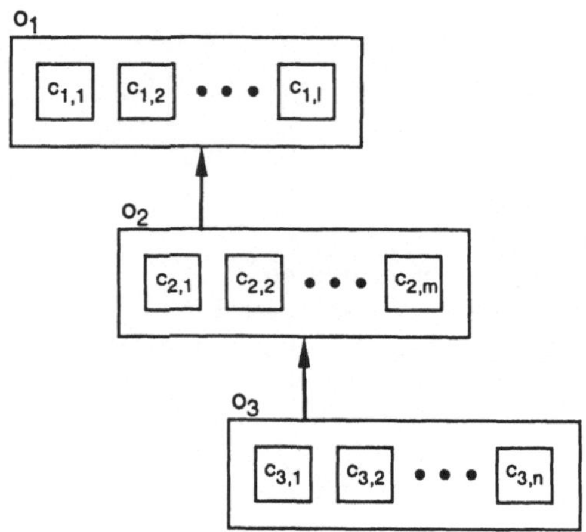

Abbildung 4.5: Vererbung struktureller Eigenschaften

4.4.2.5 find_component_of_structured_object

Schnittstelle:

In: *so_type*
      so_surrogate
      mode
      inheritance
      comp_type
      last_surrogate
Out: *comp_surrogate*

Semantik:

Pre: 'so_type' $\in OT$
      $so\_surrogate \in \underline{so\_type}$
      $mode \in \{first, next\}$
      $inheritance \in Boolean$
      'comp_type' $\in struct\,('so\_type')$
      $inheritance \Rightarrow components := \underline{comp\_type} \cap \left(\bigcup_{o \in O:\, inh^*(so\_surrogate, o)} comp\,(o) \right)$
      $\neg\, inheritance \Rightarrow components := \underline{comp\_type} \cap comp\,(so\_surrogate)$
      $n := |\,components\,| \geq 1$
      $mode = next \Rightarrow \exists\, i \in \{1, 2, \ldots, n{-}1\} : last\_surrogate = components[i]$
Post: $mode = first \Rightarrow comp\_surrogate = components[1]$
      $mode = next \Rightarrow comp\_surrogate = components[i+1]$

Kommentar:

Die Operation *find_component_of_structured_object* erlaubt es, eine Komponente des Typs *comp_type* eines strukturierten Objektes (*so_type*, *so_surrogate*) aufzusuchen; dabei kann die Vererbung struktureller Eigenschaften ausgenutzt werden. Im Falle $\neg$ *inheritance* beschränkt sich die Suche auf die Menge der direkten Komponenten des gewünschten Typs von *so_surrogate*. Andernfalls kommen die Komponenten aller strukturierten Objekte hinzu, von denen *so_surrogate* ererbt. Der so ermittelten Menge von Komponenten (*components*) wird eine Ordnung unterstellt, die es gestattet, die Elemente in der Menge zu indizieren (z.B. *components*[*i*]).[11] Abhängig von *mode* wird dann das erste oder das auf eine gegebene Komponente (*last_surrogate*) folgende Element ermittelt (*comp_surrogate*). Diese Semantik wird in der Abbildung 4.5 illustriert, die drei strukturierte Objekte o_1, o_2, o_3 zeigt, wobei *inh* (o_3, o_2) und *inh* (o_2, o_1) gelte (Pfeile). Im Falle $\neg$ *inheritance* werden nur die Komponenten $c_{3,1}, c_{3,2}, \ldots, c_{3,n}$ aufgesucht, andernfalls zusätzlich auch noch $c_{2,1}, \ldots, c_{2,m}$ und (Transitivität!) $c_{1,1}, \ldots, c_{1,l}$.

4.4.2.6 find_structured_object_of_component

Schnittstelle:

In:	*comp_type*
	comp_surrogate
	mode
	so_type
	last_surrogate
Out:	*so_surrogate*

Semantik:

Pre:	'*comp_type*' $\in OT \cup RT$
	comp_surrogate $\in$ *comp_type*
	mode $\in \{first, next\}$
	'*so_type*' $\in OT$
	'*comp_type*' $\in struct$ ('*so_type*')
	structured_objects $:=$ *so_type* $\cap comp^{-1}(comp\_surrogate)$
	$n := \mid structured\_objects \mid \geq 1$
	mode $= next \Rightarrow \exists\, i \in \{1, 2, \ldots, n-1\} : last\_surrogate = structured\_objects[i]$
Post:	*mode* $= first \Rightarrow so\_surrogate = structured\_objects[1]$
	mode $= next \Rightarrow so\_surrogate = structured\_objects[i+1]$

Kommentar:

Die Operation *find_structured_object_of_component* erlaubt es, ein strukturiertes Objekt des Typs *so_type* aufzusuchen, das eine gegebene Komponente (*comp_type, comp_surrogate*) enthält. Dazu wird zunächst die Menge *structured_objects* der infrage kommenden strukturierten Objekten bestimmt; wegen möglicher Überlappungen enthält diese i.a. mehr als ein Element. Der so ermittelten Menge von Objekten wird eine Ordnung unterstellt, die es gestattet, die Elemente aufgrund ihrer Position in der Menge zu indizieren – vgl. Kommentar zu *find_component_of_structured_object*. Abhängig von *mode* wird dann das erste oder das auf ein gegebenes Objekt (*last_surrogate*) folgende Element ermittelt (*so_surrogate*).

4.4.3 Operatoren auf Generalisierungen

Die im folgenden spezifizierten Operationen auf Generalisierungen erlauben das Einfügen einer neuen Spezialisierung bei gegebener Generalisierung sowie das Einfügen einer ganzen Genera-

---

[11]Das Zustandekommen dieser Ordnung ist unerheblich; sie kann als systemdefiniert angenommen werden. Wesentlich ist, daß die Ordnung – bis auf Einfügungen und Löschungen von Komponenten – konstant ist.

lisierungshierarchie. Zum Lesen von Attributwerten (sowohl einer Abstraktionsebene wie auch einer ganzen Hierarchie) dient der Operator *get_attributes*; *remove_object* erlaubt das Löschen eines Objektes und aller davon abhängigen Spezialisierungen.

4.4.3.1   insert_specialization

Schnittstelle:

In:	*type*
	surrogate
	$((att_1, v_1), (att_2, v_2), \ldots, (att_n, v_n))$
	component
	so_type
	so_surrogate
Out:	–

Semantik:

Pre:	'*type*' $\in OT$
	$\exists$ '*type'*' $\in OT : generalizes$ ('*type*') = '*type'*'
	surrogate $\notin \underline{generalizes^{-1}}$('*type*')
	surrogate $\in \underline{type'}$
	$\forall\, i \in \{1, 2, \ldots, n\}\ \exists$ '*vs_i*' $\in VS : ('att_i', 'vs_i') \in desc$ ('*type*') $\land v_i \in \underline{vs_i}$
	component $\in Boolean$
	component $\Rightarrow$ '*so_type*' $\in OT \land so\_surrogate \in \underline{so\_type} \land$ '*type*' $\in struct$ ('*so_type*'
Post:	*surrogate* $\in \underline{type}$
	$\forall\, i \in \{1, 2, \ldots, n\} : \underline{att_i}(surrogate) = v_i$
	component $\Longleftrightarrow comp\,(so\_surrogate, surrogate)$

Kommentar:

Die Operation *insert_specialization* erlaubt es, in einer Generalisierungshierarchie eine Spe zialisierung einzufügen. Dazu müssen der Typ der Spezialisierung (*type*), das Surroga der Generalisierung (*surrogate*) (die bereits in der Datenbasis existieren muß) sowie At tributnamen (att_i) und -werte (v_i) angegeben werden. Über den Parameter *componer* kann gesteuert werden, ob die neu eingefügte Spezialisierung gleichzeitig Komponente eine strukturierten Objekts *so_surrogate* des Typs *so_type* werden soll oder nicht (was die Orthc gonalität der Konzepte für Generalisierungen und strukturierte Objekte unterstreicht).

4.4.3.2   insert_generalization_hierarchy

Schnittstelle:

In:	ot_0
	$((att_{0,1}, v_{0,1}), (att_{0,2}, v_{0,2}), \ldots, (att_{0,n_0}, v_{0,n_0}))$
	$((att_{1,1}, v_{1,1}), (att_{1,2}, v_{1,2}), \ldots, (att_{1,n_1}, v_{1,n_1})), \ldots,$
	$((att_{m,1}, v_{m,1}), (att_{m,2}, v_{m,2}), \ldots, (att_{m,n_m}, v_{m,n_m}))$
	component
	so_type
	so_surrogate
Out:	*surrogate*

Semantik:

Pre: $'ot_0' \in OT$

$surrogate \notin O$

$\forall\, i \in \{1, 2, \ldots, m\}\; \exists\, 'ot_i' \in OT : generalizes\,('ot_{i-1}') = 'ot_i' \land$

$(\;\forall\, j \in \{1, 2, \ldots, n_i\}\; \exists\, 'vs_{i,j}' \in VS : ('att_{i,j}', 'vs_{i,j}') \in desc\,('ot_i') \land v_{i,j} \in \underline{vs_{i,j}}\;) \land$

$\neg\; \exists\, 'ot' \in OT : generalizes\,('ot_m') = 'ot' \lor generic\,('ot_m') = 'ot'$

$component \in Boolean$

$component \Rightarrow 'so\_type' \in OT \land so\_surrogate \in \underline{so\_type} \land 'ot_0' \in struct\,('so\_type')$

Post: $\forall\, i \in \{0, 1, \ldots, m\} : surrogate \in \underline{ot_i} \land \forall\, j \in \{1, 2, \ldots, n_i\} : \underline{att_{i,j}}(surrogate) = v_{i,j}$

$component \iff comp\,(so\_surrogate, surrogate)$

Kommentar:

Die Operation *insert_generalization_hierarchy* erlaubt es, eine Generalisierungshierarchie
einzufügen. Dazu müssen ausgehend von der untersten Stufe (Typ ot_0) für alle Stufen
der Hierarchie Attributnamen ($att_{i,j}$) und -werte ($v_{i,j}$) der jeweiligen Stufe bis hin zur
Wurzel angegeben werden. Uber den Parameter *component* kann gesteuert werden, ob
die neu eingefügte Generalisierung gleichzeitig Komponente eines strukturierten Objekts
so_surrogate des Typs *so_type* werden soll oder nicht (was die Orthogonalität der Konzepte
Generalisierung und strukturiertes Objekt unterstreicht).

4.4.4   Operatoren auf Versionen

Operatoren auf Versionen erlauben das Einfügen und Löschen, wobei der Versionsgraph entsprechend verändert wird, sowie das Navigieren innerhalb eines Versionsgraphen. Im folgenden
wird nur der Operator *insert_version* zum Einfügen von Versionen spezifiziert; für weitere Ver-
sionsoperatoren vgl. auch [Gott86].

4.4.4.1   insert_version

Schnittstelle:

In: *version_type*

generic_surr

$(pred_1, pred_2, \ldots, pred_m)$

$((att_1, v_1), (att_2, v_2), \ldots, (att_n, v_n))$

component

so_type

so_surrogate

Out: *surrogate*

Semantik:

Pre: $'version\_type' \in OT$

$surrogate \notin O$

$\forall\, i \in \{1, 2, \ldots, n\}\; \exists\, 'vs_i' \in VS : ('att_i', 'vs_i') \in desc\,('version\_type') \land v_i \in \underline{vs_i}$

$\exists\, 'generic\_type' \in OT : generic\,('version\_type') = 'generic\_type'$

$generic\_surr \in \underline{generic\_type}$

$\{pred_1, pred_2, \ldots, pred_m\} \subseteq gen-obj^{-1}(generic\_surr)$

$component \in Boolean$

$$component \Rightarrow$$
$$\text{`so\_type'} \in OT \wedge so\_surrogate \in \underline{so\_type} \wedge \text{`version\_type'} \in struct\,(\text{`so\_type'})$$

Post: $surrogate \in \underline{version\_type}$

$\forall\, i \in \{1, 2, \ldots, n\} : \underline{att_i}(surrogate) = v_i$

$\forall\, j \in \{1, 2, \ldots, m\} : v-graph\,(pred_j, surrogate)$

$component \Longleftrightarrow comp\,(so\_surrogate, surrogate)$

Kommentar:

Die Operation *insert_version* erlaubt es, in einen Versionsgraphen eines generischen Objektes (Surrogat *generic_surr*) eine Version einzufügen (Typ *version_type*). Dazu müssen Attributnamen (att_i) und -werte (v_i) wie die Surrogate der Vorgänger ($pred_j$) im Versionsgraphen angegeben werden. Über den Parameter *component* kann gesteuert werden, ob die neu eingefügte Version gleichzeitig Komponente eines strukturierten Objekts *so_surrogate* des Typs *so_type* werden soll oder nicht.

4.4.5 Überblick über weitere Operatoren

Neben den spezifizierten Operatoren bietet das EODM weitere an, die sich im wesentlichen in folgende Gruppen einteilen lassen:

- Operatoren zum Navigieren

- Cursor-Operatoren

- Operatoren auf langen Feldern

4.4.5.1 Operatoren zum Navigieren

Operatoren dieser Gruppe erlauben es, in den Objekt-Beziehungsgeflechten einer Datenbasis zu navigieren, d.h.

- auf Objekte eines gegebenen Typs zuzugreifen,

- von einem gegebenen Objekt eines Typs ausgehend über eine bestimmte Rolle auf Beziehungen eines Typs zuzugreifen,

- von einem Objekt eines Typs ausgehend zunächst auf eine Beziehung eines gegebenen Typs zuzugreifen, in der das Objekt eine bestimmte Rolle einnimmt, um dann von dieser Beziehung über eine weitere Rolle zu einem Objekt zu gelangen,

- von einer Beziehung ausgehend auf das Objekt zuzugreifen, das in der Beziehung eine gegebene Rolle einnimmt.

Ähnliche Operatoren erlauben auch das Navigieren über implizite Beziehungen, nämlich in Versionsgraphen sowie über Objekt-Komponenten-Beziehungen (vgl. *find_component_of_structured_object* und *find_structured_object_of_component*). Alle Navigationsoperatoren liefern als Ergebnis das Surrogat des gefundenen Objekts bzw. der gefundenen Beziehung. Ausgehend von einem ersten gefundenen Exemplar kann dann das nächste Exemplar aufgesucht werden, wobei auf den Vorgänger immer anhand des Surrogates Bezug genommen wird. Iterativ können somit alle Objekte/Beziehungen gemäß der o.g. Navigationsmöglichkeiten ermittelt werden. Neben der reinen Navigation unterstützen Operatoren auch das gleichzeitige Navigieren und Lesen, d.h. das Lokalisieren eines Exemplars und die Ausgabe seiner deskriptiven Eigenschaften.

4.4.5.2 Cursor-Operationen

Neben dem ausschließlich navigierenden Zugriff muß das EODM Operationen zum assoziativen Zugriff auf Objekte und Beziehungen sowie zur Verwaltung der mengenwertigen Ergebnisse solcher Anfragen anbieten. Hierzu dient das Cursor-Konzept zusammen mit den Möglichkeiten, deskriptive Anfragen an das Datenbanksystem zu formulieren.

Ein *Cursor* beschreibt eine Menge, die potentiell beliebig viele Elemente (Objekte und/oder Beziehungen verschiedener Typen) enthält. Jedes Element ist in einem Cursor nur einmal vorhanden. Die Reihenfolge der Elemente ist systemdefiniert, soweit der Anwender beim Füllen eines Cursors nicht eine Ordnung vorgibt, bzw. den Cursor explizit sortiert. Das Datenbanksystem verwaltet zu jedem Cursor intern einen Positionszeiger, der einen sequentiellen Zugriff auf die Cursorelemente erlaubt. Im Zusammenhang mit dem Cursor-Konzept bietet das EODM eine Funktion an (*retrieve*), die dem Anwender erlaubt, Anfragen zur Ermittlung von Mengen von Objekten oder Beziehungen, die bestimmten deskriptiv formulierten Suchkriterien genügen, zu stellen (vgl. hierzu auch [Gott86]). Die Cursor-Operationen lassen sich folgendermaßen einteilen:

- Operationen zur Cursor-Verwaltung, d.h. zum Erzeugen und Löschen eines Cursors

- Mengenoperationen zur Vereinigung, Durchschnitt, Differenz von Cursor-Inhalten

- Operationen um einzelne Elemente hinzuzufügen, zu entfernen und um sequentiell auf die Elemente eines Cursors zuzugreifen

4.4.5.3 Operationen auf langen Feldern

Lange Felder sind Byteketten potentiell beliebiger Länge, die als Attributwerte auftreten und deren Inhalt durch das Datenbanksystem nicht interpretiert wird. Für jedes lange Feld existiert ein Positionszeiger, der auf die aktuelle Position innerhalb des langen Feldes verweist. Operatoren erlauben die Manipulation von langen Feldern entsprechend der von direkten Dateien. Es gibt

- Operatoren zur Verwaltung (Öffnen und Schließen) von langen Feldern

- Operatoren zum Setzen des internen Zeigers und zum Lesen von Ausschnitten eines langen Feldes

- Operationen zum Einfügen und Löschen von Auschnitten eines langen Feldes sowie zum Kopieren von langen Feldern

4.5 Verteilungsaspekte und lange Transaktionen

Die bisher vorgestellten Modellierungskonzepte und Operationen ermöglichen Darstellung und Manipulation von Objekten *innerhalb einer* Datenbasis. Damit diese Konzepte in praktischen SPUen einsetzbar sind, muß es möglich sein, sie in einer verteilten Umgebung zu betreiben (Anforderung (*DM 8*)). Entsprechende Erweiterungen des EODMs wurden inzwischen für das Datenbanksystem *DAMOKLES* entwickelt und implementiert [Abra88] (zur Implementierung vgl. auch Kapitel 5.). Obwohl Verteilungsaspekte nicht zentraler Gegenstand der vorliegenden Arbeit sind, soll doch in diesem Abschnitt zumindest kurz skizziert werden, wie ausgehend vom

EODM der Anforderung (*DM 8*) entsprochen werden kann. Das zentrale Anliegen von (*DM8*) besteht darin, die Organisation eines (größeren) Software-Entwicklungsprojektes durch eine entsprechende Organisation der Datenbestände widerzuspiegeln, um so die kontrollierte Zusammenarbeit zwischen Entwicklern zu unterstützen. *DAMOKLES* unterstützt deshalb die logische Partitionierung eines Datenbestandes in verschiedene *Datenbasen* entsprechend den folgenden Regeln [Abra88]:

1. Jedes (strukturierte) Objekt und jede Beziehung ist in genau einer Datenbasis abgelegt, d.h. insbesondere, daß strukturierte Objekte nicht über Datenbasisgrenzen "hinausreichen" können.

2. Die an einer Beziehung partizipierenden Objekte können in verschiedenen Datenbasen liegen. Das Beziehungsexemplar selbst liegt aber gemäß 1. in genau einer Datenbasis.

3. Versionen (und Spezialisierungen) können nur in der Datenbasis existieren, in der ihr generisches Objekt (bzw. ihre Generalisierung) liegt, d.h. es wird keine Vererbung über Datenbasisgrenzen hinweg unterstützt.

4. Datenbasen sind das Granulat der Verteilung, d.h. eine Datenbasis ist stets vollständig an einem Knoten in einem Rechnernetz lokalisiert; umgekehrt können aber an einem Knoten mehrere Datenbasen lokalisiert sein. Datenbasen werden dabei über einen logischen Namen angesprochen, d.h. auf welchem Rechner eine Datenbasis liegt, ist grundsätzlich transparent.

5. Eine Datenbasis ist stets einem einzelnen Benutzer (private Datenbasis) oder einer Benutzergruppe (öffentliche Datenbasis) zugeordnet. Benutzergruppen enthalten Benutzer und/oder Benutzergruppen. Die dadurch entstehende Gruppenstruktur ist azyklisch (nicht notwendigerweise baumartig).

Damit auf einer solcherart in einem Rechnernetz verteilten Menge von Datenbasen gearbeitet werden kann, muß es Operatoren geben, die mehrere Datenbasen involvieren. Diese Operatoren entstammen den folgenden Gruppen:

- *Navigation*
  Navigation über Beziehungen, die Datenbasisgrenzen überspannen, erfolgt mithilfe der gewöhnlichen Navigationsoperatoren. Ein für die Navigation innerhalb einer Datenbasis optionaler Parameter gibt hier lediglich an, daß das Ziel der Navigation in einer anderen Datenbasis lokalisiert werden soll als der Ausgangspunkt.

- *Entwurfstransaktionen*
  DAMOKLES bietet eine Form langer Transaktionen nach dem checkout/checkin-Paradigma [Hask82] an, sog. *Entwurfstransaktionen*, vermittels derer strukturierte Objekte zwischen Datenbasen aus- und eingelagert werden können. Ohne im Detail auf deren Semantik einzugehen (vgl. hierzu [Abra88]), seien die folgenden Regeln genannt:

  - Einheiten der Ein-/Auslagerung sind strukturierte Objekte, die sich auch überlappen dürfen.

  - Die Kommunikationspfade werden durch die Gruppenstruktur definiert, d.h. von einer Gruppendatenbasis dürfen Objekte zu den Datenbasen der direkten Gruppenmitglieder ausgelagert und umgekehrt wieder eingelagert werden.

— Eine Entwurfstransaktion wird durch eine *begin_lta*-Operation gestartet und durch *end_lta* beendet. Dazwischen können beliebig viele strukturierte Objekte ausgelagert werden (*checkout*). Ein *checkout* bewirkt die identische Replikation eines strukturierten Objekts in der Zieldatenbasis (einschließlich identischer Surrogate) sowie die Sperrung des Objektes in der Originaldatenbasis für die Zeit der Auslagerung durch nichtflüchtige Sperren. Nachdem das Objekt in der Zieldatenbasis bearbeitet wurde, kann es mit einer *checkin*-Operation wieder in die Originaldatenbasis eingelagert werden. Dabei wird der alte Objektzustand in der Originaldatenbasis überschrieben, alle Sperren freigegeben und die Replikation in der Zieldatenbasis aufgehoben.

- *Transferieren von Objekten*
  Unabhängig von den Operationen zum Ein- und Auslagern von Objekten und der durch die entsprechenden Sperren bedingten Synchronisation paralleler Entwicklungstätigkeiten kann ein strukturiertes Objekt von einer Datenbasis in eine andere verbracht werden (*transfer*-Operation). Auch hier werden die zulässigen Kommunikationspfade zwischen Datenbasen aus der Gruppenstruktur abgeleitet.

Insgesamt stellt das Konzept mehrerer hierarchisch angeordneter Datenbasen samt der entsprechenden Operationen, das in *DAMOKLES* implementiert wurde, eine Erweiterung der in diesem Kapitel vorgestellten EODM-Konzepte dar, die geeignet ist, die Anforderung (*DM 8*) zu erfüllen.

4.6 Diskussion

Die Entwicklung eines Datenmodells erfordert stets eine Abwägung, welche Konzepte in das Datenmodell Eingang finden sollen und welchen Anforderungen durch Anwendung dieser Konzepte (d.h. durch Modellierung) nachzukommen ist. Grundsätzlich steigern zusätzliche Konzepte die Ausdrucksfähigkeit eines Datenmodells, haben aber andererseits eine erhöhte Komplexität – insbesondere im Bereich der Operatoren – zur Folge und erschweren damit dessen systematische Anwendung (und i.a. auch seine Implementierung).

4.6.1 Modellierungskonzepte des EODM

Betrachtet man zunächst die Modellierungskonzepte des EODM, so gelangt man im Vergleich zu den ER-Diagrammen des zweiten Kapitels zu folgenden Schlußfolgerungen:

- Die Modellierung wird prägnanter und natürlicher; EODM-Schemata enthalten weniger Typen zur Beschreibung relevanter Informationsstrukturen. Dies ist darauf zurückzuführen, daß das EODM typische Abstraktionsmechanismen (Generalisierung, strukturierte Objekte, Versionen, variante Rollen) als Konzepte anbietet, die im konventionellen Falle durch explizite Beziehungen nachgebildet werden müssen.

- Gleichwohl beschreiben die EODM-Schemata einen größeren Ausschnitt der Anwendungssemantik, wozu insbesondere die Möglichkeit des logischen Zusammenfassens von Mengen von Objekten und Beziehungen (Komponenten) zu strukturierten Objekten beiträgt. Als Beispiel betrachte man die Abbildung 4.1 im Vergleich zu 2.2. Der Sachverhalt, daß eine Überstzungseinheit aus der Sicht der lexikalischen Analyse aus einer Folge von *tokens* besteht, ist in 4.1 in natürlicher Weise dargestellt. In Abbildung 2.2 ist dieser Aspekt überhaupt nicht darstellbar, weil eine Menge von *token*-Objekten und *sequence*-Beziehungen nicht als eine Einheit aufgefaßt werden kann.

- Die Konzepte ermöglichen in einheitlicher Weise Modellierung und Manipulation sowohl der Entwurfshierarchie wie auch von Dokumenten und ihren Strukturen, d.h. die gesamte in Software-Projekten anfallende Information kann mit vergleichsweise wenigen, flexiblen Konzepten modelliert werden.

Im einzelnen lassen sich folgende Aussagen bzgl. zentraler EODM-Konzepte treffen:

- Das Konzept der strukturierten Objekte unterstützt auf natürliche Weise die Modellierung von Dokumenten: Informationen, die ein Dokument als ganzes beschreiben (Status- und Darstellungsinformation – vgl. Kapitel 2), werden dem entsprechenden Objekt als deskriptive Eigenschaften zugeordnet. Informationen, die die interne Struktur eines Dokumentes beschreiben, werden durch Komponenten des Objektes dargestellt. Die durch Überlappung und Rekursion bedingte Flexibilität garantiert eine Darstellbarkeit beliebiger Dokumente. (Anforderungen *DM 1* und *DM 3*)

- Die Vererbung deskriptiver und struktureller Eigenschaften erlaubt eine redundanzfreie Modellierung von Versionen von Dokumenten: Die Bestandteile, die allen Versionen gemeinsam sind, werden zu Eigenschaften des generischen Objektes. Durch Vererbung wird gewährleistet, daß für lesende Zugriffe stets die gesamte Information, die eine Dokumentversion beschreibt, zur Verfügung steht und nicht nur der variante Anteil. Manipulationen sind hingegen – auch aus Schutzgründen – nur an den eigenen d.h. nicht ererbten Eigenschaften eines Objekts möglich. (*DM 6*)

- Das Konzept der Generalisierung ermöglicht in Verbindung mit varianten Rollen eine flexible Anwendung des Beziehungskonzepts zur Darstellung Dokument-interner und -überspannender Beziehungen. (*DM 2* und *DM 4*)

Auf der anderen Seite gibt es Anforderungen sowie manche Konzepte aus dem Bereich der semantischen Datenmodelle, die nicht direkt durch das EODM unterstützt werden. Ein Datenmodell muß als Datenbankschnittstelle notwendigerweise einen Kompromiß zwischen einfacher und überschaubarer Operatorsemantik und Ausdruckfähigkeit der Modellierungskonzepte darstellen und hebt sich somit von einem semantischen Modell ab. Beispielhaft seien hier genannt:

- Es gibt kein eigenes Konzept für Konfigurationen. Konfigurationen sind Mengen von Dokumenten eines oder verschiedener Typen, die aufgrund bestimmter Kriterien als zusammengehörend ausgewählt werden. (Wo diese Auswahl nicht automatisch aufgrund von "benutzt"-Beziehungen zwischen Dokumenten möglich ist – etwa bei der Existenz von Dokumentversionen – muß der Anwender bei der Konfigurierung durch zusätzliche Information eine eindeutige Auswahl ermöglichen.) Damit sind Konfigurationen aber durch das allgemeinere Konzept der strukturierten Objekte modellierbar.

- Die Mechanismen des EODM zur Formulierung impliziter Konsistenzbedingungen sind vergleichsweise schwach ausgebildet (lediglich Kardinalitäten, die noch dazu auf die Fälle 0 und 1 für Minimal- und 1 und $*$ für Maximalkardinalitäten beschränkt wurden). Für im Entwurfsbereich typische Konsistenzbedingungen sind ohnehin die an statische Prüfzeitpunkte gebundenen klassischen Konsistenzmechanismen bei weitem nicht ausreichend – und entsprechende weitergehende Vorschläge (wie z.B. in [Ditt86]) decken in einfacher Weise auch den klassischen Fall mit ab.

- Es fehlt das Konzept der mehrfachen Ererbung, für das die Anforderungsanalyse keine zwingende Notwendigkeit erbrachte (insbesondere im Vergleich zum klassischen Generalisierungskonzept in Verbindung mit varianten Rollen). Betrachtet man zusätzlich, daß Konflikte bei der mehrfachen Ererbung sinnvollerweise nur zur Laufzeit aufgelöst weren können, so ist dies für eine interaktive Schnittstelle eine akzeptable Vorgehensweise, nicht aber für eine Werkzeugschnittstelle, wie sie hier vorliegt. Im Sinne des übergeordneten Prinzips der Minimalität der Schnittstelle scheint es daher gerechtfertigt zu sein, auf die (zweifellos auch mehr Realisierungsaufwand verursachende) mehrfache Ererbung zu verzichten.

4.6.2 Operatoren des EODM

Die operationale Schnittstelle läßt folgende Konstruktionsprinzipien erkennen:

- Die Operationen dieses Kapitels ermöglichen – wie z.B. in [Bigg87] gefordert – den Zugriff auf ein (strukturiertes) Objekt zu einer Zeit, nutzen zur Navigation die definierten Beziehungen aus und sind primär intendiert, von Werkzeugen aufgerufen zu werden (Ein-Objekt-Schnittstelle). Für die direkte, interaktive Nutzung durch Software-Entwickler ist hingegen eine deskriptive und mengenorientierte Schnittstelle sicherlich sinnvoller. [Schi88] beschreibt in diesem Zusammenhang Entwurf und Implementierung eine an SQL angelehnten Sprache ("CERMOQL"), die auf *DAMOKLES* aufbauend gerade diese geforderen Eigenschaften hat.

- Alle Abstraktionsmechanismen werden durch Operatoren unterstützt. Wo die Anwendung solcher Mechanismen zu Abstraktionshierarchien führen kann (strukturierte Objekte, Generalisierungen, Versionen), erlauben Operatoren sowohl die Manipulation einer gesamten (Teil-) Hierarchie, wie auch die Manipulation lediglich einer Abstraktionsebene der Hierarchie. (*DM 3*)

- Die formale Spezifikation der Operatorsemantik basiert auf dem Datenbasis- und dem Schemabegriff. Die Vorbedingungen beinhalten *immer* die Prüfung der Eingabeparameter gegen das Schema (Verwendung von Typen beim Aufruf nur in einer mit dem Schema verträglichen Weise). Ausgehend von konsistenten Datenbasiszuständen beschreiben die Nachbedingungen *grundsätzlich* ebenfalls konsistente Datenbasiszustände.

  Die Ausnahme von dieser Regel stellen Operationen dar, die zur Verletzung der Minimalkardinalität führen können. Dies sind die Einfügeoperatoren *insert_object, insert_specialization, insert_generalization_hierarchy* und *insert_version* (unmittelbar nach dem Einfügen z.B. eines Objektes nimmt dieses keine Rolle ein – also auch keine Rolle, für die Minimalkardinalität 1 vereinbart wurde) sowie der Löschoperator *remove_object* (durch evtl. ausgelöste Löschungen von Beziehungen kann dieslbe Situation entstehen). Das grundsätzliche Problem hierbei besteht darin, daß diese Operationen Folgeoperationen verlangen, die nicht *automatisch* durch das Datenbanksystem ausgelöst werden können. Der Ausweg besteht darin, nicht mehr *unbedingt* eine einzelne Operation als Einheit der modellimmanenten Konsistenz anzusehen, sondern nur dann, wenn sie *nicht* innerhalb einer (kurzen) Transaktionen ausgeführt wird. Tritt dann eine Verletzung der Konsistenz auf, so wird die kurze Transaktion zurückgesetzt, bzw. im anderen Fall die einzelne Datenbankoperation gar nicht erst ausgeführt.

- Die Formalisierung des Datenbasisbegriffes basiert auf den axiomatischen Relationen *comp*, *gen-obj* und *v-graph* sowie auf den Objekt- und Beziehungsmengen O und R. Die operationale Schnittstelle erlaubt nun – neben der Manipulation von O und R auch die von *comp*, *gen-obj* und *v-graph*, und zwar sowohl gekoppelt (z.B. ist das Einfügen einer Version in O nur zusammen mit der entsprechenden Manipulation von *gen-obj* und *v-graph* möglich) wie auch – wo sinnvoll – isoliert (so ist das Herstellen der Komponenteneigenschaft eines Exemplars nicht an dessen Einfügung gekoppelt und ihre Aufhebung nicht an dessen Löschung). Damit ermöglicht die operationale Schnittstelle alle sinnvollen Manipulationen mit einer minimalen Anzahl von Operationen.[12]

Zusammenfassend läßt sich damit feststellen, daß die Anforderungen, die im zweiten Kapitel ermittelt wurden, durch die Konzepte des EODM abgedeckt werden – zumindest insoweit, wie sie das Datenmodell direkt betreffen. Die Anforderungen, die die Integration von Werkzeugen betreffen, werden im Zusammenhang mit der Integrationsmethode behandelt (vgl. hierzu auch Kapitel 6 und 7).

---

[12]Es ist grundsätzlich natürlich möglich, durch Überladung von Operatoren zu einer geringeren Anzahl zu kommen, was dann längere Parameterlisten zur Folge hat. In den vergangenen Abschnitten wurde immer dort versucht, Operatoren zu überladen, wo dies keine Steigerung der Komplexität der Operatorsemantik zur Folge hatte.

Kapitel 5

Implementierung des EODM

Im letzten Kapitel wurde mit dem EODM ein Datenmodell spezifiziert, das den Anforderungen von SPUen genügt. Ziel des vorliegenden Kapitels ist es, die Implementierung der EODM-Konzepte zu diskutieren, und damit den Nachweis für die Implementierbarbeit des Entwurfsobjekt-Datenmodells als Voraussetzung für seine Einsetzbarkeit zu führen. Wir beschränken uns dabei in den folgenden Abschnitten auf die Implementierungsbeschreibung der EODM-Konzepte, die in konventionellen Datenmodellen nicht vorkommen, nämlich

- allgemeine Beziehungen,

- strukturierte Objekte,

- die Vererbung deskriptiver und struktureller Eigenschaften.

Die Implementierung allgemeiner Beziehungen und strukturierter Objekte wird dabei am Beispiel des Datenbanksystems *DAMOKLES* [Abra87] demonstriert, das für diese Konzepte implementierte Lösungen bereitstellt, jedoch keinen Vererbungsmechanismus in der beschriebenen Semantik unterstützt. Durch die Existenz dieses Systems, mit dem inzwischen bei einer Reihe von Institutionen Anwendungserfahrungen (auch auf anderen Gebieten als der Software-Entwicklung) vorliegen, ist der Nachweis erbracht, daß zumindest eine große Teilmenge des EODM durch ein Datenbanksystem implementierbar ist, und es demzufolge als Grundlage einer datenbankbasierten SPU dienen kann. Über die grundsätzliche Implementierbarkeit hinausgehend ist die *effiziente* Implementierbarkeit für den praktischen Einsatz des EODM von großer Bedeutung. Zu diesem Problemkreis werden Erfahrungen vermittelt, die sich aus der *DAMOKLES*-Implementierung ergeben haben.

5.1 Eine prototypische Implementierung: DAMOKLES

Die Implementierung eines Datenmodells erfordert zunächst eine sinnvolle Aufteilung der Gesamtaufgabe auf einzelne Systemkomponenten. Dabei hat sich für kommerzielle Datenbanksy-

steme eine schichtenweise Anordnung der Systemkomponenten (Schichtenarchitektur) als sinnvoll erwiesen. Jede Schicht repräsentiert eine Abstraktionsebene und stellt der nächsthöheren
Schicht eine abstrakte Maschine zur Realisierung ihrer Aufgaben zur Verfügung. Auch für Ent-
wurfsdatenbanksysteme schlagen deshalb verschiedene Autoren (z.B. [Ditt85, Härd85]) Schich-
tenarchitekturen vor. Eine zentrale Abstraktionsebene stellt dabei die Schnittstelle des sog.
Kerndatenbanksystems dar, auf der verschiedene, anwendungsspezifische Datenmodelle aufge-
setzt werden sollen.

In diesem Abschnitt wird zunächst exemplarisch die Systemarchitektur von *DAMOKLES* beschrieben, zumindest soweit, als dies für die Implementierung der zentralen EODM-Konzepte
erforderlich ist. (Eine ausführlichere Beschreibung dieser Architektur findet sich in [Abra87,
Raup86].)

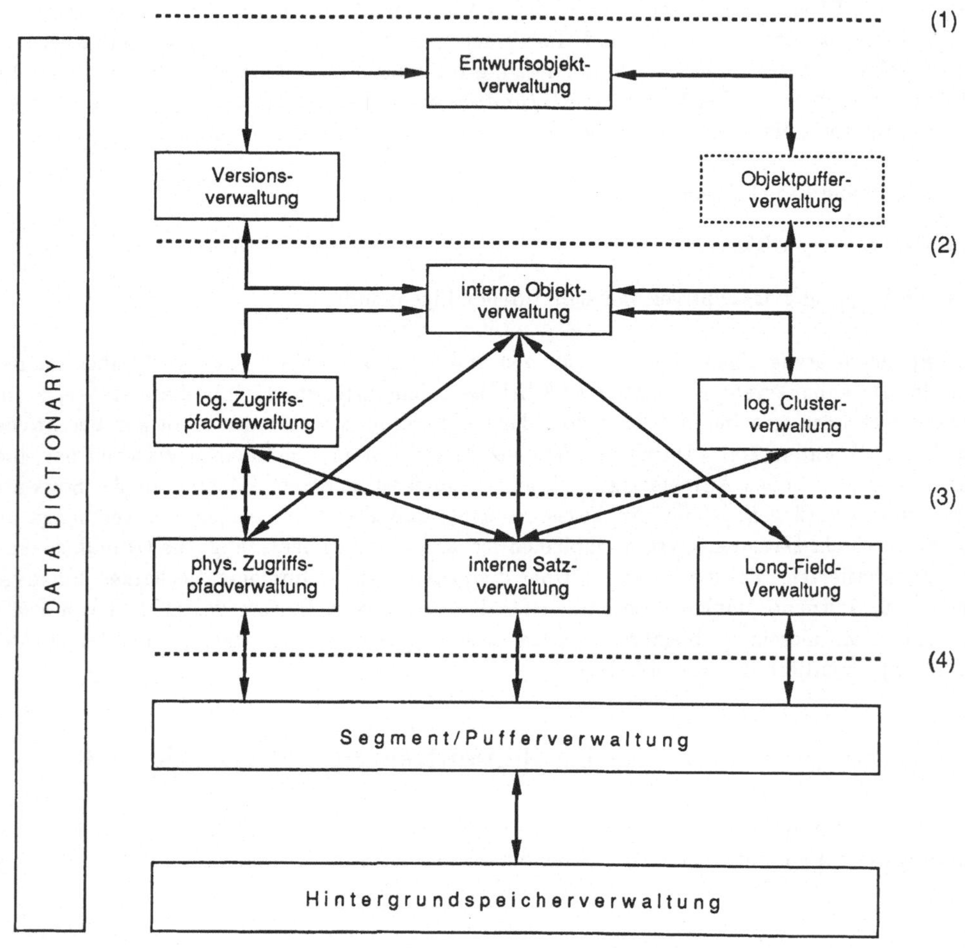

Abbildung 5.1: Schichtenarchitektur von *DAMOKLES*

Abbildung 5.1 zeigt den Aufbau und das Zusammenwirken der für das funktionale Verhalten wichtigsten *DAMOKLES*-Systemkomponenten.[13] Die Abbildung läßt vier Systemebenen erkennen, wobei die Komponenten einer Ebene jeweils durch die an der Schnittstelle der nächsttieferen Schicht angebotenen Konzepte implementiert werden:

(1) die Ebene der *Entwurfsobjektstrukturen*, innerhalb derer die Konzepte des EODM implementiert werden,

(2) die Ebene der *internen Objektstrukturen*, deren Schnittstelle ein dem klassischen ER-Modell vergleichbares Datenmodell (das sog. *iODM*) realisiert,

(3) die Ebene der *Speicherungsstrukturen* mit (internen) Sätzen variabler Länge als adressierbaren Einheiten,

(4) das Speichersystem mit einer traditionellen Puffer- und Hintergrundspeicherverwaltung.

Die Funktionen einiger wesentlicher Komponenten seien im folgenden kurz charakterisiert:

- Aufsetzend auf der Dateischnittstelle der *Hintergrundspeicherverwaltung* stellt die *Segmentpufferverwaltung* Segmente mit sichtbaren Seitengrenzen zur Verfügung. Hierbei wird u.a. ein spezieller Segmenttyp für lange Felder unterstützt, indem für Segmente dieses Typs ein Pufferalgorithmus implementiert wurde, der besonders auf sequentielles Zugriffsverhalten zugeschnitten ist.

- Die *Satzverwaltung* bietet Speicherungsstrukturen verschiedener Granularität, in denen die Primär- und Sekundärinformationen höherer Schichten abgelegt werden können. In Erweiterung der Konzepte einer traditionellen Satzschnittstelle (mit Sätzen bestehend aus Feldern fester oder variabler Länge) bietet diese Komponente die Möglichkeit, Mengen von Sätzen auf physisch benachbarte Speicherbereiche abzulegen (*physische Cluster* oder *Pools* – vgl. die folgenden Abschnitte).

- Die Ebene der *internen Objekte* stellt die zentrale Schnittstelle zwischen den mit sehr viel Semantik behafteten Entwurfsobjekten des EODM und den Speicherungsstrukturen dar. Sie realisiert in ihrer Grundstruktur ein einfaches ER-Modell [Chen76], kennt also nur flache, versionsfreie Objekte. Darüber hinaus bietet sie für die Implementierung der Objekt-Komponenten-Hierarchien das im nächsten Abschnitt beschriebene Konzept der *logischen Cluster* an. Die Abbildung logischer Cluster auf physische Cluster wird innerhalb einer eigenen Systemkomponente *logische Clusterverwaltung* durchgeführt.

- Aufgabe der *logischen Zugriffspfadverwaltung* ist die später zu behandelnde Implementierung allgemeiner Beziehungen.

- Die *Entwurfsobjektverwaltung* implementiert die datenmodellabhängigen Teile der Benutzerschnittstelle von *DAMOKLES*. Zentrale Augabe dieser Komponente ist hierbei die im nächsten Abschnitt anzusprechende Zerlegung eines strukturierten Objekts in logische Cluster. Das Versionskonzept von *DAMOKLES* wird durch eine eigene Systemkomponente realisiert. Dabei wird der Versionsgraph durch explizite Beziehungen der iODM-Ebene dargestellt.

---

[13]Die Abbildung beschränkt sich dabei auf die Komponenten zur Realisierung des Datenmodells; nicht aufgeführt sind Komponenten zur Realisierung von Synchronisation, Recovery, Konsistenz, Schutz usw.

- Die Verwaltung zentraler Systemdaten (dazu gehören Schemainformationen, Transformations- und Abbildungsregeln zwischen den Datenstrukturen verschiedener Systemebenenen, wichtige Systemparameter, statistische Daten, etc.) wird in *DAMOKLES* von einer *integrierten Data Dictionary Komponente* übernommen. Dabei werden zur Darstellung der Beschreibungsinformation wiederum die Konzepte des EODMs eingesetzt. Das Ergebnis dieser Modellierung bezeichnet man als *Metaschema* und entsprechende Ausprägungen als *Metadatenbasis*.

5.1.1 Strukturierte Objekte

Betrachtet man ein strukturiertes Objekt auf Exemplarebene, so läßt sich das Strukturgeflecht als gerichteter Graph interpretieren, z.B. wie in Abbildung 5.2 dargestellt. Die Knoten des Graphen stellen Objekt- und Beziehungsexemplare dar, die Kanten repräsentieren die unmittelbare Unterobjektbeziehung (z.B. o_3 ist direkte Komponente von o_1). Mehrfachkanten kommen in dem Graphen nicht vor, da ein Objekt- oder Beziehungsexemplar nicht mehrfach Komponente eines Oberobjekts sein kann.[14] Hingegen können von einer Komponente mehrere Kanten ausgehen (wie z.B. von o_8), nämlich dann, wenn es mehrere strukturierte Objekte gibt, die die betreffende Komponente enthalten (Überlappung).

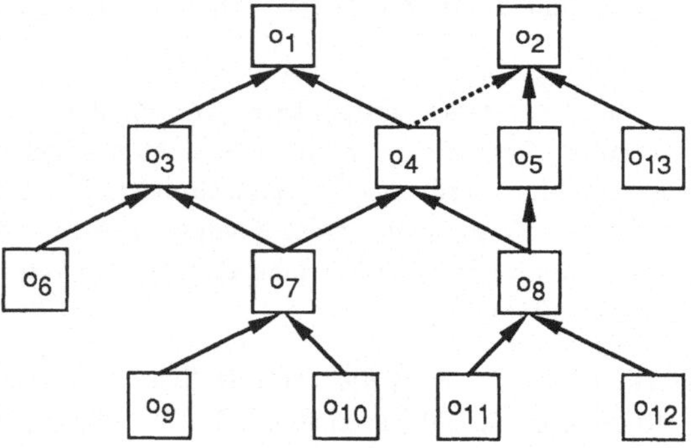

Abbildung 5.2: Objekt-Unterobjekt-Hierarchie mit Überlappung

Das Implementierungskonzept für strukturierte Objekte muß

- den selektiven Zugriff auf einzelne Komponenten eines strukturierten Objekts ermöglichen,

- effizienten Zugriff von einem Oberobjekt auf dessen unmittelbare Komponenten und umgekehrt gestatten,

- die Erweiterbarkeit eines strukturierten Objekts erlauben und

- es ermöglichen, effizient auf ein strukturiertes Objekt als Ganzes (d.h. mit allen unmittelbaren und mittelbaren Komponenten) zuzugreifen.

---

[14]Der Graph kann jedoch Zyklen enthalten, wenn ein Objekt unmittelbares oder mittelbares Unterobjekt seiner selbst ist, was von der Operatorsemantik her prinzipiell möglich ist.

5.1.1.1 Schichtenweise Abbildung strukturierter Objekte

Um eine größtmögliche Effizienz beim Zugriff auf ein strukturiertes Objekt zu erzielen, ist es erforderlich, bei der Abbildung der Objektstrukturen auf ein blockorientiertes Speichermedium eine möglichst hohe physische Lokalität aller Komponenten des strukturierten Objekts zu gewährleisten. Diese Lokalität ist sowohl im Kleinen, d.h. zwischen einem Objekt und all seinen unmittelbaren Komponenten, als auch im Großen, also bzgl. aller auch mittelbar zu einem strukturierten Objekt gehörenden Komponenten, anzustreben. Die Lokalität im Kleinen erlaubt eine effiziente Ober-/Unterobjektnavigation, die Lokalität im Großen unterstützt die effiziente Verarbeitung gesamter strukturierter Objekte.

Konflikte bzgl. der Clusterung entstehen dann, wenn eine Komponente (o_4) eines Objekts (o_1) zu einem späteren Zeitpunkt auch Komponente eines weiteren strukturierten Objekts (o_2) werden soll (gestrichelter Pfeil in Abbildung 5.2). Eine naheliegende Möglichkeit, Lokalität auch im Falle sich überlappender strukturierter Objekten zu erzwingen, bestünde in der Einführung kontrollierter Redundanz: Ein Objekt oder eine Beziehung, die Komponente mehrerer strukturierter Objekte ist, wird dann auch physisch mehrfach gespeichert. Dieses Vorgehen führt jedoch zu einem großen Aufwand für schreibende Operationen, was angesichts der für Entwurfsdatenbanken typischen hohen Änderungsraten [Sidl80] wenig empfehlenswert erscheint. Um trotz Strukturüberlappung eine möglichst hohe Lokalität bei der Abspeicherung strukturierter Objekte zu erreichen, muß auf der Ebene der Speicherungsstrukturen eine lineare Ordnung der Datensätze, die Objekte und Beziehungen repräsentieren, gefunden werden, die ein *globales* Optimum über alle Arten von Objekt-Unterobjekt Zugriffen darstellt.

Zu diesem Zweck führen wir zunächst den Begriff des *logischen Clusters* ein. Ein logisches Cluster repräsentiert eine Menge von Objekten und Beziehungen potentiell beliebiger Typen, die in einem noch näher zu definierenden Sinne logisch zusammengehören. Die Grundidee besteht nun darin, strukturierte Objekte in möglichst geeigneter Weise auf logische Cluster abzubilden. Dabei führen Objekte, die gemeinsame Komponenten besitzen, zu logischen Clustern, die sich überschneiden. [Abra87] schlägt als vorteilhafteste Technik für diese Abbildung die sog. *Breitenclusterung* vor, bei der jeweils genau eine Hierarchiestufe eines strukturierten Objekts in ein logisches Cluster abgebildet wird, das durch das betreffende strukturierte Objekt identifiziert wird. Angewandt auf das Beispiel aus Abbildung 5.2 ergibt die Breitenclusterung die folgenden logischen Cluster:

$$C_1 = \{o_3, o_4\}, C_3 = \{o_6, o_7\}, C_7 = \{o_9, o_{10}\}, C_2 = \{o_5, o_{13}\}$$

$$C_4 = \{o_7, o_8\}, C_5 = \{o_8\}, C_8 = \{o_{11}, o_{12}\}$$

Auf der Ebene der Speicherungsstrukturen muß nun ein Konzept angeboten werden, mithilfe dessen die logische Zusammengehörigkeit von Sätzen auch durch eine physisch benachbarte Abspeicherung nachvollzogen werden kann: *physische Cluster*. Ein physisches Cluster enthält eine Menge von Datensätzen, wobei allerdings für physische Cluster im Gegensatz zu logischen Clustern paarweise Disjunktheit gefordert ist. Physische Cluster werden auf Segmentebene auf benachbarte Seiten abgebildet, so daß unter Ausnutzung einer "chained I/O facility" ein strukturiertes Objekt mit wenigen Plattenzugriffen in den Systempuffer geladen werden kann.

5.1.1.2 Auflösung der Strukturkonflikte

Die verbleibende Teilaufgabe besteht nun darin, sich überlappende logische Cluster auf disjunkte physische Cluster abzubilden. Die im folgenden skizzierten Verfahren zur Auflösung von

Strukturüberlappungen werden detailliert in [Härt87] beschrieben und bewertet.[15] Zur Veranschaulichung diene die Situation in Abbildung 5.3, die drei sich überlappende logische Cluster C_1, C_2 und C_3 zeigt. Dieser Darstellung liegen zwei strukturierte Objekte zugrunde, die mit ihren direkten Komponenten die logischen Cluster C_1 und C_3 bilden, die keine gemeinsamen Elemente haben. Zu einem späteren Zeitpunkt werden Elemente von C_1 und C_3 zu Unterobjekten eines weiteren strukturierten Objekts; es entsteht das logische Cluster C_2, das die gemeinsamen Komponenten enthält. Bildet man maximale überschneidungsfreie Teilmengen, so entstehen dabei die Mengen S_1, S_2, S_3, S_4 und S_5. Wir bezeichnen sie im folgenden als *atomare Schnittmengen*.

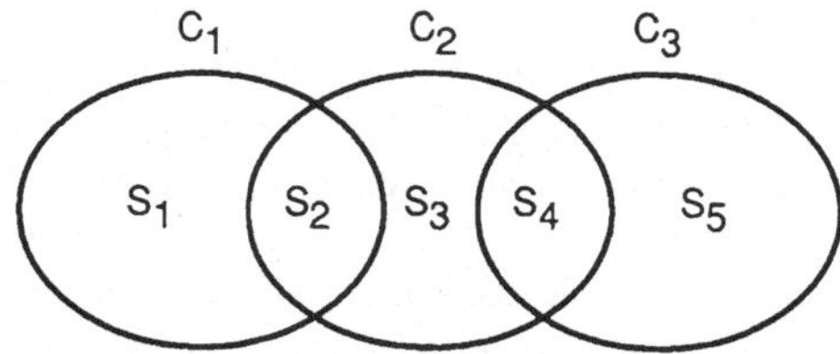

Abbildung 5.3: Überlappung auf der Ebene logischer Cluster

Für die Auflösung von Überlappungen bietet sich ein Verfahren an, das die atomaren Schnittmengen in geeigneter Weise zu physischen Clustern zusammenfaßt. Auf das Beispiel bezogen ließe sich die disjunkte Aufteilung von $C_1 \cap C_2$ so vornehmen, daß die Elemente der atomaren Schnittmengen S_1 und S_2 zu einem physischen Cluster und S_3 und S_4 zu einem weiteren physischen Cluster zusammengefaßt werden. S_5 stellte ein eigenes Cluster dar. Mit diesem Verfahren erreichte man eine hohe Lokalität im Kleinen.

Betrachtet man nicht nur die lokale Überlappungssituation (im Beispiel zwischen C_1 und C_2), sondern die transitive Hülle der sich überlappenden Cluster (C_1, C_2, C_3), so läßt sich eine weitere Verbesserung der Lokalität erzielen. Es ließe sich ein Algorithmus angeben, der atomare Schnittmengen so zu physischen Clustern zusammenfaßt, daß eine maximale Anzahl logischer Cluster *vollständig* auf physische Cluster abgebildet wird. Dabei entstünde aus S_1 und S_2 ein physisches Cluster, die atomaren Schnittmengen S_4 und S_5 könnten zu einem weiteren physischen Cluster zusammengefaßt werden und S_3 bildete ein eigenes physisches Cluster. Falls sich die atomaren Schnittmengen beim Einfügen einer neuen hierarchischen Beziehung ändern (was aufgrund der genannten hohen Änderungsraten nicht selten eintreten dürfte), ist bei beiden skizzierten Verfahren allerdings eine ständige Reorganisation der physischen Cluster erforderlich.

Das im folgenden dargestellte Verfahren vermeidet den Aufwand der ständigen physischen Reorganisation (und wurde u.a. aus diesem Grund in *DAMOKLES* implementiert). Es geht zunächst von überschneidungsfreien logischen Clustern aus und legt für jedes logische Cluster ein physisches Cluster an. Jede Komponente wird zuerst in dasjenige physische Cluster eingetragen, das dem logischen Cluster zugeordnet ist, dem das betreffende Element beim ersten Einfügen angehörte (*First-Come-Best-Served*-Strategie). Treten dann durch Etablieren neuer Unterobjektbeziehungen Strukturüberlappungen auf, bleibt das Unterobjekt trotzdem weiterhin dem

---

[15]Dabei hat sich insbesondere herausgestellt, daß man wegen der dynamisch entstehenden Konflikte nicht auf bekannte Clusterungstechniken etwa aus den Bereichen mehrdimensionaler Zugriffspfade oder der Implementierung baumartig-strukturierter komplexer Objekte zurückgreifen kann.

ursprünglichen physischen Cluster zugeordnet. Die Zugehörigkeit der Komponente zu weiteren logischen Clustern wird über Referenzen dargestellt. Im Beispiel ergeben sich die physischen Cluster aus den Mengen C_1 und C_3. Die verbleibenden Elemente der Menge C_2 bilden ein eigenes physisches Cluster.

Es ist bei diesem Verfahren nicht gewährleistet, daß sich die Elemente einer atomaren Schnittmenge in *einem* physischen Cluster befinden. Ihre Zugehörigkeit zu einem physischen Cluster hängt von dem Zeitpunkt ab, zu dem sie Komponente eines strukturierten Objekts wurden. Trotzdem erreicht man mit der First-Come-Best-Served-Strategie in vielen Fällen eine hohe Lokalität [Härt87]. Das Transferieren eines Objekts aus einem physischen Cluster in ein anderes wird erst dann erforderlich, wenn es als Unterobjekt aus dem strukturierten Objekt, in das es als erstes eingebracht wurde, entfernt wird, aber weiterhin Unterobjekt eines anderen strukturierten Objekts bleibt.

Zusammenfassend läßt sich feststellen, daß eine optimale physische Clusterung sehr hohen Aufwand verursacht, der sich aus den Kosten für die Berechnung des Optimums sowie den Kosten für die physische Reorganisation zusammensetzt. Hinzu kommt, daß eine kostspielig hergestellte Clusterung im nächsten Moment wieder hinfällig werden kann, wenn sich nämlich die Überlappungsstruktur ändert. Die beiden ersten Verfahren rechtfertigen erst dann diesen hohen Aufwand, wenn

- über einer Speicherstrukturierungssprache eine gewünschte Aufteilung logischer Cluster spezifiziert und/oder

- durch eine Systemkomponente oder durch Benutzereinfluß günstige Reorganisationszeitpunkte ermittelt bzw. bekannt gegeben werden können.

5.1.2 Allgemeine Beziehungen

Eine *DAMOKLES*-Datenbasis besteht aus einem Geflecht typisierter Objekte und Beziehungen. Abbildung 5.4 zeigt einen Datenbasisausschnitt, in dem Objekte a_1 und a_2 des Typs A über Exemplare $ab_{11}, ab_{21}, ab_{22}$ eines Beziehungstyps AB mit Objekten b_1 und b_2 eines Typs B verbunden sind. Navigationsoperatoren des EODM erlauben, die gewünschten Objekt- oder Beziehungsexemplare zu lokalisieren, so daß sie anschließend gelesen werden können. Dabei sind prinzipiell zwei Arten der Navigation zu unterscheiden:

1. Navigation von Beziehungen zu Objekten

2. Navigation von Objekten zu Beziehungen

Um von einer Beziehung aus navigieren zu können, müssen alle Objekte, die in der Beziehung Rollen einnehmen, in geeigneter Weise repräsentiert werden. Dies läßt sich in einfacher Weise dadurch realisieren, daß man bei der Abbildung von Beziehungsexemplaren auf interne Sätze für jede Rolle ein Feld vorsieht, in dem eine Referenz auf das Objektexemplar gespeichert wird, das diese Rolle aktuell einnimmt. Im Beispiel aus Abbildung 5.4 enthält also der interne Satz, der die Beziehung ab_{11} repräsentiert, zwei Felder mit Verweisen auf die Objekte a_1 bzw. b_1. Als Verweise werden dabei *Hybridpointer* eingesetzt, die aus dem Surrogat und einer Seitenadresse (*probable page pointer*) gebildet werden.

Die Realisierung der von Objekten ausgehenden Navigation gestaltet sich im Vergleich dazu wesentlich schwieriger. Dies liegt daran, daß ein Objekt während seiner Lebensdauer an einer

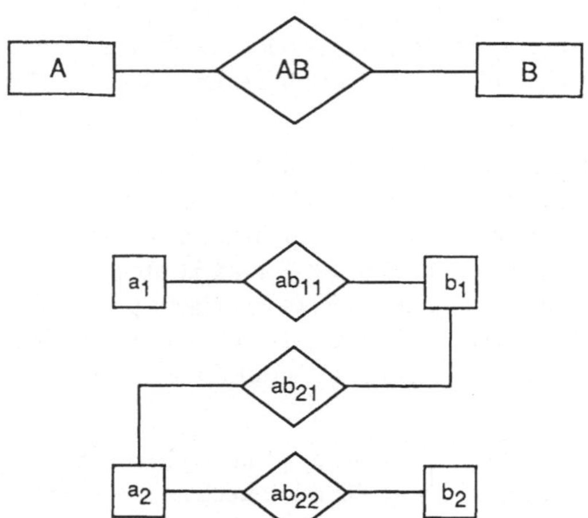

Abbildung 5.4: Geflecht aus Objekten und Beziehungen, oben Typ- unten Exemplarebene

beliebigen und wechselnden Zahl von Beziehungen partizipieren kann. Nimmt ein Objekttyp ot in Beziehungstypen $rt_1, \ldots, rt_n$ die Rollen $r_1, \ldots, r_n$ ein, so muß für jede Rolle r_i die Zuordnung

$$ bez_i : \underline{ot} \to \mathcal{P}\,(\underline{rt_i}), \quad o \to \{\, r \in \underline{rt_i} \mid r_i\,(r) = o \,\} $$

realisiert werden.[16] Nach der üblichen Terminologie [Lock87] handelt es sich bei bez_i um einen *hierarchischen* Zugriffspfad, für den die auf einer bestimmten Reihenfolge basierende elementweise Verarbeitung charakteristisch ist. Zur Realisierung hierarchischer Zugriffspfade kommen prinzipiell drei Verfahren infrage [Lock87]: Listen- (*list*), Kettungs- (*chain*) oder Invertierungstechnik (*pointer array*). [Härt87] hat in detaillierten Untersuchungen gezeigt, daß für die vorliegende Fragestellung die Realisierung von bez_i durch Pointerarrays insgesamt die besten Ergebnisse erwarten läßt. Für den Zugriff auf ein Pointerarray bei gegebenem Objektsurrogat sind prinzipiell zwei Möglichkeiten denkbar:

- *eingebettet*

  Der Einstieg ist eingebettet in die Primärdaten des Objekts und nutzt den Zugriffsmechanismus für das Surrogat.

- *separat*

  Der Einstieg erfolgt über einen eigenen, von den Primärdaten logisch unabhängigen und getrennten Zugriffspfad.

In diesem Zusammenhang hat sich der von den Primärdaten unabhängige Einstieg als die vorteilhaftere Lösung erwiesen [Härt87], weil

---

[16]In *DAMOKLES* spiegelt diese Funktion außerdem eine *benutzerdefinierbare* Ordnung wider, die bei der elementweisen Navigation ausgenutzt wird.

- die Einbettung der Pointerarrays in den Primärdatensatz eine deutlich höhere Überlaufwahrscheinlichkeit zur Folge hat,

- trotz der ausgeprägten Variabilität der Navigationsinformation bei der separaten Lösung keine Verschiebung von Primärdaten und somit auch keine daraufhin u.U. notwendige Anpassung physischer Adressen erforderlich ist,

- der Zugriff auf überflüssige Daten vermieden wird; es kann stets genau die benötigte Information gelesen werden (d.h. *entweder* Attribute *oder* Navigationsinformation).

In *DAMOKLES* wurde der separate Einstieg durch Hashtabellen (*extendible hashing*, [Fagi79]) implementiert, die für jeden im Anwenderschema definierten Objekttyp ot angelegt werden. Eine solche Tabelle enthält zu jedem in einer Datenbasis existierenden Objekt $o \in \underline{ot}$ und für jede von ot ausgehende Rolle r_i einen Eintrag, der in einer variabel langen Liste von Referenzen (Hybridpointern) die Menge $bez_i\,(o)$ darstellt. Der Aufwand für die Navigation von einem Objekt über eine Rolle zu einer Beziehung wird dann im wesentlichen durch den Zugriff auf diese Tabelle bestimmt.

5.2 Implementierung des Vererbungskonzeptes

Entsprechend den Ausführungen im letzten Kapitel findet Vererbung statt

- von Generalisierungen zu Spezialisierungen sowie

- von generischen Objekten zu deren Versionen.

Der für die Implementierung relevante Unterschied beider Fälle besteht darin, daß zu jeder Generalisierung zu jedem Zeitpunkt höchstens eine Spezialisierung existiert (*1:1*-Vererbung), während der Versionsgraph eines generischen Objektes beliebig viele Versionen enthalten kann (*1:n*-Vererbung). Vererbt werden dabei sowohl deskriptive Eigenschaften (d.h. Attribute) als auch strukturelle Eigenschaften (d.h. Komponenten), so daß das Implementierungskonzept insgesamt folgende vier Fälle abdecken muß:

A. *1:1*-Vererbung deskriptiver Eigenschaften

B. *1:n*-Vererbung deskriptiver Eigenschaften

C. *1:1*-Vererbung struktureller Eigenschaften

D. *1:n*-Vererbung struktureller Eigenschaften

Legt man auch an dieser Stelle eine Systemarchitektur entsprechend Abbildung 5.1 zugrunde, so ist die vorliegende Aufgabe der obersten Systemebene (und hier insbesondere den Komponenten *Entwurfsobjektverwaltung* und *Versionsverwaltung*) zuzuordnen. Als Basis dient dabei die Schicht der internen Objektstrukturen, die an ihrer Schnittstelle (2) ein konventionelles ER-Modell erweitert um das Konzept logischer Cluster anbietet.

5.2.1 Vererbung deskriptiver Eigenschaften

Zunächst wird die Vererbung in Generalisierungshierarchien betrachtet; als Ausgangspunkt diene
dabei eine zweistufige Generalisierungshierachie entsprechend Abbildung 5.5. In diesem Fall
bieten sich prinzipiell zwei Möglichkeiten an, die auch auf n-stufige Hierarchien erweitert werden
können:

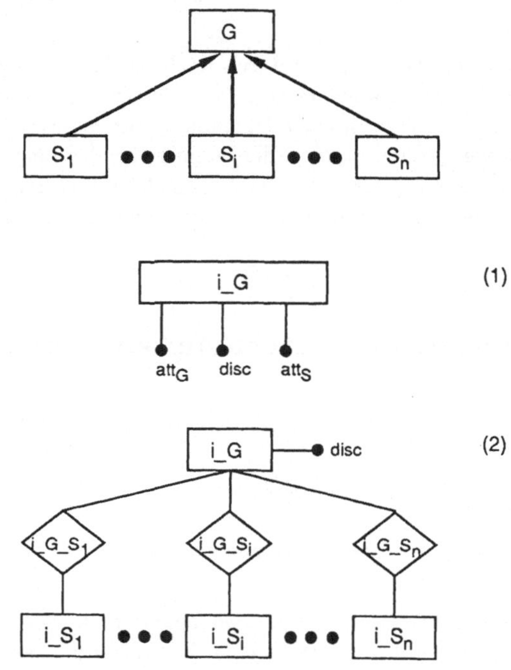

Abbildung 5.5: Zweistufige Generalisierungshierarchie

1. *Abbildung auf ein internes Objekt*

   Bei dieser Alternative (vgl. auch Abbildung 5.5) wird eine gesamte Generalisierungshierarchie auf *einen* internen Objekttyp abgebildet; ein generalisiertes Objekt mit allen Abstraktionsebenen entspricht einem Exemplar dieses internen Objekttyps. Im Beispiel in
   der Abbildung wird ein interner Objekttyp *i_G* erzeugt. Dessen Attribute setzen sich
   folgendermaßen zusammen:

   - die Attribute att_G der Generalisierung G,

   - ein Attribut *disc* mit Wertebereich $\{0, 1, \ldots, n\}$, zur Anzeige welche Spezialisierung
     das interne Objekt aktuell darstellt,

   - ein Attribut att_S, dessen Wertebereich durch Vereinigung der Wertemengen der Spe-
     zialisierungen gebildet wird.

Dies ist vergleichbar der Definition eines varianten Recordtyps, wobei die unterschiedlichen Varianten den einzelnen Spezialisierungen entsprechen, das Attribut *disc* die Information enthält, welche Variante aktuell vorliegt, und der nicht-variante Anteil aus den Attributen der Generalisierung gebildet wird.

2. *Abbildung auf mehrere interne Objekte*

Bei dieser Alternative wird entsprechend 5.5 für jede Spezialisierung S_i ein interner Objekttyp i_S_i erzeugt, der genau die Attribute der Spezialisierung übernimmt. Interne Beziehungstypen $i\_G\_S_i$ stellen den Bezug zum internen Objekttyp i_G her, der die Attribute der Generalisierung übernimmt, sowie zusätzlich ein Attribut *disc* entsprechend der obigen Alternative enthält.

Bei mehr als zweistufigen Generalisierungshierarchien werden beide Alternativen bottom-up solange iterativ angewandt, bis die Wurzel der Generalisierungshierarchie erreicht ist.

Insgesamt ist die Alternative 1. sicherlich effizienter, weil dabei alle Attribute einer Generalisierungshierarchie in einem internen Satz abgelegt werden und folglich in einem Zugriff bereitgestellt werden können. Im Gegensatz dazu fallen bei 2. stets Navigationen über die internen Beziehungen $i\_G\_S_i$ an.

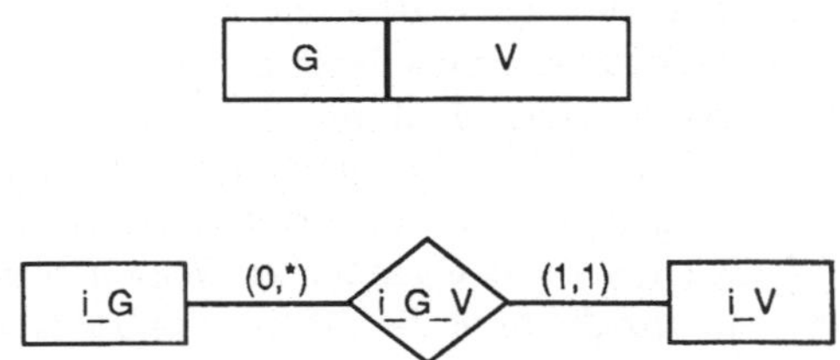

Abbildung 5.6: Darstellung der *1:n*-Vererbung auf der internen Ebene

Im Unterschied dazu ist bei der *1:n*-Vererbung (vgl. Abbildung 5.6) eine Vorgehensweise entsprechend der ersten Alternative nicht sinnvoll, weil die Attribute des generischen Objekts für jede seiner Versionen repliziert werden müßten. Es verbleibt eine Alternative entsprechend 2. bei der für den generischen Objekttyp und den Versionstyp jeweils ein eigener interner Objekttyp generiert, und die implizite Versionsbeziehung auf der internen Ebene explizit durch einen internen Beziehungstyp nachgebildet wird.[17] Die Kardinalitäten dieses internen Beziehungstyps können dabei so gewählt werden, daß sie *genau* der impliziten Beziehung entsprechen (vgl. Abbildung 5.6).

5.2.2 Vererbung struktureller Eigenschaften

Zunächst soll nun die Vererbung struktureller Eigenschaften über implizite Versionsbeziehungen betrachtet werden. Die Implementierung der Versionsbeziehung entsprechend Abbildung 5.6

---

[17]Dies ist auch insofern sinnvoll, als generisches Objekt und Version – im Unterschied zu Generalisierung und Spezialisierung – verschiedene Objekte sind und auch verschiedene Surrogate haben.

erlaubt die Repräsentation eines generischen Objekts und seiner Versionen unmittelbar durch entsprechende interne Objekte (der Typen i_G und i_V). In Anbetracht der Implementierung strukturierter Objekte durch logische Cluster ist es dann aber auch möglich, alle Komponenten des generischen Objekts in einem logischen Cluster und für jede Version deren Komponenten in einem weiteren zusammenzufassen. Da die logischen Cluster über sog. *ausgezeichnete Elemente*, d.h. über die Surrogate der betreffenden Oberobjekte identifiziert werden, ist der Zusammenhang zwischen dem logischen Cluster eines generischen Objekts und dem einer seiner Versionen über das interne Beziehungsexemplar (des Typs i_G_V) nachvollziehbar, das die internen Objekte (vom Typ G bzw. V) mit den entsprechenden Surrogaten verbindet. Mit anderen Worten: Für die Vererbung struktureller Eigenschaften werden dieselben Informationen der internen Ebene ausgenutzt, auf denen auch die Vererbung deskriptiver Eigenschaften basiert.

Betrachtet man nun die *1:1*-Vererbung struktureller Eigenschaften, so wird klar, daß für jede Abstraktionsebene einer Spezialisierung ein logisches Cluster existieren muß, das die Komponenten der Spezialisierung für die betreffende Ebene enthält. D.h. auch wenn man für die *1:1*-Vererbung deskriptiver Eigenschaften die Alternative 1. aus Abbildung 5.5 wählt, so erfordert die Vererbung struktureller Eigenschaften dennoch die Existenz verschiedener logischer Cluster und damit die Existenz verschiedener interner Objekte bzw. Surrogate zu deren Identifizierung. Damit ist es aber sinnvoll, für Generalisierungshierarchien grundsätzlich die Implementierung nach 2. zu wählen, um dann in einfacher Weise auch verschiedene, den einzelnen Abstraktionsebenen zuzuordnende logische Cluster zu erhalten.

Zusammenfassend werden die Konzepte des EODM, die Vererbung beinhalten (Versionen und Generalisierungen), auf der internen Ebene stets durch mehrere interne Objekte sowie entsprechende interne Beziehungen implementiert. Die Kardinalität dieser Beziehungstypen ermöglicht eine Unterscheidung von *1:1*- und *1:n*-Vererbung. Darüber hinaus wird die Vererbung deskriptiver und struktureller Eigenschaften mit denselben Informationen repräsentiert, so daß insgesamt alle der vier vorgenannten Fälle (A. – D.) in einheitlicher Weise implementiert werden können, und diese Implementierung ohne Konflikte in die existierende *DAMOKLES*-Architektur integriert werden kann.

5.3   Erfahrungen mit dem DAMOKLES-System

Auch wenn der Datenbankansatz hinsichtlich seiner qualitativen Eigenschaften einem dateiorientierten Vorgehen weit überlegen ist, ist für seine praktische Anwendbarkeit auch die quantitative Leistungsfähigkeit (Effizienz) ausschlaggebend. Bei einem entsprechenden Vergleich ist allerdings zu berücksichtigen, daß etwa das EODM eine Schnittstelle relativ hohen Abstraktionsniveaus darstellt, und daß außerdem mit Qualitäten wie Mehrbenutzersynchronisation, Datensicherheit, Schutz, etc. unvermeidbar ein gewisser Overhead einhergeht, der dafür an anderer Stelle, nämlich bei den Werkzeugen, nicht anfällt. Die Erfahrungen mit der bisher vorliegenden *DAMOKLES*-Prototypimplementierung erlauben diesbezüglich folgende Schlußfolgerungen:

- *Architektur*

  Es hat sich gezeigt, daß eine sinnvoll entworfene Architektur maßgeblich zur Effizienz des Systems beitragen kann. Unter Effizienzgesichtspunkten heißt hier sinnvoll, daß die Abbildung der Datenmodell-Konzepte auf die Strukturen des Hintergrundspeichers in relativ wenigen Architektur-Schichten vorzunehmen ist, da ein Operatoraufruf auf einer Schicht i.a. zu n Aufrufen der nächsttieferen Schicht führt. Im Falle von *DAMOKLES* scheinen die vier Systemschichten aus Abbildung 5.1 schon eine Obergrenze darzustellen, die mit den sieben Schichten in [Härd85] sicherlich überschritten sein dürfte. Dieser Sachverhalt erlaubt folgende Schlußfolgerungen:

1. Die Forderung nach relativ wenigen Systemschichten macht die Entwicklung der (systeminternen) Schnittstellen der einzelnen Abstraktionsebenen zu einer kritischen Aufgabe. Nimmt man die Datenmodell-Schnittstelle sowie eine blockorientierte Hintergrundspeicherschnittstelle als gegeben an, so besteht die Aufgabe darin, die verbleibenden Abstraktionsebenen möglichst äquidistant in dieses Spektrum einzuordnen. Zu große Abstände zweier Schnittstellen führen zu einer (aus softwaretechnischen Gründen) nicht erwünschten zu großen Komplexität der entsprechenden Schicht; ein zu kleiner Abstand hat inhärent eine gewisse Ineffizienz zur Folge.

2. Der Vorschlag eines *Kerndatenbanksystem* (KDBS) (etwa in [Ditt85] oder [Härd85]) ist deshalb zu begrüßen, weil dessen Schnittstelle die Gemeinsamkeiten zwischen verschiedenen (Entwurfs-) Anwendungen widerspiegeln kann, und somit ein Datenbanksystem für jede dieser Anwendungen weniger Entwicklungsaufwand erfordert. Unter Effizienzgesichtspunkten kann ein solches Vorgehen jedoch wohl nicht befürwortet werden, weil die KDBS-Schnittstelle gemessen an den obigen Ausführungen nur in den seltensten Fällen die optimale Lösung darstellen dürfte. Für Anwendungen, bei denen Effizienzanforderungen dominierend sind (was für die meisten Entwurfsanwendungen zutreffen dürfte), ist deshalb eine dedizierte Implementierung sicherlich vorteilhafter.

• *Metadatenverwaltung und Objektpuffer*

Metadaten beschreiben u.a. sämtliche Schemainformationen sowie die Transformations- und Abbildungsregeln zwischen den Datenstrukturen verschiedener Systemebenen. Auch zur Modellierung und Manipulation von Metadaten werden dabei die Konzepte des EODM eingesetzt; das *integrierte Data Dictionary* verwaltet eine *Metadatenbasis*, die durch ein *Metaschema* beschrieben wird. Während für den Anwender *eine einheitliche* Schnittstelle zur Manipulation von Benutzer- und Metadaten außerordentlich wertvoll ist, muß das Datenbanksystem intern eine andere Repräsentation der Metadaten sowie andere Zugriffsoperationen vorsehen. Da im Zuge der Abarbeitung eines Datenbankoperators jede Systemschicht i.a. Zugriffe auf die Metadaten durchführt, würde eine Datenbankoperation auf einer Benutzerdatenbasis andernfalls zu einer Fülle von Zugriffen auf die Metadatenbasis führen (und zwar umso mehr, je mehr Schichten in der Architektur vorgesehen sind), was sich aus Effizienzgründen natürlich verbietet. Der einzig gangbare Weg besteht somit darin, die gesamte benötigte Metainformation während der Laufzeit im Hauptspeicher resident zu halten, und zwar in einer Form, die die logischen Objekt- und Beziehungsstrukturen widerspiegelt und nicht an die physischen, seitenorientierten Speicherungsstrukturen angelehnt ist. [Moll87] beschreibt einen entsprechenden Ansatz für *DAMOKLES*.

Diese Erfahrung gilt prinzipiell auch für Zugriffe auf Benutzerdaten: Es ließe sich eine erhebliche Effizienzsteigerung dadurch erzielen, daß eine Systemkomponente die Pufferung vom Anwender benötigter Information in einer Weise vornimmt, die die logischen Objektstrukturen unmittelbar widerspiegelt und nicht an die physischen Speicherungsstrukturen angelehnt ist. *DAMOKLES* sieht zu diesem Zweck einen *Objektpuffer*, der in der obersten Systemschicht angesiedelt ist (vgl. Abbildung 5.1), sowie zwei Operationen (*prepare* und *release*) vor, um die Pufferung eines strukturierten Objektes explizit auszulösen bzw. ein gepuffertes Objekt wieder freizugeben. Dabei greift ein Anwendungsprogramm stets über dieselbe Datenbankschnittstelle auf die Objekte zu – unabhängig davon, ob sich diese im Objektpuffer befinden oder nicht.

Ein solcher Objektpuffer muß es erlauben, daß neben lesenden Zugriffen auch verändernde
Operationen effizient ausgeführt werden können. (So unterstützt z.B. die Hauptspeicher-
struktur des *DAMOKLES*-Data Dictionary lediglich lesende Zugriffe, was zu signifikanten
Leistungsproblemen für alle Werkzeuge, die Metadaten verändern, wie z.B. Schemaüber-
setzer, führt.) Diese Forderung wiederum hat zwangsläufig zur Folge, daß eine Modifikation zunächst *nur* auf der logischen Datenrepräsentation des Objektpuffers auszuführen
ist, da das unmittelbare Ausführen aller Transformationen bis zur Ebene des Seitenpuffers
evtl. sogar verbunden mit einem anschließenden Schreiben auf den Hintergrundspeicher
keinesfalls akzeptabel ist (deferred update). Geeignete Mechanismen müssen außerdem
die Synchronisation konkurrierender Zugriffe sowie die Recovery auf der logischen Ebene
unterstützen.

- *Speicherungsstrukturen für strukturierte Objekte*

  Die effiziente Verarbeitung eines strukturierten Objekts als ganzes (zu der insbesondere der
  Objektpuffer mit den Operationen *prepare* und *release* beiträgt) erfordert geeignete Speicherungsstrukturen. Die Zielsetzung ist dabei, ein strukturiertes Objekt mit möglichst wenigen Seitenzugriffen (chained I/O) in den Segmentpuffer zu laden, um dann anschließend
  die logische Repräsentation des Objektpuffers daraus aufzubauen. Neben einer hohen
  Clusterungsgüte bei sich überlappenden strukturierten Objekten führt dies schließlich zu
  folgenden Anforderungen:

  1. Es ist sinnvoll, daß in der physischen Nachbarschaft eines strukturierten Objekts
     und seiner Komponenten auch diejenigen Sekundärdaten abgespeichert werden, die
     die Objekt-Komponenten-Hierarchie implementieren (logische Zugriffspfade). Min-
     destens jedoch sollten diese logischen Zugriffspfade für sich geclustert sein.

  2. Die Speicherungsstruktur für strukturierte Objekte ist dabei so zu wählen, daß beim
     Aufbau der logischen Repräsentation auf jede Seite, die ein strukturiertes Objekt
     samt den o.g. logischen Zugriffspfaden belegt, nur einmal zugegriffen werden muß.

Kapitel 6

Eine Methode zur Integration von Sichten

Die im vierten Kapitel spezifizierten Konzepte des EODM bilden den Grundstein für die Integration von Werkzeugen, als dadurch eine für alle Werkzeuge verbindliche Schnittstelle festgelegt wird. In diesem Kapitel wird nun darauf aufbauend die Fragestellung behandelt, wie der Entwerfer den Integrationsprozeß *methodisch* durchführt. Integration bedeutet dabei Datenintegration im Sinne des 2. Kapitels, d.h. Werkzeuge arbeiten auf gemeinsamen Daten. Um zwei Werkzeuge zu integrieren, muß demzufolge eine Verständigung über die Typen ihrer jeweiligen Datenstrukturen erzielt werden. Geht man davon aus, daß diese Typen für jedes Werkzeug in einem Schema, einer Sicht beschrieben werden, so sind – wie in Kapitel drei ausgeführt – verschiedene Vorgehensweisen bei der Integration denkbar:

1. Ausgehend von einem konzeptuellen Schema, das die Informationsanforderungen aller zu integrierenden Werkzeuge befriedigt, werden die Sichten (durch Ausschnittbildung) abgeleitet.

2. Ausgehend von den lokalen Schemata der Werkzeuge wird das konzeptuelle Schema durch Sichtenintegration entwickelt, wobei sichergestellt wird, daß alle (lokalen) Informationsanforderungen damit befriedigt werden können.

Im dritten Kapitel wurde argumentiert, daß die zweite Alternative in bestimmten Fällen die einzig gangbare ist (z.B. in offenen Umgebungen); darüber hinaus kann man sie als eine Verallgemeinerung der ersten Vorgehensweise auffassen, als dort nämlich keine Annahmen darüber gemacht werden, wie ein konzeptuelles Schema mit den geforderten Eigenschaften entsteht. Demzufolge wird in diesem Kapitel eine Methode zur Werkzeugintegration vorgeschlagen, die auf der Integration der lokalen Sichten basiert. Diese Methode eignet sich für lokale Sichten, die unabhängig entstanden sind bzw. bei denen lediglich ein gemeinsamer Kern vorgegeben wurde; für eine Vorgehensweise nach 1. beinhaltet der Vorschlag Techniken, um aus einem konzeptuellen Schema flexibel lokale Sichten abzuleiten. Zunächst werden Beiträge und Schwächen existierender Vorschläge zur Sichtenintegration analysiert. Die folgenden Abschnitte präsentieren dann die Techniken der vorgeschlagenen Methode und erörtern deren zielgerichtete Anwendung in einem strukturierten Integrationsprozeß.

6.1   Zielsetzungen der Methode zur Sichtenintegration

Grundsätzlich besteht die Aufgabe der Sichtenintegration darin, $k \geq 2$ *lokale Benutzersichten* zu einer *globalen Sicht* zu integrieren. Diese Aufgabe wird in der relevanten Literatur [Bati84, Nava86, Teor82] als ein Prozeß verstanden, der in drei Phasen zerfällt, in denen unterschiedliche Tätigkeiten durchzuführen sind:

1. *Integrationsvorbereitung*

   Die Phase der Integrationsvorbereitung ist die wichtigste Teilaufgabe der Integration. Sie beinhaltet eine detaillierte Analyse der zu integrierenden Schemata. Erstes Ziel dieser Analyse ist die Erkennung von Konzepten, die denselben Sachverhalt der Umwelt modellieren (*ähnliche* Konzepte). Zur Erkennung ähnlicher Konzepte gibt es bisher kaum Veröffentlichungen. Lediglich [Wenz85] beschreibt ein heuristisches Maß, das den Grad der Ähnlichkeit von Klassen zu quantifizieren versucht und damit als Grundlage für eine Automatisierung dieser Aufgabe dienen kann. Außerdem bestehen gewisse Verwandtschaften zum Programmieren auf der Basis von frames (vgl. auch Kapitel 3.).

   Das nächste Ziel der Analyse besteht darin, für ähnliche Konzepte festzustellen, ob die entsprechenden Modellierungen kompatibel oder konfliktbehaftet sind. Kompatible Modellierungen beschreiben dasselbe Umweltkonzept auf verträgliche Weisen und können deshalb ohne weiteres integriert werden. Demgegenüber müssen Konflikte vor der Integration durch Transformation aufgelöst werden. Man unterscheidet grundsätzlich Benennungskonflikte (*Homonyme* oder *Synonyme*) und strukturelle Konflikte, wenn die Modellierungen, die ein Umweltkonzept in den verschiedenen Schemata darstellen, verschieden sind.

   Die Transformationen selbst müssen i.a. (bis auf die Fälle, wo die Analyse eine fehlerhafte Modellierung in einem Schema ergab) semantikerhaltend sein, d.h. äquivalente Schemata ergeben. [Jajo83] schlägt hierzu einen Äquivalenzbegriff vor, der unabhängig von einer Datenmanipulationssprache ist. Äquivalenz zweier ER-Schemata wird dabei auf die Eigenschaft der daraus durch eine kanonische Abbildung entstandenen Relationenschemata zurückgeführt, bezüglich der Projektions-Join-Abbildung dieselbe Menge von Fixpunkten aufzuweisen. Raupps [Raup84] Begriff der Äquivalenz zweier SEDMO-Schemata [Eick84] basiert demgegenüber darauf, daß sie durch eine informationserhaltende Transformation ineinander überführt werden können. Eine Transformation, die ein Original- in ein Bildschema überführt, ist informationserhaltend, wenn für eine Anfragesprache in beiden Schemata dieselben Antworten gewonnen werden können, d.h. zu jeder Anfrage auf dem Original eine Anfrage auf dem Bild existiert, die bzgl. aller Datenbasiszustände dieselben Ergebnisse liefert.

   Das letzte Ziel der Integrationsvorbereitung besteht darin, für ähnliche und kompatible Konzepte Integrationsbedingungen festzulegen, die semantische Beziehungen zwischen den Konzepten beschreiben (Beispiel: Ein Objekttyp in einem Schema ist Spezialisierung eines Objekttyps im anderen Schema). Die möglichen Integrationsbedingungen sind von den Abstraktionskonzepten abhängig, die das zugrundeliegende Datenmodell anbietet. Diese Bedingungen können nicht automatisch ermittelt werden; an dieser Stelle ist somit stets zusätzliche Information von den Entwerfern interaktiv zu erfragen.

2. *Schemaintegration*

In der Schemaintegration wird die globale Sicht aus den in der Integrationsvorbereitung evtl. modifizierten lokalen Sichten konstruiert. Dabei wird für ähnliche Konzepte gemäß der festgelegten Integrationsbedingung ein entsprechendes *Integrationsprimitiv* angewandt, daß aus den lokalen Modellierungen die integrierte Darstellung konstruiert. (Dabei spielen die Abstraktionskonzepte Generalisierung und Aggregierung eine wesentliche Rolle.) Alle anderen (unabhängigen) Konzepte können unverändert in das integrierte Schema übernommen werden.

Das Kriterium für die Korrektheit der Integration ist die Möglichkeit der Wiedergewinnung der lokalen Sichten aus dem integrierten Schema. Für unabhängige Konzepte ist diese Rekonstruktion trivial, da sie identisch in der lokalen und der integrierten Sicht auftreten. Für Konzepte, die durch Anwendung eines Integrationsprimitivs integriert wurden, sind an dieser Stelle explizite Abbildungen der integrierten auf die lokalen Informationsstrukturen anzugeben.

3. *Schemaanpassung*

In der Schemaanpassung wird die globale Sicht daraufhin untersucht, ob

- neue Typen definiert werden sollen, die Beziehungen zwischen verschiedenen lokalen Schemata repräsentieren, die erst durch den Integrationsprozeß aufgedeckt werden konnten [Bati84, Nava86, Teor82].

- unerwünschte Redundanz entstanden ist. [Wenz85] beschreibt mehrere (auf sein zugrundeliegendes semantisches Datenmodell bezogene) Formen der Redundanz und gibt Möglichkeiten zu deren Aufdeckung an.

Die grundsätzliche Strukturierung der Sichtenintegration in diese drei Teilaufgaben erscheint sinnvoll und soll deshalb auch im Rahmen dieser Arbeit zugrundegelegt werden. Die o.g. Ansätze weisen aber einige Defizite auf, denen durch die Vorschläge in den folgenden Abschnitten begegnet werden soll, wobei der Schwerpunkt auf den ersten beiden Teilphasen liegt:

- Für eine konstruktive und zielgerichtete Gestaltung des dynamischen Ablaufs des Integrationsprozesses gibt es (neben der o.g. groben Strukturierung) keine Vorschläge, die über Ansammlungen einzelner Techniken hinausgehen.

- Zentrales Problem der Integrationsvorbereitung ist die Erkennung ähnlicher Konzepte. Außer [Wenz85] sind hierzu keine Vorschläge bekannt, die zumindest eine partielle Automatisierung dieser Aufgabe erlauben, was insbesondere für größere Schemata unabdingbar ist.

- Die Techniken (Ähnlichkeitsmaße, Integrations- und Transformationsprimitive) müssen jeweils speziell für das zugrundeliegende Datenmodell entwickelt werden. Für Datenmodelle mit mehr und komplexeren Konzepten erreichen diese Techniken zwangsläufig einen bedeutend höheren Komplexitätsgrad. Obwohl im Falle des EODM sicherlich eine Verwandtschaft zu den Ansätzen, die auf dem klassischen ER-Modell basieren, gegeben ist, muß als wesentliches neues Element der Vergleich zwischen expliziten und impliziten (z.B. Objekt-Komponenten-) Beziehungen berücksichtigt werden.

Insbesondere der letzte Aspekt, die Gegenüberstellung expliziter und impliziter Beziehungen, ermöglicht allgemeine Aussagen über den Datenbankentwurf auf der Basis strukturellobjektorientierter Datenmodelle. Dies betrifft einerseits die Anforderungen, die an geeignete semantische Modelle zu stellen sind, sowie andererseits Aussagen über den Einsatz der (komplexen) EODM-Konzepte zur systematischen Modellierung von Informationsstrukturen.

6.2 Voraussetzungen und Ergebnisse der Methode

Die zentrale Aufgabe der Sichtenintegration besteht darin, für die Sachverhalte der betrachteten Umwelt, die gemeinsam in mehreren lokalen Sichten modelliert werden, eine einheitliche Modellierung zu konstruieren, die mit den Modellierungen der lokalen Sichten verträglich ist. Dieser Prozeß ist sicherlich nicht vollständig automatisierbar, da er die Zuordnung zwischen nicht-formal beschriebenen Sachverhalten der Umwelt und deren formalen Modellierungen in Schemata betrifft. Nicht-automatisierbare Entscheidungen sind also stets von einem menschlichen Benutzer, dem sog. *Integrator*, zu treffen, d.h. der Integrationsprozeß ist seiner Natur nach interaktiv. Die Interaktivität hat zur Folge, daß Fehlentscheidungen des Integrators berücksichtigt werden müssen.

Die Integration basiert darauf, daß in den beteiligten lokalen Sichten die dort gemeinsam beschriebenen Umweltsachverhalte erkannt werden können. Da die entsprechenden Vergleichsoperationen (wie aus den folgenden Abschnitten hervorgehen wird) sehr komplex werden, und da zudem der Benutzer kaum sinnvolle Entscheidungen treffen kann, die beliebig viele Modellierungen betreffen, wird im weiteren davon ausgegangen, daß jeweils nur *zwei* Konzepte verglichen und integriert werden, und nicht n Konzepte in einem Schritt.[18] Dies hat zur Folge, daß in einer Integrationsphase sinnvollerweise auch nur zwei Sichten integriert werden können. Dies entspricht dem Normalfall, daß ein neues Werkzeug in eine existierende Umgebung hinein integriert werden soll. Für mehr als zwei zu integrierende Schemata wird dieser Prozess iterativ durchlaufen, die Schemata werden z.B. in einer Kaskade integriert (Abbildung 6.1).[19] Dabei kann die Integrationsreihenfolge der Sichten entsprechend ihrer Bedeutung, ihrer Verläßlichkeit oder Qualität der Modellierung, usw. gewählt werden (vgl. [Bati84, Teor82]).

Entscheidend für die Anwendbarkeit der Techniken in den folgenden Abschnitten ist zudem, daß die lokalen Sichten, die in die Integration eingehen, die folgende Eigenschaft aufweisen (vgl. [Teor82]):

- *Eindeutigkeit*

  Ein Sachverhalt der Umwelt wird nicht durch mehrere Konzepte des Schemas dargestellt, d.h. es existieren keine Synonyme. Jedes Konzept hat einen eindeutigen Bezeichner, d.h. es existieren keine Homonyme.

Diese Eigenschaft stellt eine Anforderung an geeignete Methoden zur Konstruktion lokaler Sichten dar. Obwohl diese Phase des Datenbankentwurfs im Rahmen der vorliegenden Arbeit nicht behandelt wird, können die im folgenden dargestellten Techniken auch dazu eingesetzt werden,

---

[18] Diese Annahme liegt im übrigen auch den meisten veröffentlichten Integrationsansätzen zugrunde [Bati84, Nava86, Teor82, Wenz85] – und dies bei wesentlich weniger komplexen semantischen Datenmodellen.

[19] Eine solche kaskadenartige Struktur ist nicht zwingend; es können vielmehr auch andere Strukturen gewählt werden, bei denen jeweils zwei Schemata integriert werden.

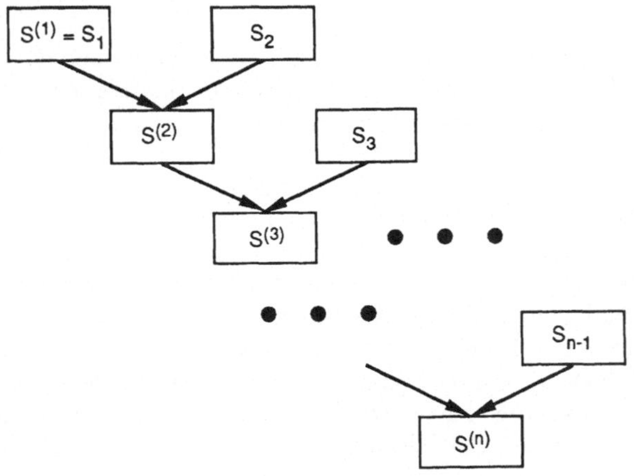

Abbildung 6.1: Paarweise Integration lokaler Sichten in einer Kaskade

für eine lokale Sicht die Eindeutigkeit sicherzustellen (vgl. hierzu Abschnitt 7.1.1). Die Forderung nach Eindeutigkeit stellt somit *keine* Beschränkung der Allgemeinheit der Integrationsmethode dar. Zusammenfassend basiert die Integrationsmethode damit auf folgenden Voraussetzungen:

- *Sichten*

  Die beiden zu integrierenden Sichten A und B liegen als EODM-Schemata vor:

  $$S_i = (OT_i, RT_i, AN_i, RN_i, VS_i, desc_i, roles_i, struct_i, generalizes_i, generic_i), \ i \in \{A, B\}$$

  Jede Sicht sei eindeutig in obigem Sinne. (Für den Fall, daß $S_A = S^{(n)}$ durch Integration von n lokalen Sichten entsprechend Abbildung 6.1 entstanden ist, wird diese Eigenschaft durch Anwendung der Integrationsmethode erzwungen.)

- *Integrator*

  Ein (menschlicher) Integrator ist in der Lage, Entscheidungen über gemeinsame Umweltsachverhalte in den beiden Schemata zu treffen, und in den Fällen, wo nicht auflösbare Konflikte zwischen den Modellierungen dieser Sachverhalte existieren, die Modellierungen (in einem oder beiden Fällen) so anzupassen, daß der Konflikt beseitigt ist.

Als Ergebnis liefert die Sichtenintegration:

- Ein integriertes Schema

  $$S = (OT, RT, AN, RN, VS, desc, roles, struct, generalizes, generic)$$

- Die evtl. modifizierten lokalen Benutzersichten S'_A und S'_B.

- Die Abbildungen $reconstruct_i : S \rightarrow S'_i$ zur Rekonstruktion der lokalen Sichten aus der integrierten Darstellung.

6.3   Techniken der Sichtenintegration

In diesem Abschnitt werden die Techniken behandelt, die die Grundlage des Integrationsprozesses darstellen: Ähnlichkeit von Konzepten, Integrationsprimitive sowie Primitive zur semantikerhaltenden Transformation von EODM-Schemata.

6.3.1   Ähnlichkeit von Konzepten

Bei der Integration geht es darum, die potentiell verschiedenen Modellierungen desselben Umweltsachverhalts in den beteiligten Schemata zu einer einzigen und damit einheitlichen Modellierung zu verschmelzen. Das Problem besteht somit zunächst darin, anhand der Schemata zu erkennen, wo überall dasselbe Umweltkonzept dargestellt werden soll. Konzepte in den beiden Schemata, die diese Eigenschaften haben, werden im weiteren als *ähnliche* Konzepte bezeichnet. Die Analyse von Konzepten auf Ähnlichkeit zieht verschiedene Aspekte in Betracht:

- *Bezeichner*
  Man kann davon ausgehen, daß ähnliche Konzepte mit einer gewissen Wahrscheinlichkeit denselben Bezeichner tragen. Dies kann jedenfalls sukzessive erreicht werden, indem für bereits als ähnlich erkannte Konzepte die Bezeichner vereinheitlicht werden (Beseitigung von Synonymkonflikten).

- *Intension*
  Unter der *Intension* eines Konzepts wird die Menge der Eigenschaften verstanden, die dieses Konzept charakterisieren [Carn70]. Zu den Eigenschaften z.B. eines Objekttyps zählen dabei zunächst die, die durch Attribute und Komponententypen beschrieben werden, aber auch die Eigenschaften, daß Objekte dieses Typs in bestimmte Beziehungen eingehen können, daß sie Komponenten bestimmter Objekte sein können, usw. Bei der Analyse der Intensionen zweier Konzepte wird demzufolge in den beiden Schemata die (noch zu definierende) Umgebung der fraglichen Konzepte auf Gemeinsamkeiten untersucht, indem ein struktureller Vergleich durchgeführt wird.

- *Extension*
  Sind zwei Konzepte aufgrund ihrer Bezeichner oder Intensionen vermutlich ähnlich, so kann die endgültige Entscheidung durch den Integrator aufgrund der Extensionen beider Konzepte gefällt werden. Unter der Extension eines Typs wird in diesem Zusammenhang die Menge aller Exemplare dieses Typs [Carn70] verstanden, die in einer Datenbasis existieren, oder – falls im Stadium des Datenbankentwurfs noch keine Datenbasis existiert – die potentiell, d.h. gedachterweise existieren können.

Die beiden ersten Aspekte, Bezeichner und Intension, können dabei automatisch analysiert werden. Liefert diese Analyse für zwei Konzepte a und b hinreichend viele Gemeinsamkeiten, so kann die Ähnlichkeit dieser beiden Konzepte vermutet werden. Diese Schlußfolgerung wird durch *Vermutungsprädikate* ausgedrückt, die für die unterschiedlichen Konzepte folgendermaßen definiert sind:[20]

---

[20]In diesem Abschnitt wird nur die Ähnlichkeit gleichartiger Konzepte (d.h. zweier Attribute, Rollen, Beziehungs- und Objekttypen) behandelt, indem für diese Fälle entsprechende Prädikate definiert werden. Zur Erweiterung des Ähnlichkeitsbegriffs auf verschiedenartige, äquivalente Modellierungen siehe Abschnitt 6.3.3.4.

- **Für Attribute:**

$$ass\_equal_{att} \subseteq AN_A \times AN_B$$

$ass\_equal_{att}\,(t_A.a, t_B.b)$ bedeutet, daß das Attribut a des Typs t_A im Schema S_A vermutlich gleich dem Attribut b des Typs t_B im Schema S_B ist (assumed equality).

- **Für Rollen:**

$$ass\_equal_{role} \subseteq RN_A \times RN_B$$

$ass\_equal_{role}\,(rt_A.a, rt_B.b)$ bedeutet, daß die Rolle a des Beziehungstyps rt_A im Schema S_A vermutlich gleich der Rolle b des Beziehungstyps rt_B im Schema S_B ist.

- **Für Beziehungstypen:**

$$ass\_equal_{rel} \subseteq RT_A \times RT_B$$

$ass\_equal_{rel}\,(a, b)$ bedeutet, daß der Beziehungstyp a im Schema S_A vermutlich gleich dem Beziehungstyp b im Schema S_B ist.

- **Für Objekttypen:**

$$ass\_equal_{obj} \subseteq OT_A \times OT_B$$
$$ass\_subset_{obj} \subseteq OT_A \times OT_B$$

$ass\_equal_{obj}\,(a, b)$ bedeutet, daß der Objekttyp a im Schema S_A und der Objekttyp b im Schema S_B vermutlich denselben Objekttyp beschreiben, und zwar auf derselben Abstraktionsebene. Dies ist dann der Fall, wenn a und b identisch sind, einen leeren Durchschnitt haben oder beliebig überlappen. Demgegenüber bedeutet $ass\_subset_{obj}\,(a, b)$, daß a vermutlich Subtyp von b ist, beide Typen also unterschiedliche Abstraktionsebenen darstellen.

Die Vermutungsprädikate repräsentieren das Ergebnis der Analyse von Bezeichnern und Intensionen der beiden Konzepte, eine Analyse, die vollständig auf der *syntaktischen Ebene* der beiden Schemata (und damit automatisch) ablaufen kann. Um daraus auf die Ähnlichkeit der beiden Konzepte schließen zu können, muß zusätzlich noch eine *semantische Interpretation* durch den Integrator erfolgen, in die auch der Vergleich der Extensionen eingeht. Das Ergebnis dieser Analyse kann positiv (Ähnlichkeit) oder negativ (Unähnlichkeit) sein; es wird durch die sog. *Faktenprädikate* beschrieben:[21]

- **Für Attribute:**

$$equal_{att} \subseteq AN_A \times AN_B$$
$$different_{att} \subseteq AN_A \times AN_B$$

$equal_{att}\,(t_A.a, t_B.b)$ bedeutet, daß das Attribut a des Typs t_A im Schema S_A gleich dem Attribut b des Typs t_B im Schema S_B ist, *different* entsprechend, daß beide verschieden sind. Da der Integrator stets nur eine von beiden Entscheidungen trifft, kann nie gleichzeitig $equal_{att}$ und $different_{att}$ für zwei Attribute gelten.[22] Entsprechendes gilt auch für die folgenden Faktenprädikate.

---

[21] Die im folgenden aufgelisteten Faktenprädikate entsprechen damit den möglichen Integrationsbedingungen.

[22] Es ist aber möglich, daß zu einem Zeitpunkt keines dieser Prädikate gilt – etwa wenn zwei Konzepte noch nicht analysiert worden sind.

- Für Rollen:

$$equal_{role} \subseteq RN_A \times RN_B$$
$$different_{role} \subseteq RN_A \times RN_B$$

- Für Beziehungstypen:

$$equal_{rel} \subseteq RT_A \times RT_B$$
$$different_{rel} \subseteq RT_A \times RT_B$$

- Für Objekttypen:

$$equal_{obj} \subseteq OT_A \times OT_B$$
$$subset_{obj} \subseteq OT_A \times OT_B$$
$$disjoint_{obj} \subseteq OT_A \times OT_B$$
$$arbitrary_{obj} \subseteq OT_A \times OT_B$$
$$different_{obj} \subseteq OT_A \times OT_B$$

Im Gegensatz zu Attributen, Rollen und Beziehungstypen drücken bei Objekttypen die
Faktenprädikate nicht nur die Gewißheit über Ähnlichkeit bzw. Unähnlichkeit aus, sondern
erlauben eine weitergehende Präzisierung der Art der Ähnlichkeit, die aufgrund der rein
syntaktischen Analyse nicht möglich ist. Das Prädikat $arbitrary_{obj}$ drückt dabei eine
beliebige Überlappung (d.h. weder Gleichheit, Enthaltensein noch Disjunktheit) zweier
Objekttypen aus.

Die eigentliche Entscheidung ist letztlich vom Integrator zu treffen. Der Wert der automatischen
Analyse liegt darin, daß diese Entscheidung vorbereitet und daß der Suchraum für den Integrator
entscheidend reduziert wird, indem nur solche Konzepte durch ihn geprüft werden, für die ein
Vermutungsprädikat auf eine Ähnlichkeit hindeutet. Im weiteren werden folgende Abkürzungen
benutzt:

$$similar_{obj}(a,b) := equal_{obj}(a,b) \vee subset_{obj}(a,b) \vee disjoint_{obj}(a,b) \vee arbitrary_{obj}(a,b)$$

$$equal := equal_{obj} \cup equal_{rel} \cup equal_{att} \cup equal_{role}$$

$$similar := similar_{obj} \cup equal$$

$$different := different_{obj} \cup different_{rel} \cup different_{att} \cup different_{role}$$

Im folgenden werden für Objekt- und Beziehungstypen jeweils die zur Berechnung der Ähnlich-
keitsrelationen relevanten Faktoren, sowie die zu betrachtenden strukturellen Umgebungen der
fraglichen Konzepte in den jeweiligen Schemata angegeben.

6.3.1.1 Ähnlichkeit von Attributen

Für die Ähnlichkeit von Attributen sind zwei Faktoren von Bedeutung: gleiche Bezeichner und
gleiche Wertemengen.[23] Zudem dürfen die beiden Attribute vom Integrator weder bereits als
verschieden noch als gleich klassifiziert worden sein, auch für ihre Typen darf nicht bereits
$different(t_A, t_B)$ gelten. Die beiden letzten Sachverhalte ließen sich prinzipiell auch durch eine
entsprechende Organisation des Analyseprozesses abdecken (z.B. "Bereits analysierte Attribute

---

[23]Um dabei zu vermeiden, daß allein aufgrund sicherlich häufig verwendeter vordefinierter Wertemengen
($INT, BOOL, \ldots$) eine Vielzahl wenig aussagekräftiger Prädikate generiert werden, kann man die Betrachtung
auf benutzerdefinierte Wertemengen beschränken.

werden nicht erneut analysiert"). Für ein automatisches Werkzeug ist es gleichwohl einfacher, wenn diese ausschließenden Bedingungen direkt in die Prädikate eingebracht werden. Demzufolge läßt sich das Vermutungsprädikat ass_equal_{att} folgendermaßen formulieren:

$$ass\_equal_{att}^{!}\,(t_A.att_A, t_B.att_B) :=$$ (6.1)
$$((`att_A` = `att_B`) \lor$$
$$(\exists\, vs \in VS_A \cap VS_B \,\forall\, i \in \{A, B\} : (att_i, vs) \in desc_i\,(t_i))) \land$$
$$\neg(different\,(t_A, t_B) \lor equal\,(t_A.att_A, t_B.att_B) \lor different\,(t_A.att_A, t_B.att_B))$$

6.3.1.2 Ähnlichkeit von Rollen

Für die Ähnlichkeit von Rollen ist neben dem Rollennamen der Wertebereich der Rolle (als Funktion von einem Beziehungstyp auf eine Menge von Objekttypen) von Bedeutung, entsprechend folgenden Festlegungen:

- Die Gleichheit von Objekttypen, die in Rollen partizipieren, wird über das Faktenprädikat *similar* entschieden. Bei der Berechnung von ass_equal_{role} werden somit bereits erkannte Ähnlichkeiten von Objekttypen ausgenutzt.

- Variante Rollen werden in diesem Zusammenhang als ähnlich vermutet, wenn sie mindestens einen Objekttyp gemeinsam haben.

- Zudem dürfen die beiden Rollen nicht bereits als ähnlich oder als verschieden erkannt worden sein, letzteres gilt auch für die beiden Beziehungstypen, vgl. obige Anmerkung.

Dies führt zu folgender Definition des Vermutungsprädikates ass_equal_{role}, die gleichermaßen für einfache wie für variante Rollen gilt:

$$ass\_equal_{role}\,(rt_A.role_A, rt_B.role_B) :=$$ (6.2)
$$((`role_A` = `role_B`) \lor$$
$$(\exists\, \{ot_{r,A} \mid 1 \leq r \leq m\} \subseteq OT_A, \{ot_{r,B} \mid 1 \leq r \leq n\} \subseteq OT_B :$$
$$\forall\, i \in \{A, B\}(role_i, \{ot_{r,i}\}) \in roles_i\,(rt_i)\,|_{1,2} \land$$
$$\{\,(ot_{j,A}, ot_{k,B}) \mid 1 \leq j \leq m, 1 \leq k \leq n, similar\,(ot_{j,A}, ot_{k,B})\} \neq \emptyset)) \land$$
$$\neg(different\,(rt_A, rt_B) \lor equal\,(rt_A.role_A, rt_B.role_B) \lor different\,(rt_A.role_A, rt_B.role_B))$$

Zwei Rollen werden demzufolge dann als ähnlich vermutet, wenn ihre Bezeichner gleich sind oder bereits als ähnlich erkannte Objekttypen ($similar_{obj}\,(ot_{j,A}, ot_{k,B})$) in den Mengen von Objekttypen ($\{ot_{r,A} \mid 1 \leq r \leq m\}, \{ot_{r,B} \mid 1 \leq r \leq n\}$) auftreten, die die varianten Rollen $role_A, role_B$ einnehmen. Für den Fall, daß eine oder beide Mengen einelementig sind (einfache Rolle) gilt diese Definition in gleicher Weise. Wie man sieht, sind bei der Untersuchung von Rollen auf Ähnlichkeit die Kardinalitäten nicht von Bedeutung. Diesbezügliche Konflikte werden vor der Integration durch entsprechende Transformationen aufgelöst.

6.3.1.3 Ähnlichkeit von Objekttypen

Die Analyse zweier Objekttypen ot_A und ot_B auf Ähnlichkeit versucht, gemeinsame Eigenschaften zu ermitteln. Dabei spielen folgende Aspekte eine Rolle (siehe Abbildung 6.2):

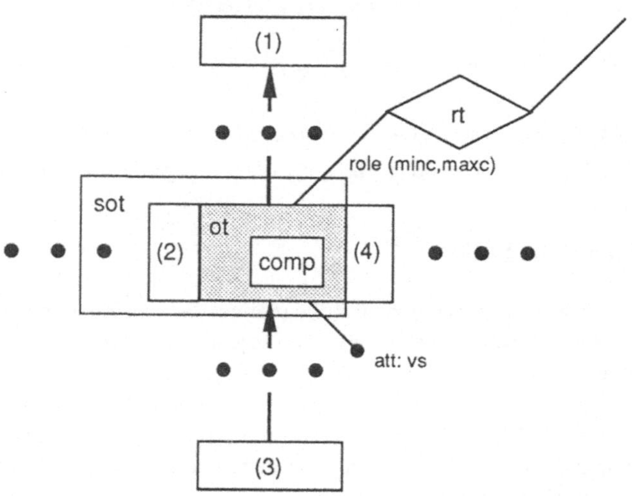

Abbildung 6.2: Umgebung eines Objekttyps ot

- Gemeinsame Attribute und Wertemengen (att: vs in Abbildung 6.2):

$$common\_att\,(ot_A, ot_B) := \{\,(att_A, att_B) \mid \forall\, i = A, B : att_i \in \tag{6.3}$$
$$desc_i\,(ot_i)\,|_1 \wedge (ass\_equal_{att}\,(ot_A.att_A, ot_B.att_B) \vee equal_{att}\,(ot_A.att_A, ot_B.att_B))\}$$

- Gemeinsame Komponententypen ($comp$ in Abbildung 6.2):

$$common\_comp\,(ot_A, ot_B) := \{\,(t_A, t_B) \mid \forall\, i = A, B : \tag{6.4}$$
$$t_i \in struct_i\,(ot_i)\,|_1 \wedge similar\,(t_A, t_B)\}$$

- Gemeinsame Rollen in Beziehungen ($role$, rt in Abbildung 6.2):

$$common\_role\,(ot_A, ot_B) := \{\,(role_A, role_B) \mid \forall\, i = A, B : \tag{6.5}$$
$$\exists\, rt_i \in RT_i : (role_i, ot_i) \in roles_i\,(rt_i)\,|_{1,2} \wedge$$
$$(ass\_equal_{role}(rt_A.role_A, rt_B.role_B) \vee equal_{role}\,(rt_A.role_A, rt_B.role_B))\,\}$$

- Gemeinsame strukturierte Objekttypen (sot in Abbildung 6.2):

$$common\_sot\,(ot_A, ot_B) := \{\,(sot_A, sot_B) \mid \forall\, i = A, B : \tag{6.6}$$
$$ot_i \in struct_i\,(sot_i)\,|_1 \wedge similar\,(sot_A, sot_B)\}$$

Wie man erkennt, basiert die Berechnung der verschiedenen $common$-Mengen für Attribute und
Rollen auf den entsprechenden Vermutungs- und Faktenprädikaten und für Komponententypen
und strukturierte Objekttypen auf den betreffenden Faktenprädikaten. Damit läßt sich nun das
Vermutungsprädikat ass_equal_{obj} für zwei Objekttypen ot_A, ot_B folgendermaßen definieren:

$$ass\_equal_{obj}\,(ot_A, ot_B) :=$$
$$('ot_A' = 'ot_B' \lor$$
$$common\_att\,(ot_A, ot_B) \neq \emptyset \lor common\_comp\,(ot_A, ot_B) \neq \emptyset \lor$$
$$common\_role\,(ot_A, ot_B) \neq \emptyset \lor common\_sot\,(ot_A, ot_B) \neq \emptyset) \land$$
$$\neg different\,(ot_A, ot_B)$$

$$(6.7)$$

Eigenschaften a	Eigenschaften b		
	ererbte	eigene	vererbte
ererbte	$ass\_equal_{obj}\,(a,b)$	$ass\_subset_{obj}\,(a,b)$	$ass\_subset_{obj}\,(a,b)$
eigene	$ass\_subset_{obj}\,(b,a)$	$ass\_equal_{obj}\,(a,b)$	$ass\_subset_{obj}\,(a,b)$
vererbte	$ass\_subset_{obj}\,(b,a)$	$ass\_subset_{obj}\,(b,a)$	$ass\_equal_{obj}\,(a,b)$

Abbildung 6.3: Mögliche Hypothesen bei gemeinsamen Eigenschaften zweier Objekttypen

Bei dem Vergleich zweier Objekttypen auf Ähnlichkeit werden sinnvollerweise nicht nur die *eigenen* Eigenschaften (Attribute, Komponententypen, ...) dieser Typen sondern auch die von Generalisierungen ((1) in Abbildung 6.2) oder generischen Objekttypen (2) *ererbten*, sowie die an Spezialisierungen (3) oder Versionen (4) *vererbten* Eigenschaften betrachtet. In der Definition von ass_equal_{obj} wird dies durch das Faktenprädikat $similar_{obj}$ abgedeckt, das auch gemeinsame Eigenschaften zweier Objekttypen auf unterschiedlichen Abstraktionsebenen ausdrückt. Eine entsprechende Umgebung eines Objekttyps ot zeigt Abbildung 6.2. Dadurch entstehen neun unterschiedliche Möglichkeiten, gemeinsame Eigenschaften bei zwei Objekttypen a und b (genauer: bei deren Vererbungshierarchien) anzutreffen. Jeder dieser Fälle führt zu einem bestimmten Vermutungsprädikat im Hinblick auf die Ähnlichkeit der betrachteten Objekttypen a und b. Jeder der Fälle beruht darauf, daß mindestens für zwei Typen in der Vererbungshierarchie gemeinsame Eigenschaften ermittelt und somit das Vermutungsprädikat ass_equal abgeleitet werden konnte. Tabelle 6.3 gibt einen Überblick über diesen Sachverhalt.

In der Hauptdiagonalen dieser Tabelle tritt stets das Prädikat $ass\_equal_{obj}\,(a,b)$ auf. Gemeinsame Eigenschaften von a und b, ihrer Generalisierungen oder Spezialisierungen weisen darauf hin, daß beide Objekttypen dieselbe Abstraktionsebene einnehmen, was durch dieses Vermutungsprädikat ausgedrückt wird. Die übrigen Felder dieser Tabelle drücken hingegen unterschiedliche Abstraktionsebenen von a und b aus. Beispiel: Sind eigene Eigenschaften von a mit vererbten Eigenschaften von b gemeinsam, so gilt $ass\_subset_{obj}\,(a,b)$ als Hypothese. Da auf diese Weise ganze Vererbungshierarchien miteinander verglichen werden, kann es durchaus sein, daß mehrere Vermutungsprädikate entsprechend Tabelle 6.3 ermittelt werden. Hierbei können zwei Fälle auftreten:

1. *Konflikt*

   Ein Konflikt liegt dann vor, wenn $ass\_subset_{obj}\,(a,b)$ und $ass\_subset_{obj}\,(b,a)$ ermittelt werden. In diesem Fall ist in einem Schema a auf einer tieferen Ebene der Vererbungshierarchie modelliert als b, und im anderen Schema sind die Verhältnisse umgekehrt. Ein

solcher Konflikt kann nur durch den Integrator aufgelöst werden (durch Anpassung der
Modellierung in einem der beiden Schemata), die Ähnlichkeitsanalyse erlaubt aber zumindest seine automatische Aufdeckung und – wie an dem Beispiel in Abschnitt 6.5 illustriert
werden wird – auch eine genaue Eingrenzung derjenigen gemeinsamen Eigenschaften, die
den Konflikt letztlich verursachen.

2. *Verträglichkeit*

Alle anderen möglichen Kombinationen stellen keinen Konflikt dar, sind also miteinander
verträglich. Wird in diesem Fall das Prädikat $ass\_subset_{obj}(x,y)$ (mit $x = a$ und $y = b$ oder
umgekehrt) ermittelt, so werden andere mögliche Vermutungsprädikate dadurch dominiert,
d.h. unabhängig welche (verträglichen!) Prädikate sonst noch ermittelt werden, besteht
das Ergebnis der Analyse in $ass\_subset_{obj}(x,y)$.

Man beachte in diesem Zusammenhang, daß für die Vermutungsprädikate von Attributen, Rollen
und Beziehungstypen ähnliche Konflikte (mangels entsprechender Abstraktionskonzepte) nicht
auftreten können – vgl. den entsprechenden Abschnitt über Konflikte.

6.3.1.4 Ähnlichkeit von Beziehungstypen

Der Vergleich von Beziehungstypen ist weitaus weniger komplex als der von Objekttypen; die
entsprechende Umgebung zeigt Abbildung 6.4. Faktoren, die hierbei eine Rolle spielen, sind

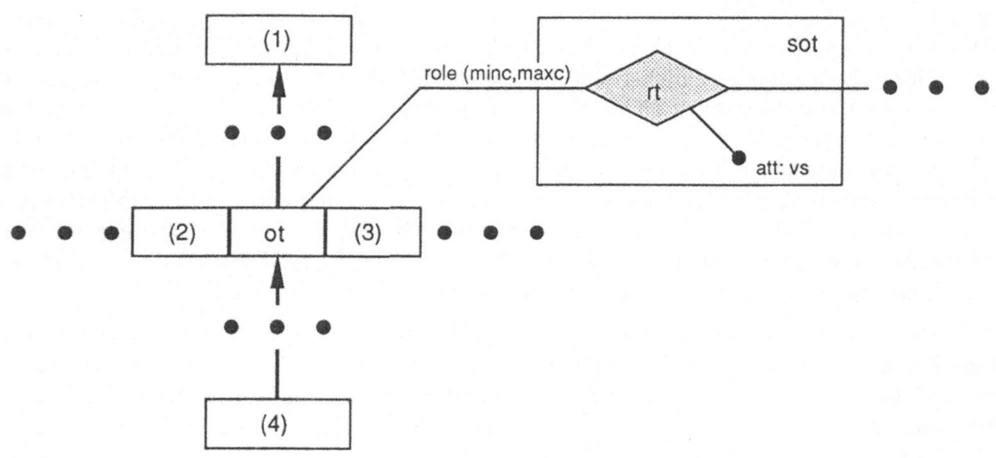

Abbildung 6.4: Umgebung eines Beziehungstyps rt

- Gemeinsame Attribute und Wertemengen (*att: vs* in Abbildung 6.4):

$$common\_att(rt_A, rt_B) := \{(att_A, att_B) \mid \forall i = A, B : att_i \in \tag{6.8}$$
$$desc_i(ot_i) \mid_1 \land ass\_equal_{att}(rt_A.att_A, rt_B.att_B) \lor equal_{att}(rt_A.att_A, rt_B.att_B)\}$$

● Gemeinsame Rollen (*role* in Abbildung 6.4):

$$common\_role(rt_A, rt_B) := \{(role_A, role_B) \mid \forall\, i = A, B : \tag{6.9}$$
$$(ass\_equal_{role}\,(rt_A.role_A, rt_B.role_B) \lor equal_{role}(rt_A.role_A, rt_B.role_B)\,\}$$

Die Definition von ass_equal_{role} beinhaltet dabei eine Untersuchung der Vererbungshierarchien der Objekttypen, die eine Rolle einnehmen, (1) bis (4) in Abbildung 6.4. Die Definition von ass_equal_{role} stützt sich dazu auf das Faktenprädikat $similar_{obj}$ ab, das die Ähnlichkeit von Objekttypen in Vererbungshierarchien ausdrückt.

● Gemeinsame strukturierte Objekttypen (*sot* in Abbildung 6.4):

$$common\_sot(rt_A, rt_B) := \{sot_A, sot_B) \mid \forall\, i = A, B : \tag{6.10}$$
$$rt_i \in struct_i\,(sot_i)\,|_1 \land \ similar\,(sot_A, sot_B)\}$$

Damit läßt sich nun das Vermutungsprädikat ass_equal_{rel} für zwei gegebene Beziehungstypen rt_A und rt_B folgendermaßen berechnen:

$$ass\_equal_{rel}\,(rt_A, rt_B) := \tag{6.11}$$
$$('rt_A' = 'rt_B' \lor common\_att\,(rt_A, rt_B) \neq \emptyset \lor$$
$$common\_role\,(rt_A, rt_B) \neq \emptyset \lor common\_sot,(rt_A, rt_B) \neq \emptyset) \land$$
$$\neg\,(different\,(rt_A, rt_B) \lor similar\,(rt_A, rt_B))$$

Da für Beziehungstypen keine Vererbungshierarchien definiert sind, ist der Suchraum wesentlich beschränkter als bei Objekttypen. Eine weitere Vereinfachung ergibt sich aus den bei Beziehungstypen nicht vorhandenen strukturellen Eigenschaften.

6.3.2 Integration von Konzepten

Das Ziel der Schemaintegration besteht in der möglichst weitgehenden Verschmelzung von Konzepten der beteiligten Schemata (d.h. in der Erzielung möglichst großer Redundanzfreiheit). Als wesentliche Randbedingung ist dabei die *Rekonstruierbarkeit* der lokalen Schemata und Datenbasen zu garantieren, d.h. aus dem integrierten Schema und einer entsprechenden Datenbasis müssen die lokalen Schemata sowie die zugehörigen lokalen Datenbasen wiedergewonnen werden können. Das integrierte Schema beschreibt dann zumindest nicht weniger (möglicherweise aber mehr) an Informationsstrukturen wie jedes der lokalen Schemata, und jede Anfrage gegen eine lokale Datenbasis kann auch gegen die integrierte Datenbasis gestellt werden. Dies wird in der Abbildung 6.5 dargestellt und ist der Kernpunkt der folgenden Definition:

Definition 6.1 (Integration)

Sei $\mathcal{S}$ die Menge aller EODM-Schemata und $\mathcal{D} = Inst(\mathcal{S})$ die Menge aller Datenbasen. Eine partielle Funktion
$$I = (I_S, I_D)$$
$$I_S : \mathcal{S} \times \mathcal{S} \to \mathcal{S}, I_D : \mathcal{D} \times \mathcal{D} \to \mathcal{D},$$
heißt *Integration* zweier gegebener Schemata $S_1, S_2 \in \mathcal{S}$, wenn gilt:

1. $I_S\,(S_1, S_2) \in \mathcal{S}$
2. $\forall\, D_1 \in Inst\,(S_1), D_2 \in Inst\,(S_2) : I_D\,(D_1, D_2) \in Inst\,(I_S\,(S_1, S_2))$

3. Es gibt eine Funktion

$$reconstruct = (reconstruct_S, reconstruct_D)$$

$$reconstruct_S : S \rightarrow S \times S, reconstruct_D : D \rightarrow D \times D$$

so daß gilt:

$$reconstruct\left(I\left((S_1, S_2), (D_1, D_2)\right)\right) = ((S_1, S_2), (D_1, D_2)) \text{ sowie}$$

$reconstruct_D$ ist total und berechenbar auf $Inst\left(I_S\left(S_1, S_2\right)\right)$.

$\Diamond$

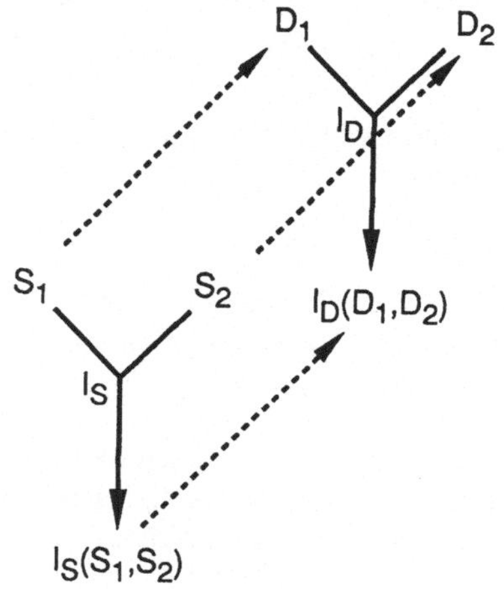

Abbildung 6.5: Integration lokaler Sichten und Datenbasen

Die Integration zweier Schemata wird nicht in einem einzigen Schritt durchgeführt, sondern sukzessive, d.h. Konzept für Konzept. Die Integration zweier Konzepte erfolgt dabei durch Anwendung eines *Integrationsprimitivs*, sofern diese Konzepte kompatibel sind. Unabhängige Konzepte werden unverändert in das integrierte Schema übernommen. Für konfliktbehaftete Konzepte muß durch eine Transformation entweder Kompatibilität oder Unabhängigkeit hergestellt werden. Ein Integrationsprimitiv ist ein Tripel

$$IP = (pre, post, rec)$$

wobei gilt:

$$pre = \{pre_S, pre_{cons}, pre_{sem}\}$$

ist eine Menge von Vorbedingungen. Darunter fallen zunächst Bedingungen, die die zu integrierenden Konzepte auf Typebene beschreiben (pre_S), sowie Bedingungen über die Art der Ähnlichkeit zwischen diesen (pre_{sem}), d.h. Faktenprädikate. Auf Exemplarebene werden für beide lokale Schemata jeweils schema-konsistente Datenbasiszustände zugrundegelegt. Für einige Integrationsprimitive müssen diese darüberhinaus weiteren Bedingungen genügen, die dann in pre_{cons} beschrieben werden. Pre_{cons} kann man somit als Menge ex, expliziter Konsistenzbedingungen auffassen, die auf bereits existierenden lokalen Datenbasen aufrechterhalten werden, oder die – wenn eine lokale Datenbasis noch nicht existiert – als Ergebnis des Datenbankentwurfs Umweltgesetze beschreiben, die nicht strukturell im Schema erfaßt werden (können). Nur wenn alle Vorbedingungen erfüllt sind, kann das betreffende Integrationsprimitiv zur Anwendung kommen.

$$post = \{post_S, post_D, post_{cons}\}$$

ist eine Menge von Nachbedingungen, die nach Anwendung des Integrationsprimitivs erfüllt sind. Die Menge $post_S$ enthält dabei Bedingungen, die die Transformation der lokalen Teilschemata in das integrierte Teilschema beschreiben und damit die Semantik der Funktion I_S spezifizieren. $Post_D$ beschreibt analog die Wirkung von I_D, spezifiziert also die Integration auf Exemplarebene. I_D hinterläßt immer einen zum integrierten Schema konsistenten Datenbasiszustand. Wo dieser zusätzlichen Bedingungen genügen muß, die sich nicht implizit im Schema erfassen lassen, werden diese als explizite Konsistenzbedingungen in $post_{cons}$ beschrieben (s.u.).

$$rec = \{rec_S, rec_D\}$$

ist eine Menge von Transformationen, die die Rekonstruktion der lokalen Konzepte aus der integrierten Darstellung erlaubt, und zwar sowohl auf Typ- (rec_S) wie auf Exemplarebene (rec_D).

Ein Integrationsprimitiv generiert somit neben einem integrierten Schema und einer integrierten Datenbasis u.U. auch explizite Konsistenzbedingungen, die in einer beliebigen integrierten Datenbasis aufrechtzuerhalten sind.[24] In der Regel werden durch ein Integrationsprimitiv zwei Konzepte zu einem verschmolzen. In bestimmten Fällen ist aber keine (vollständige) Beseitigung der Redundanz möglich (vgl. z.B. die Primitive (B-III) und (B-IV)). In diesem Fall muß im integrierten Schema der Zusammenhang zwischen den beiden (nicht verschmolzenen!) Konzepten durch eine Konsistenzbedingung sichergestellt werden. Der Aufwand, der entsteht, um diese Konsistenzbedingung zu erfüllen, ist somit der Preis, der für die Nichtbeseitigung der Redundanz anfällt.

Für die Rekonstruktion der lokalen Schemata nach einer Integration, die eine Folge von Integrationsprimitiven ähnlicher Konzepte sowie identischer Übernahme der unabhängigen Konzepte ist, bedeutet dies folgendes:

- Für unabhängige Konzepte ist die Rekonstruktion trivial, da sie identisch im integrierten Schema auftreten. Dies gilt in gleicher Weise für deren Extensionen.

- Alle anderen Konzepte eines lokalen Schemas sowie deren Extensionen werden durch Anwendung der Rekonstruktionsprimitive *rec* der zur Anwendung gekommenen Integrationsprimitive *IP* rekonstruiert. Die so für die beiden integrierten Schemata definierte Funktion *reconstruct* hat dann die in der Definition 6.1 geforderten Eigenschaften, wenn für jedes Integrationsprimitiv *IP* die Komponente *rec* Intension und Extension der lokalen Konzepte liefert.

---

[24]Wir gehen dabei davon aus, daß im Rahmen des Datenbankentwurfs sämtliche Umweltgesetze, die sich nicht strukturell im Schema ausdrücken lassen, als explizite Konsistenzbedingungen formuliert und auf der späteren Datenbasis aufrechterhalten werden.

Unter der Annahme, daß die in den folgenden Abschnitten vorgestellten Integrationsprimitive
diese Eigenschaft unabhängig von den zu integrierenden lokalen Schemata haben (was prinzipiell
für jedes Primitiv gesondert zu zeigen ist), erhält man durch Anwendung der Integrationsprimitive stets eine Integration im Sinne der Definition 6.1.

1.	**Integration zweier Objekttypen** a **und** b	
	1.1　Identität	(O-I)
	1.2　Enthaltensein	(O-II)
	1.3　Leerer Durchschnitt	(O-III)
	1.4　Beliebige Überlappung	(O-IV)
2.	**Integration zweier Beziehungstypen** a **und** b	
	2.1　a und b allgemeine Beziehungstypen	
	2.1.1　Gleiche Rollen	(B-I)
	2.1.2　Unterschiedliche Rollen	(B-II)
	2.2　a allgemeiner und b hierarchischer Beziehungstyp	
	2.2.1　Gleiche Stelligkeit	(B-III)
	2.2.2　Unterschiedliche Stelligkeit	(B-IV)
	2.3　a allgemeiner und b Versionsbeziehungstyp	(B-V)
	2.4　a hierarchischer und b Versionsbeziehungstyp	(B-VI)
	2.5　a und b hierarchische Beziehungstypen	–
	2.6　a und b Versionsbeziehungstypen	–

Abbildung 6.6: Integration zweier Typen a und b

I.a. werden im Verlaufe eines Integrationsprozesses die beteiligten Schemata durch Transformationen verändert, etwa, um Konflikte aufzulösen oder als fehlerhaft erkannte Modellierungen
zu korrigieren. Diese Transformationen können semantikerhaltend sein (vgl. entsprechenden
Abschnitt), oder den Informationsgehalt eines Schemas verändern (z.B. im Falle der Fehlerbehebung). Die oben geschilderte Art der Rekonstruktion ermöglicht nun lediglich die Rückge-
winnung der als Ergebnis der Transformationen vorliegenden Schemata und nicht der Originale.
Dies erscheint aber in jedem Falle ausreichend, da bei semantikerhaltenden Transformationen
der Anwender zwar nicht das Originalschema erhält, aber immerhin ein hierzu äquivalentes,
und notwendige semantikverändernde Transformationen schon aus Anwendersicht ohnehin nicht
sinnvoll umgekehrt werden können. Um den Zusammenhang zwischen Konzepten der lokalen
Schemata und den durch Integration daraus gewonnenen Konzepten des integrierten Schemas
herzustellen, werden folgende Schreibweisen vereinbart:

- Soweit zur Unterscheidung notwendig, werden erstere mit dem Schemanamen indiziert,
  und zwar auf Typ- und Exemplarebene (z.B. $a_A, x_A \in \underline{a}_A$).

- Analog werden Konzepte des integrierten Schemas durch $'$ qualifiziert ($a', x' \in \underline{a}'$).

- Für Objekt- und Beziehungstypen gilt häufig, daß die Extension eines lokalen Typs gleich der Extension des durch Integration daraus gewonnenen Typs ist, im Sinne der mathematischen Gleichheit von Mengen (also etwa $\underline{a}_A = \underline{a}'$). Das heißt, daß in beiden Extensionen dieselben abstrakten Objekte oder Beziehungen enthalten sind, obwohl für diese natürlich in der lokalen und der integrierten Sicht i.a. unterschiedliche intensionale Eigenschaften (Attribute, Komponententypen, Rollen, ...) definiert sind. In diesem Fall werden ein Exemplar der lokalen Sicht und das gleiche Exemplar in der integrierten Sicht stets mit demselben Bezeichner belegt (im Beispiel: $a_A, a', \underline{a}_A = \underline{a}', x_A \in \underline{a}_A, x' \in \underline{a}', x_A = x'$).

Tabelle 6.6 klassifiziert vollständig die verschiedenen Situationen, die prinzipiell bei der Integration zweier Objekt- oder Beziehungstypen a und b auftreten können, und ordnet diesen Situationen das jeweils anzuwendende Integrationsprimitiv zu.

6.3.2.1 Integrationsprimitive für Objekttypen

Im Rahmen der Integration von Objekttypen wird nur die Integration der deskriptiven und der strukturellen Eigenschaften der beiden Typen behandelt. Die Integration gemeinsamer Rollen erfolgt im Rahmen der Integration von Beziehungstypen. Abbildung 6.7 stellt die Ausgangssituation für die Integrationsprimitive (O-I) bis (O-IV) dar. Die Objekttypen a_A und b_B haben die Attribute $a_1, \ldots, a_i$ und die Komponententypen (Objekt- oder Beziehungstypen) $A_1, \ldots, A_l$ gemeinsam und darüber hinaus noch eigene Attribute und Komponententypen. In Abhängigkeit von der Integrationssituation finden die Primitive entsprechend Abbildung 6.8 Anwendung.

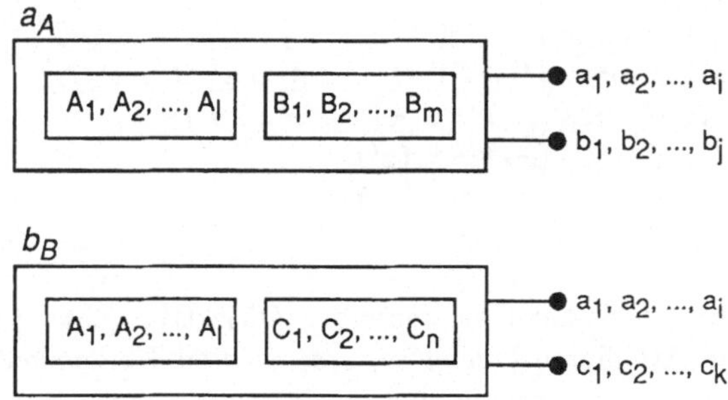

Abbildung 6.7: Gemeinsame Attribute und Komponententypen zweier Objekttypen

O-I – Identität

pre_S:
$$a \in OT_A, b \in OT_B$$
$$desc_A(a)\,|_1 = \{a_{1,A}, a_{2,A}, \ldots, a_{i,A}, b_{1,A}, \ldots, b_{j,A}\}$$
$$struct_A(a) = \{(A_1, maxc_{1,A}), \ldots, (A_l, maxc_{l,A}),$$
$$(B_1, maxc_{l+1,A}), \ldots, (B_m, maxc_{l+m,A})\}$$
$$desc_B(b)\,|_1 = \{a_{1,B}, a_{2,B}, \ldots, a_{i,B}, c_{1,B}, \ldots, c_{k,B}\}$$
$$struct_B(b) = \{(A_1, maxc_{1,B}), \ldots, (A_l, maxc_{l,B}),$$
$$(C_1, maxc_{l+1,B}), \ldots, (C_n, maxc_{l+n,B})\}$$
$$\forall\, r \in \{1, \ldots, l\} : maxc_{r,A} = maxc_{r,B}$$

pre_{cons}:   –

pre_{sem}: $equal\,(a_A, b_B)$
$\forall\, r \in \{1, \ldots, i\} : equal\,(a_{r,A}, a_{r,B})$
$\forall\, r \in \{1, \ldots, l\} : equal\,(A_{r,A}, A_{r,B})$

$post_S$: $a' \in OT$
$desc\,(a') = desc_A\,(a) \cup desc_B(b)$
$struct\,(a') = struct_A\,(a) \cup struct_B(b)$

$post_D$: $\underline{a}' = \underline{a}_A = \underline{b}_B$
$\forall\, x' \in \underline{a}' :$
$\qquad comp\,(x') = comp_A\,(x_A) \cup comp_B\,(x_B)$
$\qquad \forall\, r \in \{1, \ldots, i\} : a_r(x') = a_{r,A}\,(x_A) = a_{r,B}\,(x_B)$
$\qquad \forall\, r \in \{1, \ldots, j\} : b_r\,(x') = b_{r,A}\,(x_A)$
$\qquad \forall\, r \in \{1, \ldots, k\} : c_r\,(x') = c_{r,B}\,(x_B)$

$post_{cons}$:   –

rec_S: $desc_A\,(a) = desc\,(a')\,|_{1,\ldots,i,i+1,\ldots,i+j}$
$desc_B\,(b) = desc\,(a')\,|_{1,\ldots,i,i+j+1,\ldots,i+j+k}$
$struct_A\,(a) = struct\,(a')\,|_{1,\ldots,l,l+1,\ldots,l+m}$
$struct_B\,(b) = struct\,(a')\,|_{1,\ldots,l,l+m+1,\ldots,l+m+n}$

rec_D: $\underline{a}_A = \underline{b}_B = \underline{a}'$
$\forall\, x \in \underline{a}_A = \underline{b}_B :$
$\qquad comp_A\,(x_A) = comp\,(x') \cap (\underline{A}'_1 \cup \ldots \cup \underline{A}'_l \cup \underline{B}'_1 \cup \ldots \cup \underline{B}'_m)$
$\qquad comp_B\,(x_B) = comp\,(x') \cap (\underline{A}'_1 \cup \ldots \cup \underline{A}'_l \cup \underline{C}'_1 \cup \ldots \cup \underline{C}'_n)$
$\qquad \forall\, r \in \{1, \ldots, i\} : a_{r,A}\,(x_A) = a_{r,B}\,(x_B) = a_r\,(x')$
$\qquad \forall\, r \in \{1, \ldots, j\} : b_{r,A}\,(x_A) = b_r\,(x')$
$\qquad \forall\, r \in \{1, \ldots, k\} : c_{r,B}\,(x_B) = c_r(x')$

Kommentar:

Die Typen a und b beschreiben denselben Objekttyp $(equal\,(a_A, b_B))$. Sie naben eine Menge von Attributen ($equal\,(a_{r,A}, a_{r,B})$) und Komponententypen gemeinsam $(equal\,(A_{r,A}\,A_{r,B}))$. Man beachte, daß für die gemeinsamen Komponententypen auch die Kardinalitäten übereinstimmen müssen $(maxc_{r,A} = maxc_{r,B})$. Der Typ a' übernimmt Attribute und Komponententypen von a_A und b_B. Jedes Exemplar von a' erhält die Attributwerte, die es als Exemplar von a_A und von b_B hat, entsprechendes gilt für die Komponenten. Die Rekonstruktion von a_A und b_B erfolgt durch Projektion von a' auf die entsprechenden Attribute/Komponententypen. Analog erfolgt die Rekonstruktion der Objektmengen, indem für jedes Exemplar von a_A bzw. b_B nur diejenigen Attribute und nur die Komponenten derjenigen Typen übernommen werden, die in der lokalen Sicht definiert sind.

Da im weiteren die Vorbedingungen pre_S gleich sind, werden sie nicht mehr explizit angegeben ebenso wie Mengen, die (wie eben pre_{cons} und $post_{cons}$) leer sind. Die Abbildung der Typen der lokalen Schemata auf die Typen des globalen Schemas ist aus Abbildung 6.8 ersichtlich, so daß i.a. nurmehr $pre_{cons}, pre_{sem}, post_{cons}, rec_D$ und rec_S aufgeführt werden.

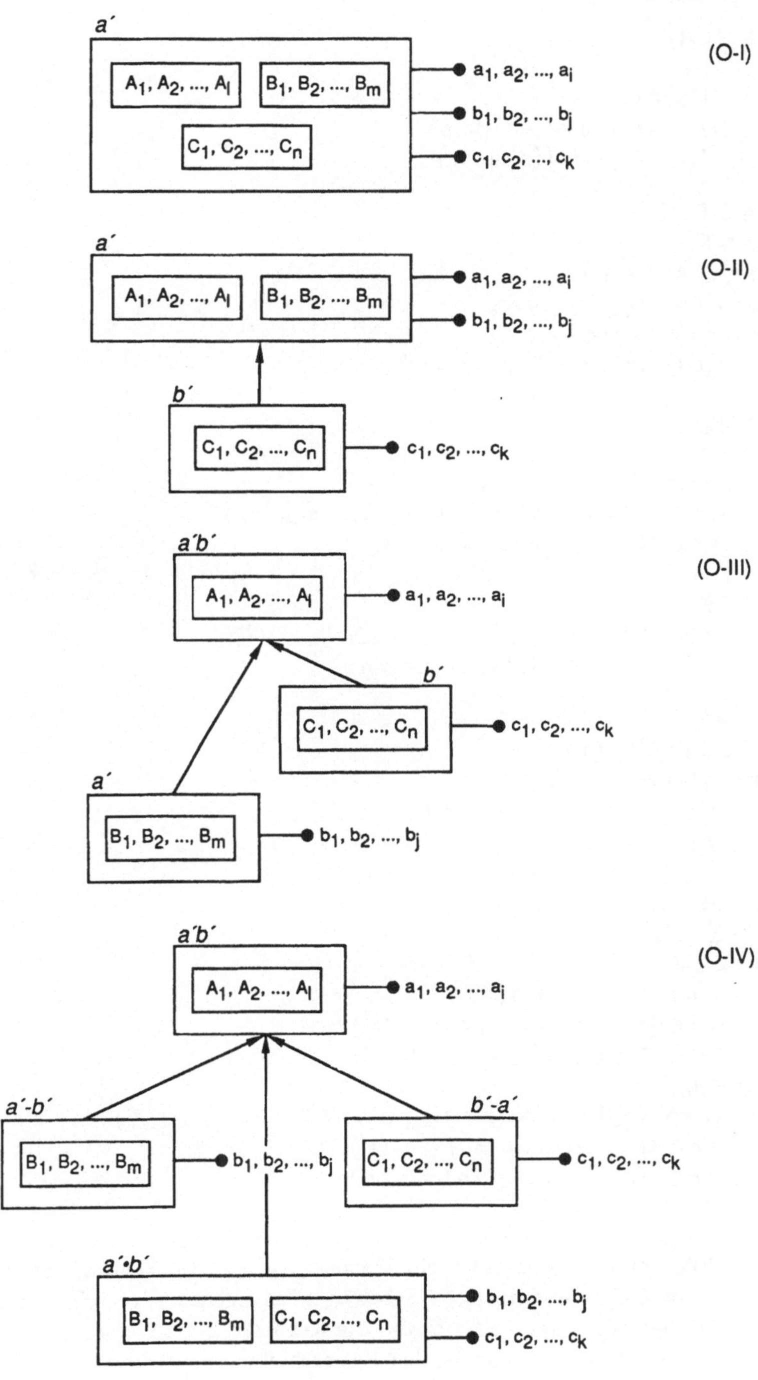

Abbildung 6.8: Integration zweier Objekttypen *a* und *b*

O-II – Enthaltensein

pre_S: siehe (O-I)

pre_{sem}: $subset\,(b_B, a_A)$
            $\forall\, r \in \{1, \ldots, i\} : equal\,(a_{r,A}, a_{r,B})$
            $\forall\, r \in \{1, \ldots, l\} : equal\,(A_{r,A}, A_{r,B})$

$post_S$: $a' \in OT$
            $b' \in OT$
            $desc\,(a') = desc_A\,(a)$
            $desc\,(b') = desc_B\,(b) \setminus desc_A\,(a)$
            $struct\,(a') = struct_A\,(a)$
            $struct\,(b') = struct_B(b) \setminus struct_A\,(a)$

$post_D$: $\underline{a}' = \underline{a}_A$
            $\forall\, x' \in \underline{a}'$:
                  $comp\,(x') = comp_A\,(x_A)$
                  $\forall\, r \in \{1, \ldots, i\} : a_r\,(x') = a_{r,A}\,(x_A) = a_{r,B}\,(x_B)$
                  $\forall\, r \in \{1, \ldots, j\} : b_r\,(x') = b_{r,A}\,(x_A)$
            $\underline{b}' = \underline{b}_B$
            $\forall\, x' \in \underline{b}'$:
                  $comp\,(x') = comp_B\,(x_B) \cap (\underline{C}_1 \cup \underline{C}_2 \cup \ldots \cup \underline{C}_n)$
                  $\forall\, r \in \{1, \ldots, k\} : c_r\,(x') = c_{r,B}\,(x_B)$

rec_S: $a_A = a'$
            $desc_A\,(a) = desc\,(a')$
            $struct_A\,(a) = struct\,(a')$
            $desc_B\,(b) = desc\,(a')\,|_{1,\ldots,i} \cup desc\,(b')$
            $struct_B\,(b) = struct\,(a')\,|_{1,\ldots,l} \cup struct\,(b')$

rec_D: $\underline{a}_A = \underline{a}'$
            $\underline{b}_B = \underline{b}'$
            $\forall\, x_A \in \underline{a}_A$:
                  $comp_A\,(x_A) = comp\,(x')$
                  $\forall\, r \in \{1, \ldots, i\} : a_{r,A}\,(x_A) = a_r\,(x')$
                  $\forall\, r \in \{1, \ldots, j\} : b_{r,A}\,(x_A) = b_r\,(x')$
            $\forall\, x_B \in \underline{b}_B$:
                  $comp_B\,(x_B) = comp\,(x') \cap (\underline{A}'_1 \cup \ldots \cup \underline{A}'_l \cup \underline{C}'_1 \cup \ldots \cup \underline{C}'_n)$
                  $\forall\, r \in \{1, \ldots, i\} : a_{r,B}\,(x_B) = a_r\,(x')$
                  $\forall\, r \in \{1, \ldots, k\} : c_{r,B}\,(x_B) = c_r\,(x')$

Kommentar:

Jedes Element von $\underline{b}_B$ ist auch ein Element von $\underline{a}_A$. Der Typ a_A ist eine Generalisierung von b_B ($subset\,(a_A, b_B)$); b' behält seine eigenen Eigenschaften und tritt die gemeinsamen Eigenschaften an a' ab. Die Rekonstruktion von a_A ist trivial. Zur Rekonstruktion von b_B kommen zu den Eigenschaften von b' die ererbten Eigenschaften von a' hinzu, und zwar sowohl auf Typ- wie auch auf Exemplarebene.

O-III – Leerer Durchschnitt

pre_{sem}: $disjoint\,(a_A, b_B)$
$\forall\, r \in \{1, \ldots, i\} : equal\,(a_{r,A}, a_{r,B})$
$\forall\, r \in \{1, \ldots, l\} : equal\,(A_{r,A}, A_{r,B})$

rec_S: $desc_A\,(a) = desc\,(a'b') \cup desc\,(a')$
$struct_A\,(a) = struct\,(a'b') \cup struct\,(a')$
$desc_B\,(b) = desc\,(a'b') \cup desc\,(b')$
$struct_B\,(b) = struct\,(a'b') \cup struct\,(b')$

rec_D: $\underline{a}_A = \underline{a}'$
$\underline{b}_B = \underline{b}'$
$\forall\, x_A \in \underline{a}_A :$
$\qquad comp_A\,(x_A) = comp\,(x')$
$\qquad \forall\, r \in \{1, \ldots, i\} : a_{r,A}\,(x_A) = a_r\,(x')$
$\qquad \forall\, r \in \{1, \ldots, j\} : b_{r,A}\,(x_A) = b_r\,(x')$
$\forall\, x_B \in \underline{b}_B :$
$\qquad comp_B\,(x_B) = comp\,(x')$
$\qquad \forall\, r \in \{1, \ldots, i\} : a_{r,B}\,(x_B) = a_r\,(x')$
$\qquad \forall\, r \in \{1, \ldots, k\} : c_{r,B}\,(x_B) = c_r\,(x')$

Kommentar:

Die Typen $\underline{a}_A$ und $\underline{b}_B$ haben zwar keine gemeinsamen Elemente, das Vorhandensein gemeinsamer Eigenschaften rechtfertigt aber die Einführung eines neuen Typs $a'b'$, der Generalisierung von a' und von b' ist und deren gemeinsame Eigenschaften übernimmt. Die restlichen Eigenschaften verbleiben bei a' bzw. b'. Zur Rekonstruktion von a_A und b_B treten zu den eigenen Eigenschaften von a' bzw. b' noch die von $a'b'$ ererbten Eigenschaften hinzu, und zwar auf Typ- und Exemplarebene und für Attribute und Komponenten.

O-IV – Beliebige Überlappung

pre_{sem}: $arbitrary\,(a_A, b_B)$
$\forall\, r \in \{1, \ldots, i\} : equal\,(a_{r,A}, a_{r,B})$
$\forall\, r \in \{1, \ldots, l\} : equal\,(A_{r,A}, A_{r,B})$

rec_S: $desc_A\,(a) = desc\,(a'b') \cup desc\,(a'-b')$
$struct_A\,(a) = struct\,(a'b') \cup struct\,(a'-b')$
$desc_B\,(b) = desc\,(a'b') \cup desc\,(b'-a')$
$struct_B\,(b) = struct\,(a'b') \cup struct\,(b'-a')$

rec_D: $\underline{a}_A = \underline{a'-b'} \cup \underline{a' * b'}$
$\underline{b}_B = \underline{b'-a'} \cup \underline{a' * b'}$
$\forall\, x_A \in \underline{a}_A :$
$\qquad comp_A\,(x_A) = comp\,(x')$
$\qquad \forall\, r \in \{1, \ldots, i\} : a_{r,A}\,(x_A) = a_r\,(x')$
$\qquad \forall\, r \in \{1, \ldots, j\} : b_{r,A}\,(x_A) = b_r\,(x')$
$\forall\, x_B \in \underline{b}_B :$
$\qquad comp_B\,(x_B) = comp\,(x')$
$\qquad \forall\, r \in \{1, \ldots, i\} : a_{r,B}\,(x_B) = a_r\,(x')$
$\qquad \forall\, r \in \{1, \ldots, k\} : c_{r,B}\,(x_B) = c_r\,(x')$

Kommentar:

Die Typen a und b stellen verschiedene Sichten eines Objekttyps dar, es existiert also eine gemeinsame Generalisierung $a'b'$, die die gemeinsamen Eigenschaften übernimmt. Durch mengenmäßige Differenz- und Durchschnittbildung werden drei Spezialisierungstypen $(a'-b', b'-a', a'*b')$ gebildet, denen Eigenschaften entsprechend Abbildung 6.8 zugeordnet werden. Zur Rekonstruktion von a_A und b_B treten zu den eigenen Eigenschaften von $a'-b', b'-a'$ und $a'*b'$ noch die von $a'b'$ ererbten gemeinsamen Eigenschaften hinzu, und zwar auf Typ- und Exemplarebene und für Attribute und Komponenten.

6.3.2.2 Integrationsprimitive für Beziehungstypen

Wie aus der Übersicht in Abbildung 6.6 hervorgeht, können bei der Integration von Beziehungstypen grundsätzlich folgende Situationen auftreten:

1. Integration zweier allgemeiner Beziehungstypen

2. Integration eines allgemeinen und eines hierarchischen Beziehungstyps

3. Integration eines allgemeinen und eines Versionsbeziehungstyps

4. Integration eines hierarchischen und eines Versionsbeziehungstyps

5. Integration zweier hierarchischer Beziehungstypen

6. Integration zweier Versionsbeziehungstypen

Die Vielzahl verschiedener Fälle entsteht durch die Betrachtung *expliziter* und *impliziter* Beziehungstypen. Explizite Beziehungstypen sind die allgemeinen Beziehungstypen, sie treten explizit im Schema auf. Demgegenüber treten implizite Beziehungstypen nicht als eigenständige Typen im Schema auf, sondern nur in Verbindung mit strukturierten Objekten (*hierarchische Beziehung* zwischen einem strukturierten Objekt und seinen Komponenten) oder mit Versionen (*Versionsbeziehung* zwischen dem generischen Objekt und seinen Versionen). Um explizite und implizite Beziehungstypen miteinander vergleichen zu können, werden folgenden Notationen für die impliziten Konzepte vereinbart:

- $(x\ COMP\ y)$ für einen hierarchischen Beziehungstyp mit x als strukturiertem Objekttyp und y als Komponententyp

- $(x\ VERSION\ y)$ für einen Versionsbeziehungstyp mit x als generischem Objekttyp und y als Versionstyp

Der Vergleich zwischen verschiedenartigen Typen von Beziehungen spiegelt die durch anwendungsbezogene Konzepte wie strukturierte Objekte und Versionen – gemessen an klassischen semantischen Datenmodellen – größere Komplexität des EODMs und die damit einhergehende größere Vielfalt an Möglichkeiten zur Modellierung eines Sachverhalts wider. Die Integration zweier hierarchischer Beziehungstypen (5.) wurde im letzten Abschnitt im Rahmen der Integration struktureller Eigenschaften von Objekttypen behandelt (O-I). Zwei Versionsbeziehungstypen (6.) werden dadurch integriert, daß die beiden generischen Objekttypen sowie die beiden Versionstypen verschmolzen werden (für beide Fälle muß jeweils $equal_{obj}$ gelten), so daß hier nurmehr die ersten vier Alternativen betrachtet werden. Im Rahmen der Integration von Beziehungstypen wird die Integration der deskriptiven Eigenschaften der beiden Typen sowie ihrer Rollen behandelt. Dabei werden auch die Kardinalitäten dieser Rollen vereinheitlicht. Sind diese Kardinalitäten ungleich, so müssen sie vor der Integration der entsprechenden Rollen angepaßt werden. Dabei wird die allgemeinere der beiden Kardinalitäten übernommen, d.h.

$$minc' := min\{minc_A, minc_B\}$$

$$maxc' := max\{maxc_A, maxc_B\}$$

Diese Operation ist wohl informations- nicht aber semantikerhaltend (vgl. Abschnitt 6.3.3), sie ist allerdings erforderlich, um den zwischen den beiden Schemata bestehenden Konflikt aufzulösen.

Abbildung 6.9 stellt die Ausgangssituation für die Integration allgemeiner Beziehungstypen im Falle gleicher Rollen (B-I) graphisch dar: Die Beziehungstypen a_A und b_B haben die Attribute $a_1, \ldots, a_i$ und alle Rollen $role_r (1 \leq r \leq l)$ gemeinsam und darüber hinaus noch jeweils eigene Attribute.

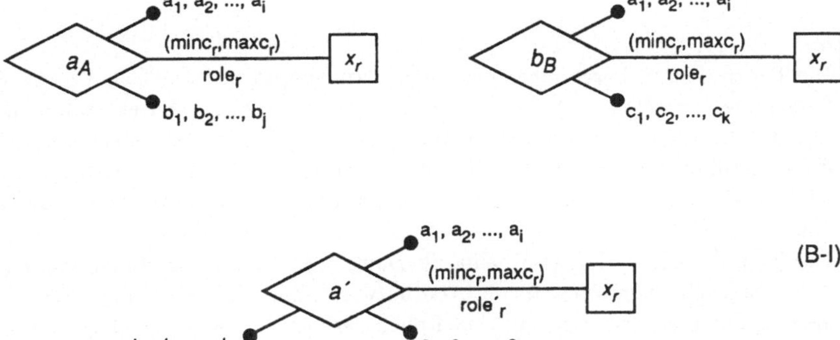

Abbildung 6.9: Gleiche Rollen zweier allgemeiner Beziehungstypen – (B-I)

B-I – Gleiche Rollen

pre_S: $desc_A(a_A)|_1 = \{a_{1,A}, a_{2,A}, \ldots, a_{i,A}, b_{1,A}, \ldots, b_{j,A}\}$
            $desc_B(b_B)|_1 = \{a_{1,B}, a_{2,B}, \ldots, a_{i,B}, c_{1,B}, \ldots, c_{k,B}\}$
            $roles_A(a_A) = \{(role_{r,A}, minc_{r,A}, maxc_{r,A}) \mid 1 \leq r \leq l\}$
            $roles_B(b_B) = \{(role_{r,B}, minc_{r,B}, maxc_{r,B}) \mid 1 \leq r \leq l\}$
            $\forall r \in \{1, \ldots, l\} : (minc_{r,A}, maxc_{r,A}) = (minc_{r,B}, maxc_{r,B})$

pre_{sem}: $equal(a_A, b_B)$
            $\forall r \in \{1, \ldots, i\} : equal(a_{r,A}, a_{r,B})$
            $\forall r \in \{1, \ldots, l\} : equal(role_{r,A}, role_{r,B})$

$post_S$: $a' \in RT$
            $roles(a') = roles_A(a_A) = roles_B(b_B)$
            $desc(a') = desc_A(a_A) \cup desc_B(b_B)$

$post_D$: $\underline{a}' = \underline{a}_A = \underline{b}_B$
$\forall \, rel' \in \underline{a}'$:
$\quad\quad \forall \, r \in \{1,\dots,i\} : a_r\,(rel') = a_{r,A}\,(rel_A) = a_{r,B}\,(rel_B)$
$\quad\quad \forall \, r \in \{1,\dots,j\} : b_r\,(rel') = b_{r,A}\,(rel_A)$
$\quad\quad \forall \, r \in \{1,\dots,k\} : c_r\,(rel') = c_{r,B}(rel_B)$
$\quad\quad \forall \, r \in \{1,\dots,l\} : role_r\,(rel') = role_{r,A}\,(rel_A) = role_{r,B}\,(rel_B)$

rec_S: $desc_A\,(a_A) = desc\,(a')\,|_{1,\dots,i,i+1,\dots,i+j}$
$desc_B\,(b_B) = desc\,(a')\,|_{1,\dots,i,i+j+1,\dots,i+j+k}$
$roles_A\,(a_A) = roles\,(a')$
$roles_B\,(b_B) = roles\,(a')$

rec_D: $\underline{a}_A = \underline{b}_B = \underline{a}'$
$\forall \, rel \in \underline{a}_A = \underline{b}_B$:
$\quad\quad \forall \, r \in \{1,\dots,i\} : a_{r,A}\,(rel_A) = a_{r,B}\,(rel_B) = a_r\,(rel')$
$\quad\quad \forall \, r \in \{1,\dots,j\} : b_{r,A}\,(rel_A) = b_r\,(rel')$
$\quad\quad \forall \, r \in \{1,\dots,k\} : c_{r,B}\,(rel_B) = c_r\,(rel')$
$\quad\quad \forall \, r \in \{1,\dots,l\} : role_{r,A}\,(rel_A) = role_{r,B}\,(rel_B) = role'_r\,(rel')$

Kommentar:

Die Typen a und b beschreiben denselben Beziehungstyp, a und b sind (Inter-Schema-) Synonyme ($equal\,(a_A, b_B)$). Sie haben eine Menge von Attributen ($equal\,(a_{r,A}, a_{r,B})$) und alle Rollen gemeinsam ($equal\,(role_{r,A}, role_{r,B})$). Für die Rollen müssen auch die Kardinalitäten übereinstimmen (($minc_{r,A}, maxc_{r,A}) = (minc_{r,B}, maxc_{r,B})$). Diesbezügliche Konflikte müssen vorher durch entsprechende Transformationen beseitigt werden.

Der Typ a' im integrierten Schema übernimmt Attribute und Rollen von a_A und b_B. Jedes Exemplar von a' erhält die Attributwerte, die es als Exemplar von a_A und von b_B hat, entsprechend wird mit den Rollen verfahren. Die Rekonstruktion der Typen a_A und b_B erfolgt durch Projektion von a' auf die entsprechenden Attribute. Analog erfolgt die Rekonstruktion der Beziehungsmengen, indem für jedes Exemplar von a_A bzw. b_B nur diejenigen Attribute übernommen werden, die in der lokalen Sicht definiert sind. Die Rollen werden hierbei unverändert übernommen.

B-II – Unterschiedliche Rollen

pre_S: $desc_A\,(a_A)\,|_1 = \{a_{1,A}, a_{2,A}, \dots, a_{i,A}, b_{1,A}, \dots, b_{j,A}\}$
$desc_B\,(b_B)\,|_1 = \{a_{1,B}, a_{2,B}, \dots, a_{i,B}, c_{1,B}, \dots, c_{k,B}\}$
$roles_A\,(a_A) = \{(role_{x,r}, minc_{x,r}, maxc_{x,r}) \mid 1 \le r \le l\} \cup \{(role_{y,r}, minc_{y,r}, maxc_{y,r}) \mid 1 \le r \le m\}$
$roles_B\,(b_B) = \{(role_{x,r}, minc_{x,r}, maxc_{x,r}) \mid 1 \le r \le l\} \cup \{(role_{z,r}, minc_{z,r}, maxc_{z,r}) \mid 1 \le r \le n\}$
$\forall \, r \in \{1,\dots,l\} : (minc_{x,r,A}, maxc_{x,r,A}) = (minc_{x,r,B}, maxc_{x,r,B})$

pre_{sem}: $equal\,(a_A, b_B)$
$\forall \, r \in \{1,\dots,i\} : equal\,(a_{r,A}, a_{r,B})$
$\forall \, r \in \{1,\dots,l\} : equal\,(role_{x,r,A}, role_{x,r,B})$

rec_S: $desc_A\,(a_A) = desc\,(a')\,|_{1,\dots,i,i+1,\dots,i+j}$
$desc_B\,(b_B) = desc\,(a')\,|_{1,\dots,i,i+j+1,\dots,i+j+k}$

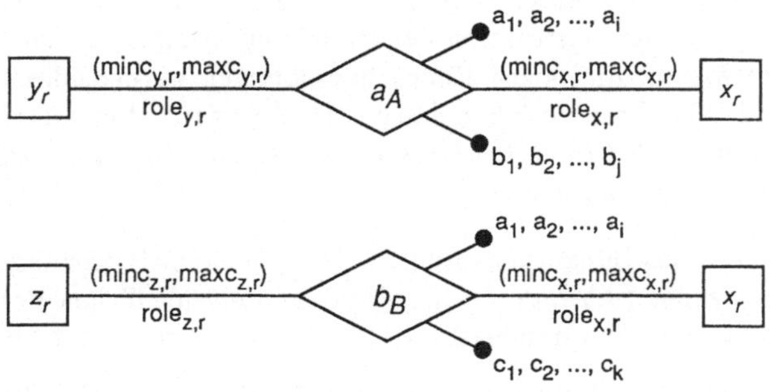

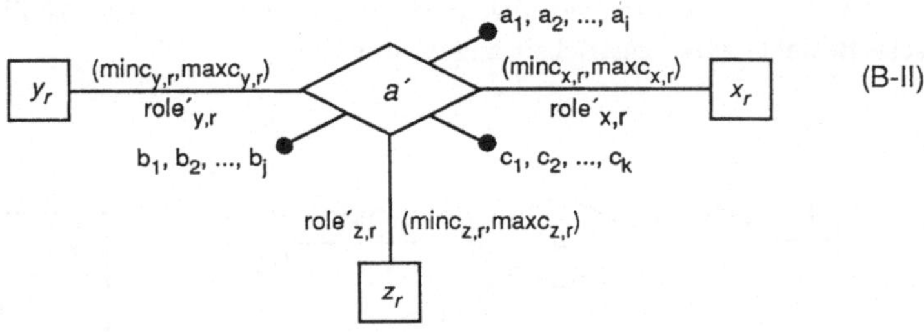

(B-II)

Abbildung 6.10: Unterschiedliche Rollen zweier allgemeiner Beziehungstypen – (B-II)

$$roles_A\,(a_A) = roles\,(a') \mid_{1,\dots,l,l+1,\dots,l+m}$$
$$roles_B\,(b_B) = roles\,(a') \mid_{1,\dots,l,l+m+1,\dots,l+m+n}$$

rec_D: $\underline{a}_A = \underline{b}_B = \underline{a}'$
$\forall\,rel \in \underline{a}_A = \underline{b}_B :$
$\qquad \forall\,r \in \{1,\dots,i\} : a_{r,A}\,(rel_A) = a_{r,B}\,(rel_B) = a_r\,(rel')$
$\qquad \forall\,r \in \{1,\dots,j\} : b_{r,A}\,(rel_A) = b_r\,(rel')$
$\qquad \forall\,r \in \{1,\dots,k\} : c_{r,B}\,(rel_B) = c_r\,(rel')$
$\qquad \forall\,r \in \{1,\dots,l\} : role_{x,r,A}\,(rel_A) = role_{x,r,B}\,(rel_B) = role'_{x,r}\,(rel')$
$\qquad \forall\,r \in \{1,\dots,m\} : role_{y,r,A}\,(rel_A) = role'_{y,r}\,(rel')$
$\qquad \forall\,r \in \{1,\dots,n\} : role_{z,r,B}\,(rel_B) = role'_{z,r}\,(rel')$

Kommentar:

Die Typen a und b beschreiben denselben Beziehungstyp, a und b sind (Inter-Schema-) Synonyme $(equal\,(a_A, b_B))$. Sie haben eine Menge von Attributen $(equal\,(a_{r,A}, a_{r,B}))$ und eine Menge von Rollen gemeinsam $(equal\,(role_{x,r,A}, role_{x,r,B}))$, besitzen darüber hinaus aber auch verschiedene Rollen $(role_{y,r,A}$ bzw. $role_{z,r,B})$, vgl. Abbildung 6.10. Man beachte, daß für die gemeinsamen Rollen auch die Kardinalitäten übereinstimmen müssen $((minc_{r,A}, maxc_{r,A}) = (minc_{r,B}, maxc_{r,B}))$. Diesbezügliche Konflikte müssen vorher durch entsprechende Transformationen beseitigt werden.

Der Typ a' im integrierten Schema übernimmt Attribute und Rollen von a_A und b_B. Jedes Exemplar von a' erhält die Attributwerte, die es als Exemplar von a_A und von b_B hat, entsprechend wird mit den Rollen verfahren. Die Rekonstruktion der Typen a_A

und b_B erfolgt durch Projektion von a' auf die entsprechenden Attribute und Rollen.
Analog erfolgt die Rekonstruktion der Beziehungsmengen, indem für jedes Exemplar
von a_A bzw. b_B nur diejenigen Rollen übernommen werden, die in der lokalen Sicht
definiert sind. Man beachte dabei, daß bei der Rekonstruktion aus einem höherstelligen
Beziehungstyp durch Projektion i.a. zwei geringerstellige Beziehungstypen entstehen,
z.B zwei zweistellige Beziehungstypen aus einem dreistelligen Typ.

Im Gegensatz zu (B-I) ist das Integrationsprimitiv (B-II) auch für Beziehungstypen unterschiedlicher Stelligkeit anzuwenden (d.h. $m_A \neq n_B$). Für die unterschiedlichen Rollen von a_A und b_B
müssen die Kardinalitäten nicht vereinheitlicht, d.h. können unverändert übernommen werden.

Bisher wurde die Integration allgemeiner Beziehungstypen betrachtet. Nunmehr wird davon
ausgegangen, daß ein Beziehungstyp als Objekt-Unterobjekt-Beziehung vorliegt, d.h. nicht explizit im Schema als Beziehungstyp auftritt. Ein entsprechende Situation für den Fall gleicher
Stelligkeit (B-III), d.h. zweistelliger allgemeiner Beziehung a_A, zeigt Abbildung 6.11, wo der
hierarchische Beziehungstyp gestrichelt angedeutet ist.

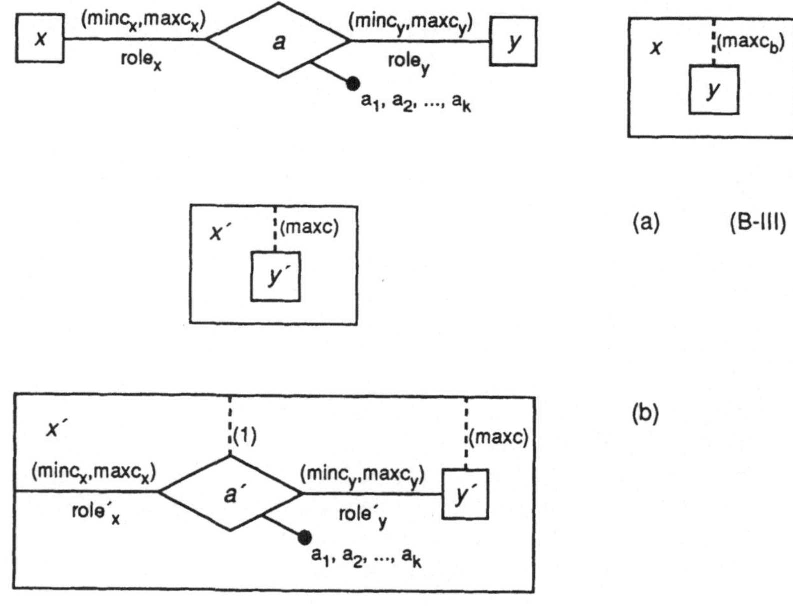

Abbildung 6.11: Allgemeiner und hierarchischer Beziehungstyp – (B-III)

B-III – Gleiche Stelligkeit

Die Beziehungstypen a und b haben dieselbe Semantik, d.h. a hat hierarchischen
Charakter. Dies wird durch das Faktenprädikat $equal_{RG-H}(a_A,(x\ COMP\ y)_B)$ ausgedrückt, daß die Ähnlichkeit zwischen einer allgemeinen (a_A) und einer hierarchischen
Beziehung $((x\ COMP\ y)_B)$ beschreibt (vgl. Abschnitt 6.3.3.4). In Abhängigkeit von
den Attributen von a und den Kardinalitäten von $role_{x,A}$ und $role_{y,A}$ ist entweder eine

redundanzfreie Verschmelzung beider Beziehungstypen möglich, oder es müssen beide in das integrierte Schema übernommen werden. Abbildung 6.11 zeigt beide Alternativen.

B-III.a

pre_S: $desc_A(a) = \emptyset$
$minc_{x,A} = minc_{y,A} = 0$
$maxc_{x,A} = *$
$maxc_{y,A} = maxc_{b,B} = maxc$

pre_{sem}: $equal_{RG-H}(a_A, (x\ COMP\ y)_B)$
$equal(x_A, x_B)$
$equal(y_A, y_B)$

rec_S: $roles_A(a) = \{(x', 0, *), (y', 0, maxc)\}$
$(x\ COMP\ y)_B = (x'\ COMP\ y')$

rec_D: $\dfrac{a_A = (x'\ COMP\ y')}{(x\ COMP\ y)_B = (x'\ COMP\ y')}$

Kommentar:

Voraussetzungen für (B-III.a) sind:

- a_A hat keine Attribute $(desc_A(a) = \emptyset)$

- $minc_{x,A} = minc_{y,A} = 0, maxc_{x,A} = *, maxc_{y,A} = maxc_{b,B}$,
  bzw. eine entsprechende Transformation der Kardinalitäten.

In diesem Fall ist a_A redundant, das integrierte Schema enthält nurmehr die hierarchische Beziehung. Zur Rekonstruktion wird a_A durch den hierarchischen Beziehungstyp $(x'\ COMP\ y')$ ersetzt.

B-III.b

pre_S: siehe Abbildung 6.11

pre_{sem}:   wie (B-III.a)

$post_{cons}$: $\forall\, u' \in x', v' \in y' : v' \in comp(u') \iff$
         $\exists\, rel' \in a', role'_x(rel') = u', role'_y(rel') = v' \wedge rel' \in comp(u')$

rec_S: $a_A = a'$
$roles_A(a) = roles(a')$
$desc_A(a) = desc(a')$
$(x\ COMP\ y)_A = (x'\ COMP\ y')$

rec_D: $\underline{a_A = \underline{a}'}$
$\forall\, rel \in \underline{a} :$
         $role_{x,A}(rel) = role'_x(rel')$
         $role_{y,A}(rel) = role'_y(rel')$
         $\forall\, r \in \{1, \dots, k\} : a_{r,A}(rel) = a'_r(rel')$
$(x\ COMP\ y)_B = (x'\ COMP\ y')$

Kommentar:

Sind die obigen Voraussetzungen von (B-III.a) nicht gegeben (a_A hat Attribute und/oder die Kardinalitäten sind nicht verträglich mit einer hierarchischen Beziehung), so ist keiner der beiden Beziehungstypen redundant – somit werden beide in das integrierte Schema übernommen. Durch eine explizite Konsistenzbedingung muß in $post_{cons}$ sichergestellt werden, daß die hierarchische Beziehung und die allgemeine Beziehung a' dieselben x'- und y'-Exemplare miteinander verbinden. Dies wird auf Schemaebene dadurch unterstützt, daß a' nunmehr Komponententyp von x' ist. Die explizite Konsistenzbedingung legt daher weiterhin fest, daß für alle Objekte des Typs y', die Komponenten eines gegebenen Objekts vom Typ x' sind, auch die entsprechenden a'-Beziehungen Komponenten dieses Objektes sind (d.h. daß ein Objekt vom Typ x' zusammen mit seinen Komponenten vom Typ y' auch die jeweiligen Beziehungen vom Typ a' enthält). Die Rekonstruktion ist auf Typ- wie auf Exemplarebene trivial, da beide Konzepte auch in der integrierten Darstellung auftreten.

B-IV – Unterschiedliche Stelligkeit

Die Ausgangssituation für diesen Fall wird in Abbildung 6.12 dargestellt. In (B-IV.a) wird angenommen, daß nur der Pfad $role_{x,A}$ – $role_{y,A}$ hierarchischen Charakter hat. Dies läßt sich aufgrund der Ähnlichkeitsanalyse ermitteln, das entsprechende Faktenprädikat heißt $equal_{R\,G-H}(a_A,(x\ COMP\ y)_B)$. Dieses Faktenprädikat liegt auch dem Primitiv (B-IV.b) zugrunde, wobei hier auch noch die Rollen $role_{z,r,A}(1 \leq r \leq n)$ von a_A Objekt-Unterobjekt Charakter haben. Dies ist allerdings nicht aufgrund der Ähnlichkeitsanalyse festzustellen, sondern stellt eine pragmatische Entscheidung des Integrators dar. Dabei hat er abzuwägen zwischen dem Vorteil, daß auch alle z'-Objekte Komponenten von strukturierten Objekten des Typs x' sind, und dem erhöhten Aufwand, der durch die komplexere Konsistenzbedingung $post_{cons}$ entsteht.

B-IV.a

pre_{sem}: $\quad equal_{R\,G-H}(a_A,(x\ COMP\ y)_B)$
$\quad\quad\quad\quad\ equal\,(x_A, x_B)$
$\quad\quad\quad\quad\ equal\,(y_A, y_B)$

$post_{cons}$: $\quad \forall\, u' \in x', v' \in y' : v' \in comp\,(u') \Longleftrightarrow$
$\quad\quad\quad\quad\quad\quad \exists\, rel' \in a', role'_x\,(rel') = u', role'_y\,(rel') = v' \wedge rel' \in comp\,(u')$

rec_S: $\quad a_A = a'$
$\quad\quad\quad\ roles_A\,(a) = roles\,(a')$
$\quad\quad\quad\ desc_A\,(a) = desc\,(a')$
$\quad\quad\quad\ (x\ COMP\ y)_B = (x'\ COMP\ y')$

rec_D: $\quad \underline{a}_A = \underline{a}'$
$\quad\quad\quad\ \forall\, rel \in \underline{a} :$
$\quad\quad\quad\quad\quad role_{x,A}\,(rel) = role'_x\,(rel')$
$\quad\quad\quad\quad\quad role_{y,A}\,(rel) = role'_y\,(rel')$
$\quad\quad\quad\quad\quad \forall\, r \in \{1,\ldots,n\} : role_{z,r,A}\,(rel) = role'_{z,r}\,(rel')$
$\quad\quad\quad\quad\quad \forall\, r \in \{1,\ldots,k\} : a_{r,A}\,(rel) = a'_r\,(rel')$
$\quad\quad\quad\ \underline{(x\ COMP\ y)}_B = \underline{(x'\ COMP\ y')}$

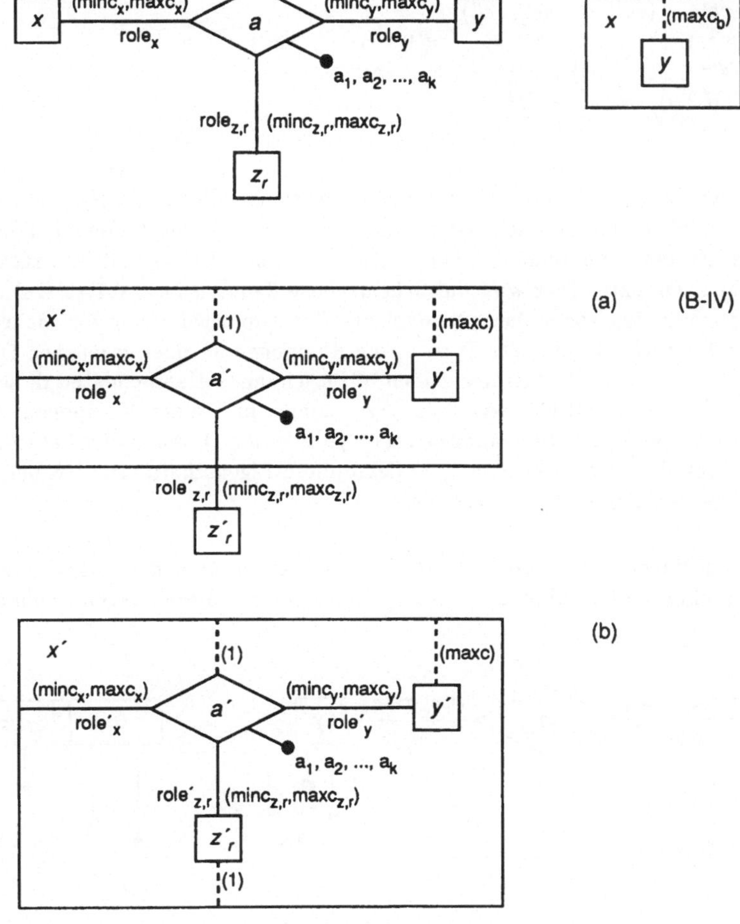

Abbildung 6.12: Allgemeiner und hierarchischer Beziehungstyp – (B-IV)

B-IV.b

pre_{sem}: wie (B-IV.a)

$post_{cons}$: $\forall\, u' \in x', v' \in y', r \in \{1, \ldots, n\} : v' \in comp(u') \Longleftrightarrow$
$\exists\, rel' \in a', w'_r \in z'_r : role'_x(rel') = u' \wedge role'_y(rel') = v' \wedge$
$role'_{z,r}(rel') = w'_r \wedge w'_r \in comp(u')$

rec_S: $a_A = a'$
$roles_A(a) = roles(a')$
$desc_A(a) = desc(a')$
$(x\ COMP\ y)_B = (x'\ COMP\ y')$

rec_D: $\underline{a}_A = \underline{a}'$
$\forall\, rel \in \underline{a} :$
$role_{x,A}(rel) = role'_x(rel')$

$$role_{y,A}\,(rel) = role'_{y}\,(rel')$$
$$\forall\, r \in \{1,\dots,n\} : role_{z,r,A}\,(rel) = role'_{z,r}\,(rel')$$
$$\forall\, r \in \{1,\dots,k\} : a_{r,A}\,(rel) = a'_{r}\,(rel')$$
$$\underline{(x\ COMP\ y)_{B}} = \underline{(x'\ COMP\ y')}$$

Kommentar:

In beiden Fällen muß durch eine explizite Konsistenzbedingung in $post_{cons}$ sichergestellt werden, daß die hierarchische Beziehung und die allgemeine Beziehung a' dieselben x'- und y'-Exemplare miteinander verbinden – im Falle (B-IV.b) gilt dies zusätzlich auch für die z'_r-Objekte. Dies wird auf Schemaebene dadurch unterstützt, daß a' nunmehr Komponententyp von x' ist. Die explizite Konsistenzbedingung legt daher weiterhin fest, daß für alle Objekte des Typs y', die Komponenten eines gegebenen Objekts vom Typ x' sind, auch die entsprechenden a'-Beziehungen Komponenten dieses Objektes sind (d.h. daß ein Objekt vom Typ x' zusammen mit seinen Komponenten vom Typ y' auch die jeweiligen Beziehungen vom Typ a' enthält). Auch hier haben in (B-IV.b) auch noch die entsprechenden z'_r-Objekte diese Eigenschaft. Die Rekonstruktion ist auf Typ- und Exemplarebene trivial.

Die beiden letzten Integrationsprimitive behandeln die Integration von Versionsbeziehungen mit allgemeinen Beziehungen (Abbildung 6.13) bzw. hierarchischen Beziehungen (Abbildung 6.14).

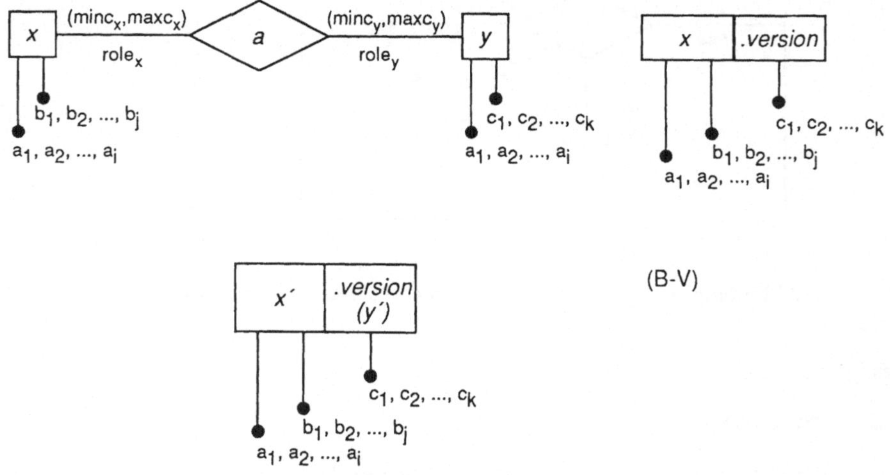

Abbildung 6.13: Integration von allgemeinem und Versionsbeziehungstyp – (B-V)

B-V – Allgemeiner und Versionsbeziehungstyp

$pre_S:$ $minc_{x,A} = 0$
$maxc_{x,A} = *$
$minc_{y,A} = maxc_{y,A} = 1$
$desc_A\,(a_A) = \emptyset$

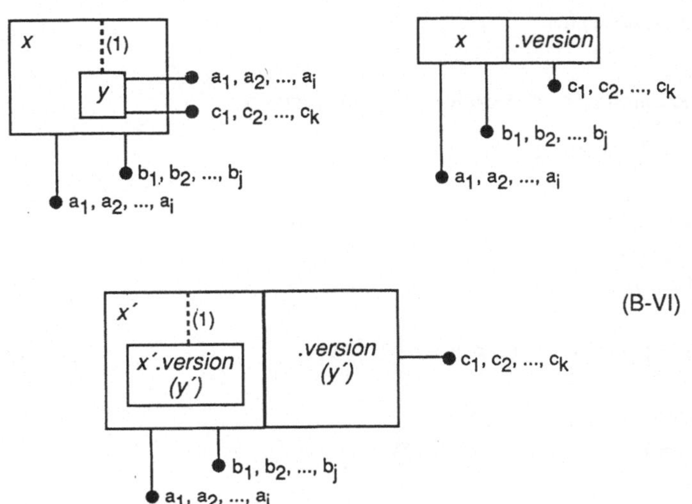

Abbildung 6.14: Integration von hierarchischem und Versionsbeziehungstyp – (B-VI)

pre_{sem}: $equal_{RG-V}(a_A, (x\ VERSION\ y)_B)$
$equal(x_A, x_B)$
$equal(y_A, y_B)$

rec_S: $a_A = (x'\ VERSION\ y')$
$(x\ VERSION\ y)_B = (x'\ VERSION\ y')$
$desc_A(x_A) = desc(x')$
$struct_A(x_A) = struct(x')$
$desc_A(y_A) = desc(x')\,|_{1,\dots,i} \cup desc(y')$
$struct_A(y_A) = struct(x')\,|_{1,\dots,l} \cup struct(y')$
$x_B = x'$
$y_B = y'$

rec_D: $\dfrac{a_A = (x'\ VERSION\ y')}{(x\ VERSION\ y)_B = (x'\ VERSION\ y')}$
$\forall\, w \in y_A :$
$\quad \forall\, r \in \{1,\dots,i\} : a_{r,A}(w) = a'_r(w')$
$\quad \forall\, r \in \{1,\dots,k\} : c_{r,A}(w) = c'_r(w')$

Kommentar:

Besitzt der Beziehungstyp a_A keine Attribute und gilt für die Kardinalitäten $minc_{x,A} = 0, maxc_{x,A} = *, minc_{y,A} = maxc_{y,A} = 1$, so sind der allgemeine Beziehungstyp a_A und der Versionsbeziehungstyp $(x\ VERSION\ y)_B$ identisch und damit integrierbar. Das entsprechende Faktenprädikat heißt $equal_{RG-V}(a_A, (x\ VERSION\ y)_B)$, vgl. Abschnitt 6.3.3.4. In das integrierte Schema wird nur der Versionsbeziehungstyp übernommen, aus dem der allgemeine Beziehungstyp durch Rekonstruktion gewonnen werden kann. Zur Rekonstruktion von y_A werden zu den Eigenschaften von y' die per Versionsbeziehung ererbten Eigenschaften von x' hinzugenommen, und zwar sowohl auf Typ- wie auf Exemplarebene.

B-VI – Hierarchischer und Versionsbeziehungstyp

pre_{cons}: $\forall\, v \in \underline{y}_A\ \exists\, u \in \underline{x}_A : v \in comp_A(u)$

pre_{sem}: $equal_{R\,G-V}\,(x\ COMP\ y)_A, (x\ VERSION\ y)_B$
          $equal\,(x_A, x_B)$
          $equal\,(y_A, y_B)$

$post_{cons}$: $\forall\, v \in \underline{x}' : comp(v) \cap \underline{y}' = gen\text{-}obj^{-1}(v)$

rec_S: $(x\ COMP\ y)_A = (x'\ COMP\ y')$
        $(x\ VERSION\ y)_B = (x'\ VERSION\ y')$
        $x_A = x'$
        $y_A = y'$
        $x_B = x'$
        $y_B = y'$

rec_D: $\dfrac{(x\ COMP\ y)_A = (x'\ COMP\ y')}{(x\ VERSION\ y)_B = (x'\ VERSION\ y')}$

Kommentar:

     Gilt für den hierarchischen Beziehungstyp $(x\ COMP\ y)_A$, daß jedes Objekt vom Typ y_A Komponente genau eines Objekts vom Typ x_A ist (pre_{cons}), so sind der hierarchische Beziehungstyp $(x\ COMP\ y)_A$ und der Versionsbeziehungstyp $(x\ VERSION\ y)_B$ integrierbar ($equal_{R\,G-V}\,((x\ COMP\ y)_A, (x\ VERSION\ y)_B)$, vgl. Abschnitt 6.3.3.4). Obwohl damit prinzipiell einer der beiden Typen redundant ist, werden beide in das integrierte Schema übernommen, damit sowohl die spezielle Objekt-Unterobjekt- wie auch die Versionssemantik ausgedrückt ist. Eine explizite Konsistenzbedingung stellt dann sicher, daß alle Komponenten vom Typ y' eines Objektes vom Typ x' auch Versionen dieses Objektes sind, und umgekehrt. Die Rekonstruktion ist trivial.

6.3.3   Transformation von EODM-Schemata

Im Rahmen dieser Arbeit werden Transformationen betrachtet, um Konflikte zwischen EODM-Schemata aufzulösen, d.h. eines oder beide zu integrierenden Schemata so zu verändern, daß hernach ein Integrationsprimitiv anwendbar ist. Darüber hinaus werden Schema-Transformationen im Datenbankentwurf auch zur Optimierung der Qualität eines Schemas [Raup84] oder zur Steigerung der Effizienz eingesetzt. Wesentliche Voraussetzung für die Anwendung einer Transformation ist dabei, daß sie den Informationsgehalt des Schemas nicht verändert, das transformierte Schema und das Original also (in noch zu definierendem Sinne) *äquivalent* sind. Im folgenden wird zunächst der Begriff der Äquivalenz von EODM-Schemata bzw. der *informationserhaltenden* Transformationen präzisiert, bevor auf die Transformationen im einzelnen und die damit aufzulösenden Konflikte eingegangen wird.

6.3.3.1 Informationserhaltende Transformationen

Allgemein gesprochen, soll die Eigenschaft zweier Schemata, äquivalent zu sein darin, darin bestehen, daß sie denselben Umweltausschnitt darstellen. Für einen Benutzer kann sich diese Eigenschaft nur dadurch äußern, daß er dieselbe Information gewinnen kann, unabhängig davon, ob er eine Anfrage gegen das eine oder eine (i.a. modifizierte) Anfrage gegen das andere Schema stellt. Dieser informell geschilderte Sachverhalt basiert auf mehreren Voraussetzungen:

- Zur Entscheidung, ob zwei Schemata äquivalent sind, sind *nur lesende* Operationen (Anfragen) von Bedeutung. Die Fragestellung, wie die Information in die entsprechenden Datenbasen gelangt und wie sie dort verändert werden kann, ist hierzu unerheblich.

- Um in beiden Fällen überhaupt sinnvollerweise dieselbe Information gewinnen zu können, muß man voraussetzen, daß die Wertemengen der Attribute, als der eigentlichen, Primärinformation tragenden Einheiten, dieselben sind – unabhängig davon, welchen Typen die Attribute in den einzelnen Schemata zugeordnet sind. (Dies entspricht dem Begriff der *domain data compatibility* aus [Jajo83].)

- Darüber hinaus müssen in beiden Schemata dieselben Umweltgesetze modelliert, bzw. durch explizite Konsistenzbedingungen sichergestellt werden (vgl. hierzu den Begriff der *data dependancy equivalency* von [Jajo83]).

Jajodia et al. definieren darauf aufbauend in [Jajo83] einen Äquivalenzbegriff für konventionelle ER-Diagramme, der darauf basiert, daß die durch eine kanonische Abbildung daraus gewonnenen universellen relationalen Schemata hinsichtlich der *Projektions-Join Abbildung* dieselbe Menge von Fixpunkten haben. Obwohl dieser Ansatz die Äquivalenz beliebiger Schemata festzustellen erlaubt, ist er für unsere Zwecke wenig brauchbar, als er das Wissen, daß beide Schemata durch eine Transformation auseinander hervorgegangen sind, nicht ausnutzt. Damit kann die Eigenschaft einer solchen Transformation, informationserhaltend zu sein, nur relativ aufwendig festgestellt werden.

Definition 6.2 ((Schema-) Transformation)

Sei S die Menge aller EODM-Schemata und $\mathcal{D} = Inst(S)$ die Menge aller Datenbasen. Eine partielle Funktion

$$T = (T_S, T_D), T_S : S \to S, T_D : \mathcal{D} \to \mathcal{D}$$

heißt eine *Transformation* eines Schemas $S_1 \in S$ in ein Schema $S_2 \in S$, wenn gilt:

1. $T_S(S_1) = S_2$
2. $\forall\, D_1 \in Inst(S_1) : D_2 = T_D(D_1) \in Inst(T_S(S_1)) = Inst(S_2)$

$\Diamond$

Der Nachweis, daß eine gegebene Transformation informationserhaltend ist, könnte – der Eingangsbemerkung dieses Abschnitts folgend – nun prinzipiell dadurch erbracht werden, daß zu jeder Anfrage q_1 gegen S_1 eine Anfrage q_2 gegen S_2 konstruiert wird, die für alle erlaubten Datenbasiszustände dasselbe Ergebnis liefert (*Nachweis durch Konstruktion*). Eine – für die hier betrachteten Transformationen – wesentlich praktikablere und dem Nachweis durch Konstruktion gleichwertige Möglichkeit, die informationserhaltende Eigenschaft einer Transformation zu zeigen, besteht darin, ausgehend vom transformierten Schema und einer entsprechenden Datenbasis das Originalschema und die Originaldatenbasis identisch wiederzugewinnen (*Nachweis durch Rekonstruktion*), vgl. hierzu auch [Raup84]. Ist dies stets, d.h. für alle Datenbasen eines transformierten Schemas möglich, so ist offenbar der Informationsgehalt von Originalschema und -datenbasis auch in dem/der transformierten Schema/Datenbasis enthalten.

Definition 6.3 (Informationserhaltende Transformation)

Eine Transformation $T = (T_S, T_D)$ eines Schemas S_1 in ein Schema S_2 heißt *informationserhaltend*, wenn es eine (partielle) Abbildung

$$rec_T = (rec_{T,S}, rec_{T,D}), rec_{T,S} : \mathcal{S} \to \mathcal{S}, rec_{T,D} : \mathcal{D} \to \mathcal{D}$$

gibt, wobei gilt:

1. $rec_{T,S}(S_2) = S_1$
2. $\forall D_2 \in Inst(S_2) : rec_{T,D}(D_2) \in Inst(S_1)$
3. $\forall D_1 \in Inst(S_1) : rec_{T,D}(T_D(D_1)) = D_1$

d.h. T_D beschränkt auf $Inst(S_1)$ ist bijektiv und $rec_{T,D}$ beschränkt auf $T_D(Inst(S_1))$ ist die entsprechende Umkehrabbildung. $\Diamond$

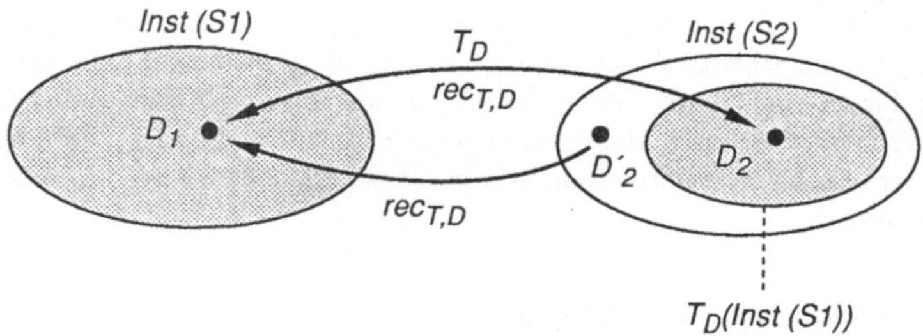

Abbildung 6.15: Informationserhaltende Transformation

Die Eigenschaft einer Transformation, informationserhaltend zu sein, besteht also darin, daß das transformierte Schema mindestens die Repräsentation aller Umweltzustände des Originals erlaubt: Sowohl das Originalschema wie auch alle Originaldatenbasen können aus den durch Transformation entstandenen Bildern wiedergewonnen werden. Gleichwohl kann es möglich sein, daß zusätzliche, d.h. im Original nicht mögliche Umweltzustände repräsentiert werden können. Für diejenigen Datenbasen des transformierten Schemas, die nicht im Bildbereich von T_D liegen, gilt nämlich, daß auch für sie die Rekonstruktionsfunktion anwendbar ist, und eine zulässige Datenbasis gemäß S_1 ergibt. Dieser Sachverhalt wird in der Abbildung 6.15 dargestellt. Alle Datenbasen in $Inst(S_2)$, wie z.B. D_2, D_2', die die Eigenschaft haben, vermittels $rec_{T,D}$ auf dieselbe Datenbasis $D_1 \in Inst(S_1)$ abgebildet zu werden, stellen aus S_1-Sicht denselben Umweltzustand dar (unterscheiden sich wohl aber aus S_2-Sicht). Diese Eigenschaft definiert in der Menge $Inst(S_2)$ eine Äquivalenzrelation. Für die dadurch induzierte Klasseneinteilung stellen diejenigen Datenbasen, wie in der Abbildung D_2, die durch Transformation aus einem Original erzeugt worden sind, sozusagen kanonische Repräsentanten dar. Sind alle Äquivalenzklassen einelementig (enthalten also nur den kanonischen Repräsentanten), so erlauben S_1 und S_2 die Darstellung derselben Menge von Umweltzuständen. In diesem Fall werden die beiden Schemata als *äquivalent* bezeichnet, und es gibt eine zu T *inverse* informationserhaltende Transformation T^{-1}, die die Wirkung von T wieder aufhebt. T heißt dann *semantikerhaltend*.

Aus der Definition 6.3 folgt darüberhinaus für Schemata S_1, S_2, S_3, daß, wenn $T_1 = (T_{S,1}, T_{D,1})$ eine informationserhaltende Transformation von S_1 nach S_2, und $T_2 = (T_{S,2}, T_{D,2})$ eine informationserhaltende Transformation von S_2 nach S_3 ist, auch

$$T = (T_S, T_D) = T_2 \circ T_1$$

mit

$$T_S(S_1) := T_{S,2}(T_{S,1}(S_1)) = S_3$$
$$T_D(D_1) := T_{D,2}(T_{D,1}(D_1)) = D_3$$

eine informationserhaltende Transformation von S_1 nach S_3 ist. Die so definierte Verkettung informationserhaltender Transformationen liefert also wieder eine informationserhaltende Transformation im Sinne der Definition 6.3 – entsprechendes gilt auch für semantikerhaltende Transformationen.[25] Es ist somit ausreichend, im weiteren lediglich relativ einfache (atomare) informationserhaltende Transformationen zu beschreiben, und komplexere Transformationen durch Verkettung zu erhalten. Diese atomaren Transformationen werden durch sog. *Transformationsprimitive* beschrieben, die stets *ein* Konzept eines Schemas transformieren und alle anderen Konzepte des Schema unverändert lassen. Ein Transformationsprimitiv ist ein Tripel

$$TP = (pre, post, rec)$$

wobei gilt:

$pre = \{pre_S, pre_{cons}\}$

> ist eine Menge von Vorbedingungen. Dazu gehören zunächst Bedingungen über das Originalschema (pre_S), die das zu transformierende Konzept beschreiben. Auf Exemplarebene wird ein beliebiger, schema-konsistenter Datenbasiszustand zugrundegelegt. Für einige Transformationen muß dieser darüberhinaus weiteren Bedingungen genügen, die in pre_{cons} beschrieben werden. Pre_{cons} kann man somit als Menge expliziter Konsistenzbedingungen auffassen, die auf einer bereits existierenden Originaldatenbasis aufrechterhalten werden, oder die – wenn noch keine Datenbasis existiert – als Ergebnis des Datenbankentwurfs Umweltgesetze beschreiben, die nicht strukturell im Schema erfaßt werden (können). Nur wenn alle Vorbedingungen erfüllt sind, kann das betreffende Transformationsprimitiv zur Anwendung kommen (vgl. hierzu die entsprechenden Bemerkungen für Integrationsprimitive).

$post = \{post_S, post_D, post_{cons}\}$

> ist eine Menge von Nachbedingungen, die nach Anwendung des Transformationsprimitivs erfüllt sind. $Post_S$ enthält dabei Bedingungen, die das transformierte Konzept auf Typebene beschreiben, d.h. die Semantik T_S spezifizieren. $Post_D$ beschreibt analog die Wirkung von T_D, spezifiziert also die Transformation auf Exemplarebene. T_D hinterläßt einen

---

[25] Die Verkettung einer Reihe semantikerhaltender Transformationen mit mindestens einer informationserhaltenden Transformation ist hingegen insgesamt nur informationserhaltend.

zum transformierten Schema konsistenten Datenbasiszustand. Wo dieser zusätzlichen Bedingungen genügen muß, die sich nicht implizit im Schema erfassen lassen, werden diese als explizite Konsistenzbedingungen in $post_{cons}$ beschrieben. Ein Transformationsprimitiv generiert somit neben den transformierten Darstellungen auf Typ- und Exemplarebene u.U. explizite Konsistenzbedingungen, die in einer beliebigen ansformierten Datenbasis aufrechtzuerhalten sind (vgl. entsprechende Bemerkungen für Integrationsprimitive).

$$rec = \{rec_S, rec_D\}$$

beschreibt, wie die Originalkonzepte aus der transformierten Darstellung rekonstruiert werden können, und zwar sowohl auf Typ- (rec_S) wie auf Exemplarebene (rec_D). Während bei den Integrationsprimitiven die Rekonstruktion der lokalen Sichten für den Anwender unabdingbar war, erfüllt sie hier nur den Zweck nachzuweisen, daß die vorliegende Transformation informationserhaltend ist (Nachweis durch Rekonstruktion).

6.3.3.2 Transformationsprimitive

Im weiteren werden Transformationsprimitive folgender Gruppen beschrieben:

- Transformationen zwischen Attributen und Typen

- Verlagerung von Attributen

- Transformationen zwischen Beziehungstypen

Für eine informationserhaltende Transformation, die recht häufig auftritt, wird im folgenden kein eigenes Transformationsprimitiv aufgeführt, nämlich für die Veränderung der Kardinalitäten von Rollen. Dabei ist es möglich, Kardinalitäten einer Rolle oder einer hierarchischen Beziehung so zu verändern, daß hernach eine größere Menge von Datenbasiszuständen schema-konsistent ist:

- Eine Minimalkardinalität 1 kann durch 0 ersetzt werden.

- Eine Maximalkardinalität 1 kann durch * ersetzt werden.

Die Transformation auf Exemplarebene ist die identische Abbildung. Da alle Datenbasiszustände, die vor der Transformation konsistent waren, dies auch hernach sind, die Umkehrung jedoch nicht gilt, ist diese Transformation nicht semantikerhaltend.

Die folgenden Transformationen erlauben die Behandlung häufig auftretender Konflikte; gleichwohl erhebt die folgende Aufzählung der Transformationsprimitive keinen Anspruch auf Vollständigkeit: Die Integrationsmethode kann um jedes neue Primitiv, daß eine informationserhaltende Transformation beschreibt, erweitert werden. Die Spezifikation der Transformationsprimitive basiert auf einem EODM-Schema

$$S = (OT, RT, AN, RN, VS, desc, roles, struct, generalizes, generic),$$

das in ein entsprechendes EODM-Schema S' überführt wird. Wo notwendig, werden die durch die Transformation neu erzeugten bzw. veränderten Konzepte mit $'$ indiziert (z.B. einem Typ t entspricht nach der Transformation der Typ t') und zwar sowohl auf Typ- wie auch auf Exemplarebene. Häufig ist die Extension eines Typs t vor und nach der Transformation gleich

($\underline{t} = \underline{t}'$), d.h. beide Mengen enthalten dieselben Elemente (unabhängig von deren i.a. verschiedenen intensionalen Eigenschaften). In diesem Fall wird durch denselben Bezeichner ausgedrückt, daß es sich um dasselbe Exemplar vor und nach der Transformation handelt ($x \in \underline{t}, x' \in \underline{t}'$, vgl. entsprechende Bemerkungen für Integrationsprimitive). Die Transformations- und Rekonstruktionsvorschrift wird im folgenden nur für das einzelne zu transformierende Konzept beschrieben. Alle anderen Konzepte von S werden unverändert nach S' übernommen.

Transformationen zwischen Attributen und Typen

Die Transformationen dieser Gruppe werden in Abbildung 6.16 dargestellt. Sie ermöglichen es, Attribute zu eigenständigen Objekt- oder Beziehungstypen zu machen. Damit können Abstraktionskonflikte behoben werden, die darin bestehen, daß ein Sachverhalt in einem Schema als eigenständig existierend (d.h. als Objekt- oder Beziehungsexemplar) und in einem anderen Schema ohne eigenständige Existenz, also als Attribut eines Objekt- oder Beziehungstyps, modelliert ist.

T_{AO}: Attribut – Objekttyp

Hierbei wird ein neuer Objekttyp erzeugt, der das fragliche Attribut (bzw. eine Menge von Attributen) übernimmt. Diese Transformation existiert in drei Varianten, abhängig davon, ob das Attribut einem Objekttyp ($T_{AO\,O1}, T_{AO\,O2}$) oder einem Beziehungstyp ($T_{AR\,O}$) angehört. Die beiden ersten Fälle unterscheiden sich danach, daß neuer und alter Objekttyp über einen allgemeinen ($T_{AO\,O1}$) oder über einen hierarchischen Beziehungstyp ($T_{AO\,O2}$) miteinander verbunden werden. Dabei muß der funktionale Zusammenhang zwischen altem Objekttyp und Attribut erhalten bleiben. Beim allgemeinen Beziehungstyp wird dies durch entsprechende Kardinalitäten sichergestellt, beim hierarchischen Beziehungstyp ist hierzu eine explizite Konsistenzbedingung erforderlich.

$T_{AO\,O1}$: Objektattribut – Allgemeiner Beziehungstyp

$pres_S$: $a \in OT$
$b' \notin OT$
$ab' \notin OT$
$desc(a) = \{(a_1, vs_{a1}), (a_2, vs_{a2}), \ldots, (a_i, vs_{ai}), (b_1, vs_{b1}), \ldots, (b_j, vs_{bj})\}$

$pres_S$: –

$post_S$: $b' \in OT'$
$ab' \in RT'$
$desc(a') = \{(a_1, vs_{a1}), (a_2, vs_{a2}), \ldots, (a_i, vs_{ai})\}$
$desc(b') = \{(b'_1, vs_{b1}), \ldots, (b'_j, vs_{bj})\}$
$desc(ab') = \emptyset$
$roles(ab') = \{(role_a, a', 1, 1), (role_b, b', 1, *)\}$

$post_D$: $\underline{a'} = \underline{a}$
$\forall\, x' \in \underline{a'} \exists\, y' \in \underline{ab'}, z' \in \underline{b'} : role'_a(y') = x', role'_b(y') = z',$
$\qquad \forall\, r \in \{1, \ldots, j\} : b'_r(z') = b_r(x)$

$post_{cons}$: –

rec_S: $desc(a) = desc(a') \cup desc(b')$

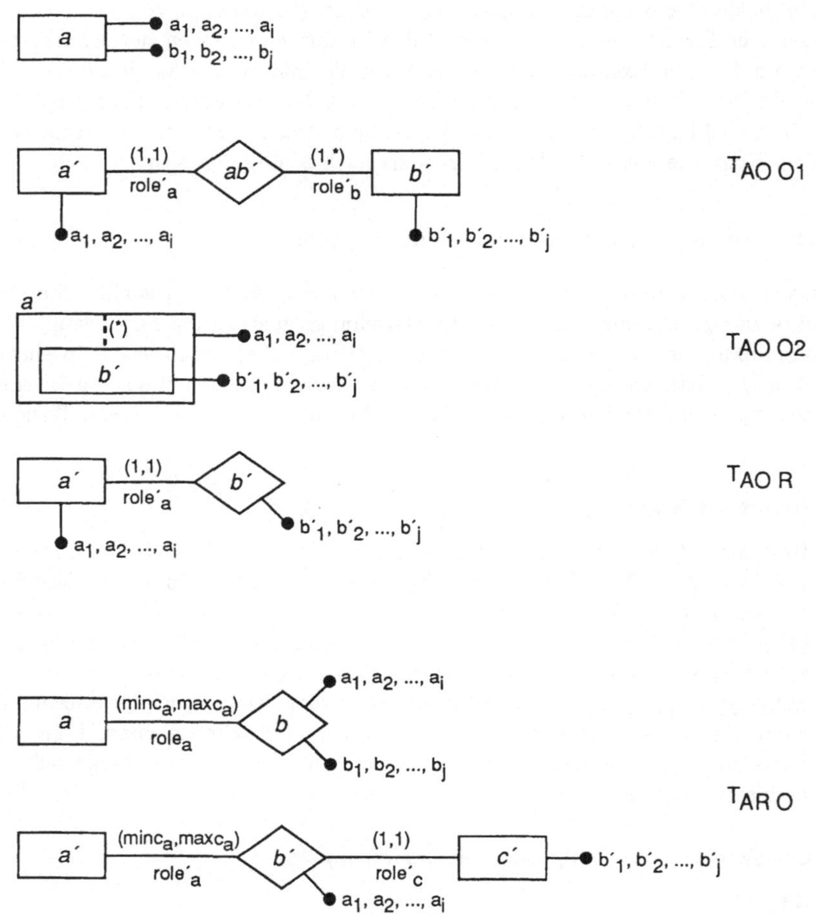

Abbildung 6.16: Transformation Attribut – Objekt-/Beziehungstyp

rec_D: $\underline{a} = \underline{a}'$
$$\forall\, x \in \underline{a} : \exists\, y' \in \underline{ab'},\, z' \in \underline{b'} : role'_a\,(y') = x',\, role'_b\,(y') = z' \Rightarrow$$
$$\forall\, r \in \{1,\dots,j\} : b_r\,(x) = b'_r\,(z')$$

Kommentar:

Man beachte, daß der neu erzeugte Beziehungs- (ab') und Objekttyp (b') nicht Komponenten irgendeines Objekttyps sind, und daß b'-Objekte über keinen anderen Beziehungstyp als ab' erreichbar sind (d.h. bei der Umkehrtransformation geht keine Information verloren). Da außerdem der funktionale Zusammenhang zwischen a' und den transformierten Attributen erhalten bleibt (Kardinalitäten von ab'), ist diese Transformation semantikerhaltend, d.h. es existiert die (ebenfalls semantikerhaltende) Umkehrtransformation $T_{AO\,O1}^{-1}$.

$T_{AO\,O2}$: **Objektattribut – Hierarchischer Beziehungstyp**

pre_S: Siehe $T_{AO\,O1}$

pre_{cons}:   –

$post_S$: $b' \in OT'$
$(b', *) \in struct\,(a')$
$desc\,(a') = \{(a_1, vs_{a1}), (a_2, vs_{a2}), \ldots, (a_i, vs_{ai})\}$
$desc\,(b') = \{(b'_1, vs_{b1}), \ldots, (b'_j, vs_{bj})\}$

$post_D$: $\underline{a}' = \underline{a}$
$\forall\, x' \in \underline{a}' \exists\, y' \in \underline{b}' : y' \in comp\,(x') \wedge \forall\, r \in \{1, \ldots, j\} : b'_r\,(y') = b_r(x)$

$post_{cons}$: $\forall\, x' \in \underline{a}' \mid \{y' \in \underline{b}' \mid y' \in comp\,(x')\} \mid = 1$

rec_S: $desc\,(a) = desc\,(a') \cup desc\,(b')$
$struct\,(a) = struct\,(a') \setminus \{(b', *)\}$

rec_D: $\underline{a} = \underline{a}'$
$\forall\, x \in \underline{a} : \exists\, y' \in \underline{b}' : y' \in comp\,(x') \Rightarrow \forall\, r \in \{1, \ldots, j\} : b_r\,(x) = b'_r\,(y')$

Kommentar:

In Ermangelung entsprechender Kardinalitäten für die Objekt-Unterobjekt-Beziehung muß im Unterschied zu $T_{AO\,O1}$ die Eindeutigkeit der b'-Attributwerte für jedes Objekt des Typs a' durch eine explizite Konsistenzbedingung sichergestellt werden ($post_{cons}$). Nach dieser Transformation ist b' nur über die hierarchische Beziehung als Komponente von a' erreichbar. Da außerdem der funktionale Zusammenhang zwischen a' und den transformierten Attributen erhalten bleibt (explizite Konsistenzbedingung!), ist $T_{AO\,O2}$ semantikerhaltend, d.h. es existiert die (ebenfalls semantikerhaltende) Umkehrtransformation $T^{-1}_{AO\,O2}$.

Da Vor- und Nachbedingungen sowie die Rekonstruktionsvorschrift auf Schemaebene aus den Abbildungen hervorgehen, wird im folgenden grundsätzlich auf ihre Angabe verzichtet. Desweiteren werden solche Mengen nicht aufgeführt, die (wie eben $post_{cons}$) leer sind, so daß nur die Transformation ($post_D$) und die Rekonstruktion (rec_D) auf Exemplarebene sowie gegebenenfalls die Konsistenzbedingungen ($pre_{cons}, post_{cons}$) explizit aufgeführt werden.

$T_{AR\,O}$: **Beziehungsattribut**

$post_D$: $\underline{b}' = \underline{b}$
$\forall\, x' \in \underline{b}' \exists\, y' \in \underline{c}' : role'_c\,(x') = y' \wedge \forall\, r \in \{1, \ldots, j\} : b'_r\,(y') = b_r\,(x)$

rec_D: $\underline{b} = \underline{b}'$
$\forall\, x \in \underline{b} \forall\, r \in \{1, \ldots, j\} : b_r\,(x) = b'_r\,(role'_c\,(x'))$

Kommentar:

Unter den Nachbedingungen von $T_{AR\,O}$ existiert die entsprechende Umkehrtransformation. Dabei ist – wie in den vorangegangenen Fällen – neben dem Erhalt des funktionalen Zusammenhangs die Tatsache maßgebend, daß c' nur über die Rolle $role'_c$ erreicht werden kann, bei der Umkehrtransformation somit keine Information verlorengeht.

$T_{AO\,R}$: **Objektattribut – allgemeiner Beziehungstyp**

$post_D$: $\underline{a}' = \underline{a}$

$\forall\, x' \in \underline{a}'\, \exists\, y' \in \underline{b}' : role'_a\,(y') = x' \wedge \forall\, r \in \{1,\ldots,j\} : b'_r\,(y') = b_r\,(x)$

rec_D: $\underline{a} = \underline{a}'$

$\forall\, x \in \underline{a} : \exists\, y' \in \underline{b}' : role'_a\,(y') = x' \Rightarrow \forall\, r \in \{1,\ldots,j\} : b_r\,(x) = b'_r\,(y')$

Kommentar:

Entsprechend der Argumentation in den vorangegangenen Fällen ist auch diese Transformation semantikerhaltend, d.h. es existiert die (ebenfalls semantikerhaltende) Umkehrtransformation $T^{-1}_{AO\,R}$.

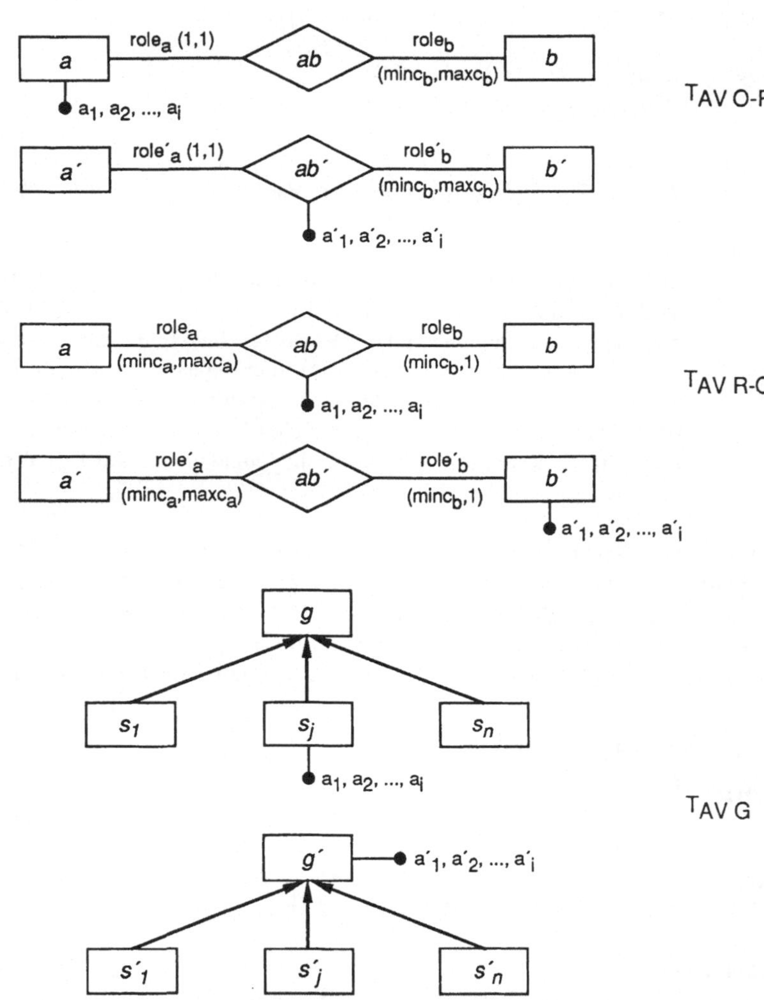

Abbildung 6.17: Verlagerung von Attributen

Verlagerung von Attributen

Attribute können entlang einer allgemeinen Beziehung oder aufwärts in einer Generalisierungshierarchie verlagert werden (Abbildung 6.17). Dabei muß stets ein funktionaler Zusammenhang zwischen dem Typ, dem das Attribut vor der Verlagerung angehörte, und dem Typ, zu dem die Verlagerung erfolgte, gewahrt bleiben. Im Falle der Verlagerung in einer Generalisierungshierarchie ($T_{AV\,G}$) wird dies automatisch gewährleistet (eine Spezialisierung hat zu jeder Zeit genau eine Generalisierung). Demgegenüber müssen bei den beiden anderen Transformationen ($T_{AV\,O-R}, T_{AV\,R-O}$) bestimmte Vorbedingungen hinsichtlich der Kardinalitäten der Rolle, über die verlagert wird, erfüllt sein, vgl. Abb. 6.17. Die beiden letzteren Transformationen können auch kombiniert werden, um Attribute von einem Objekttyp über einen Beziehungstyp zu einem anderen Objekttyp zu verlagern.

$T_{AV\,O-R}$: **Objektattribut → Beziehungsattribut**

$post_D$: $\underline{a'} = \underline{a}$
$\underline{ab'} = \underline{ab}$
$\forall\, x' \in \underline{ab'}\, \forall\, r \in \{1, \ldots, i\} : a'_r\,(x') = a_r\,(role_a\,(x))$

rec_D: $\underline{a} = \underline{a'}$
$\underline{ab} = \underline{ab'}$
$\forall\, x \in \underline{a} : \exists\, y' \in \underline{ab'} : role'_a\,(y') = x' \Rightarrow \forall\, r \in \{1, \ldots, i\} : a_r\,(x) = a'_r\,(y')$

Kommentar:
Wird ein Attribut von einem Objekttyp über eine Rolle ($role_a$) zu einem Beziehungstyp verlagert, so müssen als Kardinalitäten dieser Rolle (1,1) auftreten. Da der funktionale Zusammenhang zwischen a' und den verlagerten Attributen (wegen der Kardinalitäten von $role_a$) erhalten bleibt, ist diese Transformation semantikerhaltend, d.h. es existiert die (ebenfalls semantikerhaltende) Umkehrtransformation, nämlich $T_{AV\,R-O}$ (s.u.).

$T_{AV\,R-O}$: **Beziehungsattribut → Objektattribut**

$post_D$: $\underline{b'} = \underline{b}$
$\underline{ab'} = \underline{ab}$
$\forall\, x' \in \underline{b'} : \exists\, y \in \underline{ab} : role_a\,(y) = x \Rightarrow \forall\, r \in \{1, \ldots, i\} : a'_r\,(x') = a_r\,(y)$

rec_D: $\underline{a} = \underline{a'}$
$\underline{ab} = \underline{ab'}$
$\forall\, x \in \underline{ab}\, \forall\, r \in \{1, \ldots, i\} : a_r\,(x) = a'_r\,(role'_b\,(x'))$

Kommentar:
Die Rolle $role_b$, über die die Attribute verlagert werden, hat die Kardinalitäten ($minc_b, 1$), d.h. die Minimalkardinalität ist beliebig. Tritt hier als Minimalkardinalität 1 auf, so ist diese Transformation semantikerhaltend, d.h. es existiert die (ebenfalls semantikerhaltende) Umkehrtransformation $T_{AV\,O-R}$. Andernfalls ist die Transformation lediglich informationserhaltend.

$T_{AV\,G}$: **Spezialisierung → Generalisierung**

$post_D$: $\underline{g'} = \underline{g}$
$\underline{s'_j} = \underline{s_j}$
$\forall\, x' \in \underline{g'} : \exists\, y \in \underline{s_j} : x' = y \Rightarrow \forall\, r \in \{1, \ldots, i\} : a'_r\,(x') = a_r\,(y)$

rec_D: $\quad \underline{g} = \underline{g}'$

$\qquad \underline{s}_j = \underline{s}'_j$

$\qquad \forall\, x \in \underline{s}_j : \exists\, y' \in \underline{g}' : x = y' \Rightarrow \forall\, r \in \{1,\ldots,i\} : a_r\,(x) = a'_r\,(y')$

Kommentar:

Diese Transformation ist nicht semantik- sondern nur informationserhaltend.

Transformation von Beziehungstypen

Das EODM bietet verschiedene Möglichkeiten an, um Beziehungen zwischen Objekten auszudrücken: explizite (d.h. allgemeine) und implizite (d.h. hierarchische und Versions-) Beziehungstypen. Die in Abbildung 6.18 dargestellten Transformationen definieren Abbildungen zwischen allgemeinen und hierarchischen Beziehungstypen ($T_{R\,G-H}$), allgemeinen Beziehungstypen
und Versionsbeziehungstypen ($T_{R\,G-V}$) sowie zwischen hierarchischen Beziehungstypen und Versionsbeziehungstypen ($T_{R\,H-V}$).

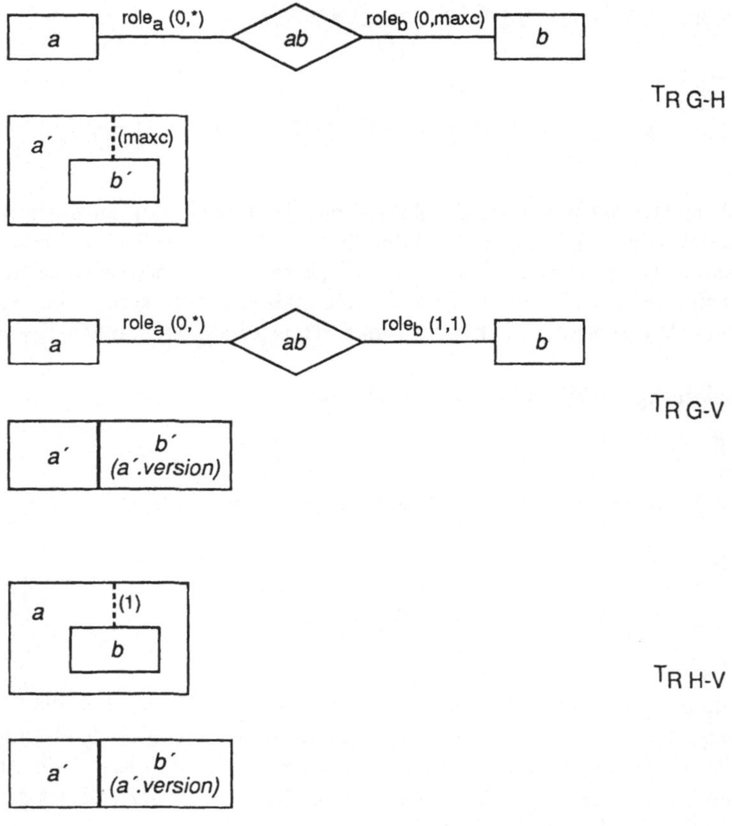

Abbildung 6.18: Transformation von Beziehungstypen

Dabei stellen die in Abbildung 6.18 enthaltenen Vorbedingungen die (syntaktische) Anwendbarkeit der entsprechenden Transformation sicher (d.h. dieselben Objekte, die über allgemeine

Beziehungen verbunden sind, sind es nach der Transformation z.B. über hierarchische Beziehungen). Darüber hinaus müssen jeweils noch zusätzliche pragmatische Entscheidungen durch den Integrator kommen (z.B. eine allgemeine Beziehung hat Objekt-Komponenten-Charakter), so daß die Anwendung einer Transformation dieser Gruppe auch der Semantik des betroffenen Beziehungstyps gerecht wird. Durch Kardinalitäten und/oder entsprechende explizite Konsistenzbedingungen wird sichergestellt, daß bei allen Transformationen dieser Gruppe Original- und transformiertes Schema genau dieselben Umweltzustände beschreiben, die Transformationen $T_{RG-H}, T_{RG-V}, T_{RH-V}$ sind somit alle semantikerhaltend; es existieren die entsprechenden Umkehrtransformationen.

T_{RG-H}: Allgemeiner Beziehungstyp → Hierarchischer Beziehungstyp

pre_S: $\quad b \notin comp(a)\,|_1$

$post_D$: $\quad \underline{a}' = \underline{a}$
$\quad\quad\quad \underline{b}' = \underline{b}$
$\quad\quad\quad \forall\, x' \in \underline{a}', y' \in \underline{b}' : y' \in comp(x') \iff \exists\, z \in \underline{ab} : role_a(z) = x \wedge role_b(z) = y$

rec_D: $\quad \underline{a} = \underline{a}'$
$\quad\quad\quad \underline{b} = \underline{b}'$
$\quad\quad\quad \forall\, x \in \underline{a}, y \in \underline{b} : \exists\, z \in \underline{ab} : role_a(z) = x \wedge role_b(z) = y \iff y' \in comp(x')$

Kommentar:

    Die Umwandlung eines zweistelligen allgemeinen Beziehungstyps in einen hierarchischen Beziehungstyp ist stets dann möglich, wenn die Kardinalitäten entsprechend der Abbildung 6.18 sind. Man beachte, daß *ab* keine Attribute haben und *b* nicht bereits vor der Transformation Komponententyp von *a* sein darf. Diese Transformation ist semantikerhaltend.

T_{RG-V}: Allgemeiner Beziehungstyp → Versionsbeziehungstyp

$post_D$: $\quad \underline{a}' = \underline{a}$
$\quad\quad\quad \underline{b}' = \underline{a}'.version = \underline{b}$
$\quad\quad\quad \forall\, x' \in \underline{a}', y' \in \underline{a}'.version : x' = gen\text{-}obj(y') \Leftrightarrow \exists\, z \in \underline{ab} : role_a(z) = x \wedge role_b(z) = y$

rec_D: $\quad \underline{a} = \underline{a}'$
$\quad\quad\quad \underline{b} = \underline{a}'.version$
$\quad\quad\quad \forall\, x \in \underline{a}, y \in \underline{b} : \exists\, z \in \underline{ab} : role_a(z) = x \wedge role_b(z) = y \Leftrightarrow x' = gen\text{-}obj(y')$

Kommentar:

    Die Umwandlung eines zweistelligen allgemeinen Beziehungstyps in einen Versionsbeziehungstyp ist stets dann möglich, wenn die Kardinalitäten entsprechend der Abbildung 6.18 sind. Man beachte, daß *ab* keine Attribute und *b* nicht bereits vor der Transformation Spezialisierung oder Versionstyp eines Objekttyps sein darf.

T_{RH-V}: Hierarchischer Beziehungstyp → Versionsbeziehungstyp

pre_{cons}: $\quad \forall\, x \in \underline{b} \,\exists\, y \in a : x \in comp(y)$

$post_D$: $\quad \underline{a}' = \underline{a}$
$\quad\quad\quad \underline{b}' = \underline{a}'.version = \underline{b}$
$\quad\quad\quad \forall\, x' \in \underline{a}', y' \in \underline{b}' : x' = gen\text{-}obj(y') \iff y \in comp(x)$

rec_D: $\quad \underline{a} = \underline{a}'$
$\quad\quad\quad \underline{b} = \underline{a}'.version$
$\quad\quad\quad \forall\, x \in \underline{a}, y \in \underline{b} : y \in comp\,(x) \iff x' = gen{-}obj\,(y')$

Kommentar:

Die Umwandlung eines hierarchischen Beziehungstyps in einen Versionsbeziehungstyp
ist stets dann möglich, wenn die Kardinalitäten entsprechend der Abbildung 6.18 sind.
Man beachte, daß b nicht bereits vor der Transformation Spezialisierung oder Versionstyp eines Objekttyps sein darf.

6.3.3.3 Konflikte

Konflikte zwischen EODM-Schemata lassen sich, soweit sie sich durch Anwendung der vorgestellten Transformationen behandeln lassen, einer der folgenden Gruppen zuordnen:

- *Benennungskonflikte*

  Bennungskonflikte treten als Synonymkonflikte auf, wenn zwei ähnliche Konzepte unterschiedliche Bezeichner haben, und als Homonymkonflikte, wenn unähnliche Konzepte
  gleich benannt sind. Die Erkennung dieser Art von Konflikten beruht demzufolge auf der
  Erkennung ähnlicher/unähnlicher Konzepte, vgl. entsprechenden Abschnitt. Die Behebung
  von Benennungskonflikten erfolgt, indem die Benennungen angepaßt werden. Obwohl dazu
  i.a. der Eingriff des Integrators notwendig ist, ist diese Operation insofern problemlos, als
  allein durch eine Veränderung einer Benennung nicht die in den beiden Schemata model-
  lierte Semantik verändert wird.

- *Abstraktionskonflikte*

  Ein Abstraktionskonflikt liegt dann vor, wenn ein Sachverhalt in einem Schema als Objekt-
  oder Beziehungstyp, also eigenständig existierend, und im anderen Schema als Attribut und einfache Wertemenge modelliert wird. Die Behandlung dieses Konfliktes erfolgt
  dadurch, daß die Modellierung als eigenständiger Typ wegen des höheren Detaillierungs-
  grades übernommen wird. Dies kann dadurch erfolgen, daß eine der Transformationen
  $T_{AO\,O1}, T_{AO\,O2}, T_{AO\,R}, T_{AR\,O}$ angewandt wird.

- *Strukturkonflikte*

  Die Gruppe der Strukturkonflikte enthält allgemeine strukturell unterschiedliche Modellierungen desselben Sachverhalts. Wir unterscheiden hier:

  - *Skalierungskonflikte zwischen Attributen*
    Ein Skalierungskonflikt zwischen zwei ähnlichen Attributen (ass_equal_{att}) liegt dann
    vor, wenn beide Attribute unterschiedliche einfache Wertemengen als Bildbereiche
    haben. Zur Integration ist die Definition einer einheitlichen Wertemenge (durch den
    Integrator) erforderlich. Dabei kann entweder eine der beiden vorliegenden Mengen
    übernommen werden, oder es wird eine neue Wertemenge definiert, die für beide
    Attribute verbindlich ist.

  - *Kardinalitätskonflikte zwischen Rollen*
    Ein Kardinalitätskonflikt zwischen zwei ähnlichen ($itass\_equal_{role}$) Rollen $role_1, role_2$
    liegt dann vor, wenn
    $$(minc_1, maxc_1) \neq (minc_2, maxc_2)$$

gilt. (Bei der Berechnung von ass_equal_{role} wurden die Kardinalitäten nicht berücksichtigt, vgl. 6.3.1.2.) In einem solchen Fall werden die Kardinalitäten vereinheitlicht, indem der allgemeinere Fall übernommen wird:

$$minc := min\{minc_1, minc_2\}$$

$$maxc := max\{maxc_1, maxc_2\}$$

Diese Anpassung ist automatisch möglich und stellt zwar eine informations- aber i.a. keine semantikerhaltende Transformation dar (vgl. Abschnitt 6.3.3.2). Treten Kardinalitätskonflikte im Zusammenhang mit Beziehungskonflikten auf, so ist im Falle der hierarchischen Beziehung eine Anpassung der Maximalkardinalität (analog zum obigen Vorgehen) möglich, die Versionsbeziehung erlaubt hingegen keine Veränderung der Kardinalitäten.

— *Vererbungskonflikte*
Vererbungskonflikte können in zweierlei Hinsicht auftreten. Zum einen liegt ein solcher Konflikt dann vor, wenn für zwei Typen ot_1, ot_2 sowohl $subset_{obj}(ot_1, ot_2)$ wie auch $subset_{obj}(ot_2, ot_1)$ gilt. Ein solcher Konflikt wird im Rahmen des Beispiels behandelt (Abschnitt 6.5). Neben einer fehlerhaften Modellierung in mindestens einem der beiden Schemata kann die Ursache auch in einer homonymen Verwendung der Bezeichner liegen. Die Vererbungshierarchien müssen angepaßt werden, was eine komplexe Operation ist, für die keine allgemeinen Transformationen angegeben werden können (Ausnahme: Attributverlagerung T_{AVG}).
Darüber hinaus liegt ein Vererbungskonflikt dann vor, wenn für zwei ererbende Typen Ähnlichkeit festgestellt wurde, für die jeweiligen vererbenden Typen jedoch Unähnlichkeit ($different_{obj}$). Dieser Konflikt kann dadurch aufgelöst werden, daß für die Zwecke der Integration die beiden ererbenden Typen als unähnlich klassifiziert werden, die Ähnlichkeit zwischen ihnen ($equal, subset$, etc.) jedoch durch eine explizite Konsistenzbedingung beschrieben wird. Diese Konsistenzbedingung hat ihre Ursache — wie etwa $post_{cons}$ bei den Integrationsprimitiven (B-III, B-IV) — in der nur unvollständigen Beseitigung von Redundanz im integrierten Schema (die ererbenden Typen sind eigentlich ähnlich, werden aber durch unabhängige Konzepte dargestellt). Es ist somit in diesen Fällen stets der Eingriff des Integrators notwendig.

— *Beziehungskonflikte: allgemein/hierarchisch/Version*
Ein Beziehungskonflikt liegt dann vor, wenn zwei ähnliche Beziehungen in den beiden Schemata von unterschiedlicher Art (allgemeine, hierarchische, Versionsbeziehung) sind. Zur Auflösung solcher Konflikte kann der Entwerfer die Transformationen $T_{RG-H}, T_{RG-V}, T_{RH-V}$, sowie die jeweiligen inversen Transformationen (so vorhanden) einsetzen. Konflikte dieser Art treten häufig zusammen mit Kardinalitätskonflikten auf.

6.3.3.4 Ähnlichkeit äquivalenter Konzepte

Bisher wurde dargelegt, wie die Analyse zweier Konzepte auf Ähnlichkeit erfolgt, wenn diese Konzepte *gleichartig* sind (also etwa zwei Attribute, zwei Rollen, zwei Objekttypen oder zwei Beziehungstypen). Semantikerhaltende Transformationen erlauben es aber, auch verschiedenartige Konzepte unter gewissen Voraussetzungen als äquivalent anzusehen (z.B. die Transformation $T_{AO\,O1}$ zwischen einem Attribut und einem Objekttyp). Damit stellt sich die Frage, wie die Erkennung ähnlicher Konzepte auch auf äquivalente Modellierungen eines Sachverhalts ausgedehnt werden kann, so daß es letztlich für die Integration unerheblich ist, auf welche Weise ein Sachverhalt der Umwelt modelliert wurde. Die im folgende skizzierte Vorgehensweise lehnt sich an das Verfahren für gleichartige Konzepte des Abschnitts 6.3 an. Jeder infrage kommenden Klasse von Transformationen T entspricht dabei eine Klasse von Vermutungs- und Faktenprädikaten $ass\_equal_T, equal_T, different_T$. Die Existenz

$$ass\_equal_T\,(a,b)$$

einer solchen Vermutung für zwei Konzepte $a \in S_A$ und $b \in S_B$ bedeutet, daß das Konzept a vermutlich gleich dem Konzept b ist, und daß a durch eine Transformation der Klasse T in b überführt werden kann:

$$T\,(a) = b$$

Ein entsprechendes Beispiel für eine Transformation der Klasse $T_{AO\,O1}$ wird im Rahmen der exemplarischen Anwendung der Integrationsmethode im Abschnitt 6.5 vorgestellt.

Die Berechnung der Vermutungsprädikate erfolgt auf der Basis gemeinsamer Eigenschaften. Während für den Fall gleichartiger Konzepte a und b für beide Konzepte stets dieselben Arten von Eigenschaften betrachtet werden konnten (z.B. gemeinsame Attribute, Komponententypen, Rollen, etc.), müssen nun die möglichen gemeinsamen Eigenschaften spezifisch für jede Transformation festgelegt werden.

$$
\begin{aligned}
&ass\_equal_{AO\,O1}\,(a_A.att_A, b_B) := \qquad\qquad\qquad\qquad\qquad\qquad\qquad (6.12) \\
&\quad `att_A{'} = `b_B{'} \;\vee \\
&\quad (\exists\,(att_B, vs_B) \in desc_B\,(b_B), \exists\, vs_A : (att_A, vs_A) \in desc_A\,(a_A) : vs_A = vs_B)
\end{aligned}
$$

Die obige Definition des Vermutungsprädikates für Transformationen der Klasse $T_{AO\,O1}$ sagt beispielsweise aus, daß ein Attribut $a_A.att_A$ dann vermutlich gleich einem Objekttyp b_B ist, wenn beide denselben Bezeichner haben, oder wenn b ein Attribut besitzt, das dieselbe Wertemenge wie att_A hat (vgl. hierzu die Anmerkung des Abschnitts "Ähnlichkeit von Attributen" bzgl. vordefinierter Wertemengen). Wie bei gleichartigen Konzepten werden auch die Vermutungsprädikate dieses Abschnitts aufgrund von Entscheidungen des Integrators in Faktenprädikate überführt. Aus einem Vermutungsprädikat ass_equal_T wird dann ein Faktenprädikat $equal_T$. Ein solches Faktenprädikat kann nun verschiedene Aktionen nach sich ziehen.

- Zum einen zeigt $equal_T\,(a,b)$ die Anwendbarkeit der Transformation T auf das Konzept a an. Wird diese Transformation durchgeführt, so kann hernach sinnvollerweise nur $equal\,(T\,(a),b)$ für a und b gelten (vgl. auch hierzu das Beispiel), d.h. es liegt dann ein gewöhnliches Faktenprädikat vor.

- Die zweite Möglichkeit besteht darin, die Modellierungen nicht durch eine Transformation T zu vereinheitlichen, sondern direkt durch ein Integrationsprimitiv zu integrieren. Der Vorteil besteht darin, daß beide lokalen Sichten unverändert bleiben. Mögliche Integrationsprimitive sind hier (B-III, B-IV, B-V, B-VI). In diesem Fall zeigt das Faktenprädikat die Anwendbarkeit des entsprechenden Integrationsprimitivs an (vgl. die Vorbedingungen pre_{sem} der genannten Primitive).

Zusammenfassend kann man damit feststellen, daß die Analyse von Konzepten auf Ähnlichkeit in einer Weise auf äquivalente Konzepte ausgedehnt wurde, die verträglich mit der Analyse gleichartiger Konzepte und dem Prozeß der Sichtenintegration ist. Die spezielle Behandlung jeder Klasse von Transformationen durch eine entsprechende Klasse von Vermutungsprädikaten ist einerseits zwar relativ aufwendig, macht andererseits aber die Integrationsmethode erweiterbar: Für jede Transformation, die in der Ähnlichkeitsanalyse betrachtet werden soll, muß lediglich das entsprechende Vermutungsprädikat definiert werden.

6.4   Der Prozeß der Sichtenintegration

Der Prozeß der Sichtenintegration muß insbesondere der interaktiven Natur dieser Aufgabe Rechnung tragen. Abbildung 6.19 gibt einen Überblick über die Struktur dieses Prozesses, zeigt die einzelnen Phasen, die innerhalb der Phasen durchzuführenden Schritte und deren gegenseitige Abhängigkeiten. Im weiteren werden die Phasen Integrationsvorbereitung, Schemaintegration und Schemaanpassung detailliert beschrieben.

6.4.1   Integrationsvorbereitung

Die Aufgabe der Integrationsvorbereitung besteht

- in der Erkennung von Konzepten in den Schemata S_A, S_B, die dieselben Umweltsachverhalte modellieren (ähnlicher Konzepte),

- in der Anpassung der Benennungen der beiden Schemata (d.h. der Beseitigung von Synonym- und Homonymkonflikten),

- in der Beseitigung struktureller Konflikte zwischen ähnlichen Konzepten.

Am Ende dieser Teilphase besteht demzufolge ein Zustand, in dem ähnliche Konzepte denselben Bezeichner tragen und in miteinander verträglicher Weise modelliert sind, und Konzepte, die verschiedene Umweltsachverhalte beschreiben, auch verschiedene Bezeichner tragen. Um diesen Zustand zu erreichen, werden entsprechend Abbildung 6.19 verschiedene Schritte durchlaufen, die im folgenden beschrieben werden:

(1) **initialization**

Die Faktenprädikate, die die Ähnlichkeit zwischen Konzepten ausdrücken, werden in Form von Mengen (Relationen) verwaltet. Diese Mengen werden initialisiert. Es ist dabei möglich, daß der Integrator bereits zu diesem Zeitpunkt Wissen über erkannte Ähnlichkeiten einbringt, d.h. die Relationen nicht (alle) mit der leeren Menge initialisiert werden. Auf diese Weise is es möglich, Sichten zu integrieren, die nicht (vollständig) unabhängig voneinander entworfen wurden:

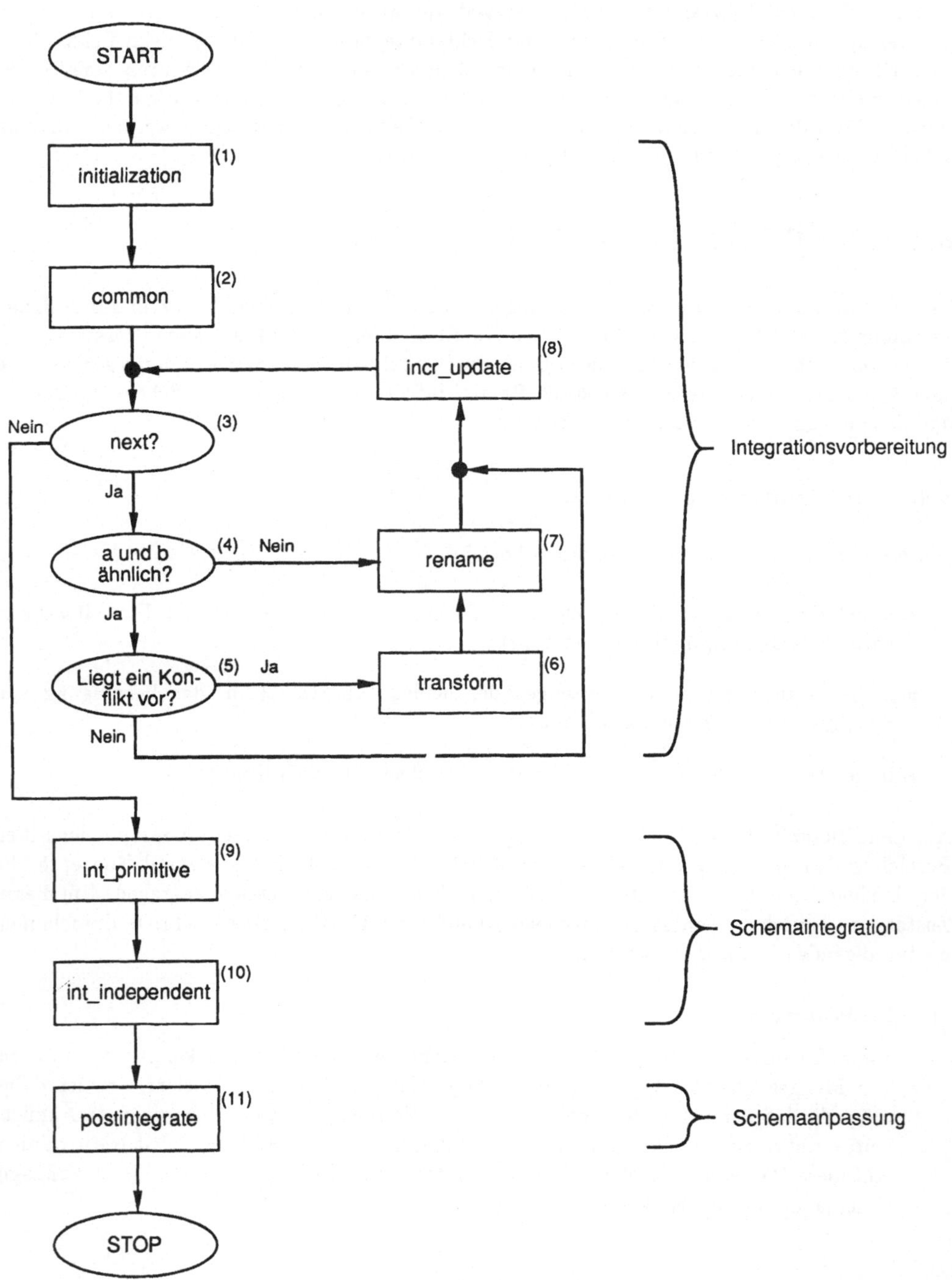

Abbildung 6.19: Prozeß der Sichtenintegration für zwei Schemata S_A, S_B

```
eq_att    :=  ∅  ;   equal_att
eq_role   :=  ∅  ;   equal_role
eq_rel    :=  ∅  ;   equal_rel
eq_obj    :=  ∅  ;   equal_obj
ss_obj    :=  ∅  ;   subset_obj
dj_obj    :=  ∅  ;   disjoint_obj
ar_obj    :=  ∅  ;   arbitrary_obj
di_obj    :=  ∅  ;   different_obj
di_rel    :=  ∅  ;   different_rel
di_att    :=  ∅  ;   different_att
di_role   :=  ∅  ;   different_role
```

(2) **common**

Diese Funktion berechnet initial die Vermutungsprädikate ass_equal_{att} und ass_equal_{role} für alle Attribute und Rollen der beiden Schemata. Sodann werden die Mengen *common_att*, *common_role*, *common_sot* und *common_comp* für alle Paare von Objekttypen bzw. Beziehungstypen berechnet. Schließlich werden auf dieser Basis die noch verbleibenden Vermutungsprädikate bestimmt:

```
a_eq_att  := ass_equal_att(S_A,S_B) ;
a_eq_role:= ass_equal_role(S_A,S_B) ;


FOR a ∈ OT_A, b ∈ OT_B LOOP
    com_att[a,b]   := common_att(a,b) ;
    com_role[a,b]  := common_role(a,b) ;
    com_comp[a,b]  := common_comp(a,b) ;
    com_sot[a,b]   := common_sot(a,b) ;
    a_eq_obj[a,b]  := ass_equal_obj(a,b) ;
    a_ss_obj[a,b]  := ass_subset_obj(a,b)
REPEAT ;


FOR a ∈ RT_A, b ∈ RT_B LOOP
    com_att[a,b]   := common_att(a,b) ;
    com_role[a,b]  := common_role(a,b) ;
    com_sot[a,b]   := common_sot(a,b) ;
    a_eq_rel[a,b]  := ass_equal_rel(a,b)
REPEAT
```

Zur Auswertung der Vermutungsprädikate sind die Definitionen aus den entsprechenden Abschnitten über Ähnlichkeit von Konzepten maßgebend. Für diese initiale Berechnung lassen sich Aussagen i.a. nur aufgrund gemeinsamer Benennungen von Konzepten gewinnen (da sämtliche Faktenrelationen leer sind). Die Berechnung der *common*-Mengen basiert auf einer geeigneten Darstellung der beiden zu integrierenden Schemata S_A und S_B. Für den weiteren Verlauf des Integrationsprozesses wird davon ausgegangen, daß aufgrund von Veränderungen an den Faktenprädikaten (d.h. festgestellten Ähnlichkeiten oder Unähnlichkeiten) lediglich die neu hinzukommenden bzw. wegfallenden Vermutungsprädikate zu berechnen sind, so daß die entsprechenden Mengen inkrementell fortgeschrieben werden können (Funktion **incr_update**).

(3) next

Die Funktion **next** wählt aus der Menge der Vermutungsprädikate eines aus, über das als nächstes entschieden werden soll. Um die Integration zu beschleunigen, können hier auch mehrere verwandte Prädikate auf einmal ausgewählt werden, i.a. handelt es sich dabei um ein Paar (a,b) von Konzepten, die vermutlich ähnlich sind. In gleicher Weise können aber auch Vermutungsprädikate ausgewählt werden, die einen Vererbungskonflikt nach 6.3.3.3 beinhalten. Auch solche Konflikte werden durch entsprechende Faktenprädikate bereinigt (vgl. hierzu das Beispiel in Abschnitt 6.5).

Die Auswahl ist immer dann möglich, wenn die Vermutungsrelationen `a_eq_rel`, `a_eq_obj` oder `a_ss_obj` nicht leer sind. Umgekehrt – wenn diese Mengen leer sind – konnten keine weiteren vermutlichen Ähnlichkeiten neu ermittelt werden. Da aber nur vermutlich ähn-liche Konzepte weiter behandelt werden, sind die verbleibenden Konzepte als unabhängig anzusehen, und der Prozeß der Analyse ähnlicher Konzepte bricht an dieser Stelle ab. Die Sichtenintegration wird dann mit der Teilphase "Schemaintegration" weitergeführt, und zwar zunächst mit der der Integration der ähnlichen (Funktion **int_primitive**) und dann der unabhängigen Konzepte (Funktion **int_independent**). Sind die Vermutungs-relationen nicht leer, so muß **next** eine Auswahl treffen, welches Prädikat als nächstes aufgegriffen werden soll. Dabei können folgende Aspekte berücksichtigt werden:

- *Grad der Ähnlichkeit*
  Es ist sinnvoll, solche Konzepte zunächst zu untersuchen, die möglichst viele Eigen-schaften gemeinsam haben. Um diesen Grad der Ähnlichkeit auszudrücken, sind die Mächtigkeiten der Mengen `com_att[a,b]`, `com_comp[a,b]`, `com_desc[a,b]` und `com_sot[a,b]` für alle vermutlich ähnlichen Konzepte (a,b) zu ermitteln und zu vergleichen.[26]

- *Umgebung*
  Die Auswahl des nächsten zu behandelnden Konzeptpaars kann auch in Abhängigkeit von dem im letzten Schritt behandelten Paar (x,y) erfolgen. Hat dieser Schritt als Faktenprädikat eine Ähnlichkeit ergeben, so ist es sinnvoll, zunächst alle vermutlich ähnlichen Konzepte in der unmittelbaren Umgebung von x und y aufzugreifen. Die Umgebung bestimmt sich dabei für Objekttypen gemäß Abbildung 6.2 und für Bezie-hungstypen nach 6.4. In diesem Falle pflanzt sich der Integrationsprozeß ausgehend von einem Einstiegspunkt quasi wellenförmig fort.

- *Konflikte*
  Es ist sinnvoll, Konflikte möglichst früh aufzulösen (vgl. hierzu das Beispiel). Zum einen führt die Auflösung eines Konfliktes zu einer u.U. erheblichen Reduzierung von Vermutungsprädikaten und damit im weiteren zu einer zielgerichteteren Vorgehens-weise. Zum anderen wird damit vermieden, daß getroffene Entscheidungen durch die spätere Auflösung des Konflikts revidiert werden müssen.

(4) Entscheidung über die Ähnlichkeit von a und b

Mit der Auswahl eines Konzeptpaars (a,b), für das eines der Vermutungsprädikate gilt, stehen auch die *common*-Mengen `com_att[a,b]`, `com_role[a,b]`, `com_sot[a,b]` und für Objekttypen auch `com_comp[a,b]` zur Verfügung. Sie enthalten mit den gemeinsamen Eigenschaften die Begründung, warum für a und b die betreffende Vermutung getroffen

---

[26]Dabei können die unterschiedlichen gemeinsamen Eigenschaften auch gewichtet werden [Wenz85].

wurde. Der Integrator muß nun aufgrund dieser Information entscheiden, wie das Vermutungsprädikat in ein Faktenprädikat überführt wird. An dieser Stelle kommt zu der syntaktischen Überprüfung die semantische Interpretation des Entwerfers. Mit der Entscheidung auf Ähnlichkeit oder Unähnlichkeit akzeptiert bzw. verwirft der Integrator auch die Begründungen in Form der *common*-Mengen: Für die Attribute von a und b und – falls a und b Beziehungstypen sind – auch für deren Rollen, werden die Vermutungsprädikate (a_eq_att[a,b], a_eq_role[a,b]) ebenfalls in Faktenprädikate überführt, nämlich in die Prädikate $equal_{att/role}$ bzw. $different_{att/role}$. Alle anderen Gemeinsamkeiten basieren auf Faktenprädikaten und werden deshalb eigenständig behandelt.

Das Ergebnis dieses Schrittes besteht also in einer Menge inc von Faktenprädikaten, die die Entscheidung des Integrators bzgl. der zwei zu vergleichenden Konzepte sowie ihrer gemeinsamen Eigenschaften beschreibt. Dabei ist sicherzustellen, daß diese Entscheidung kein Paradoxon beinhaltet, z.B. wenn zwei Beziehungen als verschieden, zwei ihrer Rollen aber als gleich klassifiziert werden. D.h., wenn $different(a, b)$ entschieden wird, müssen alle abhängigen Konzepte (d.h. bei Objekttypen die Attribute, bei Beziehungstypen Attribute und Rollen) ebenfalls als verschieden klassifiziert werden.

(5) Entscheidung über die Konfliktfreiheit

An dieser Stelle wird entschieden, ob ein Konflikt vorliegt und wie er zu beheben ist. Ein Konflikt liegt dann vor, wenn die ausgewählten Vermutungsprädikate einen Vererbungskonflikt beinhalten, oder wenn als ähnlich erkannte Konzepte nicht kompatibel sind. Die Kompatibilität der Konzepte a und b läßt sich dabei automatisch feststellen: Die Konzepte sind kompatibel, wenn es ein Integrationsprimitiv gibt, das auf sie anwendbar ist. Die Anwendbarkeit eines Integrationsprimitivs wiederum kann aufgrund der Schemainformation, der verfügbaren *common*-Mengen, der Menge inc sowie den für jedes Primitiv bekannten Vorbedingungen $pre_S, pre_{cons}, pre_{sem}$ zu diesem Zeitpunkt entschieden werden. Die Behebung eines Konflikts erfolgt durch Transformation mindestens eines der beiden Schemata; bei Vererbungskonflikten auch durch Einfügen entsprechender Faktenprädikate in die Menge inc (vgl. Beispiel). In jedem Fall beinhaltet inc nach diesem Schritt alle Faktenprädikate, die in incr_update eingehen.

(6) **transform**

Nicht kompatible Konzepte sind durch Transformationen in eine Form zu bringen, die eine anschließende Integration ermöglicht. Dies beinhaltet die Auflösung von Konflikten und erfordert deshalb i.a. den Eingriff des Integrators (vgl. Abschnitt 6.3.3.4). Die Transformationen erfolgen dabei stets auf den lokalen Sichten S_A und S_B.

(7) **rename**

Abhängig von der Entscheidung in (4) sind in diesem Schritt i.a. die Benennungen der Konzepte anzupassen. Für festgestellte Ähnlichkeiten sind Synonymkonflikte aufzulösen, d.h. beide Konzepte erhalten denselben Bezeichner.[27] Im Falle einer festgestellten Unähnlichkeit sind für verschiedene Bezeichner zu wählen – Beseitigung von Homonymkonflikten. Die Anpassung der Bezeichner erfolgt für alle Paare von Konzepten, die in der Menge inc enthalten sind. Die Wahl eines Bezeichners wird dabei i.a. durch den Integrator erfolgen.

---

[27]Dabei kann für Zwecke der späteren Rekonstruktion einer lokalen Sicht der ursprüngliche Bezeichner aufbewahrt werden.

(8) **incr_update**

Diese Operation dient dazu, die Entscheidungen des Integrators (gegeben in der Menge inc von Faktenprädikaten) in die Datenbasis einzubringen und die Neuberechnung der *common*-Mengen und Vermutungsprädikate durchzuführen.

```
FOR p(a,b) ∈ inc LOOP
    CASE p OF
            equal_att:      eq_att        := eq_att + {(a,b)} ;
                            a_eq_att      := a_eq_att - {(a,*),(*,b)}
            different_att:  di_att        := di_att + {(a,b)} ;
                            a_eq_att      := a_eq_att - {(a,b)}
...equal_ u.  different_role analog equal_ bzw. different_att ...
            equal_rel:      eq_rel        := eq_rel + {(a,b)} ;
                            a_eq_rel      := a_eq_rel - {(a,*),(*,b)} ;
                            com_att[a,*]  := ∅ ;
                            com_att[*,b]  := ∅ ;
                            com_role[a,*] := ∅ ;
                            com_role[*,b] := ∅ ;
                            com_sot[a,*]  := ∅ ;
                            com_sot[*,b]  := ∅
            different_rel:  di_rel        := di_rel + {(a,b)} ;
                            a_eq_rel      := a_eq_rel - {(a,b)} ;
                            com_att[a,b]  := ∅ ;
                            com_role[a,b] := ∅ ;
                            com_sot[a,b]  := ∅

            equal_obj:      eq_obj        := eq_obj + {(a,b)} ;
                            a_eq_obj      := a_eq_obj - {(a,*),(*,b)} ;
                            a_ss_obj      := a_ss_obj - {(a,b)} ;
                            com_att[a,b]  := ∅ ;
                            com_role[a,b] := ∅ ;
                            com_comp[a,b] := ∅ ;
                            com_sot[a,b]  := ∅
            subset_obj:     ss_obj        := ss_obj + {(a,b)} ;
                            a_eq_obj      := a_eq_obj - {(a,b)} ;
                            a_ss_obj      := a_ss_obj - {(a,b)} ;
                            com_att[a,b]  := ∅ ;
                            com_role[a,b] := ∅ ;
                            com_comp[a,b] := ∅ ;
                            com_sot[a,b]  := ∅
...disjoint_, arbitrary_ u.  different_obj analog subset_obj ...
END
...Berechnung neuer Vermutungsprädikate für alle p(a,b)
aus der Menge inc:  s.u.  ...
REPEAT
```

Zunächst wird beim Einbringen der Faktenprädikate sichergestellt, daß sich ausschließende Prädikate nicht gleichzeitig in der Datenbasis auftreten. Darüber hinaus werden beim Einbringen eines Faktenprädikates p(a,b) alle Vermutungsprädikate, an denen a oder b "beteiligt" sind, entfernt ((a,*),(*,b)). Damit wird nach jeder Entscheidung des Integrators (4) die Menge der Vermutungsprädikate mindestens um soviele Elemente, verringert, wie die (nichtleere!) Menge inc enthält. Gleichfalls werden, falls (a,b) Objekt- oder Beziehungstypen sind, die *common*-Mengen auf die leere Menge zurückgesetzt. Damit wird verhindert, daß für bereits integrierte Konzepte erneut Vermutungsprädikate generiert werden, so daß der in 6.19 dargestellte Prozeß stets terminiert, und zwar dann, wenn next (3) kein Prädikat in a_eq_rel, a_eq_obj oder a_ss_obj findet.

Anschließend werden für jedes Element der Menge inc die *common*-Mengen und Vermutungsprädikate neu berechnet. Um dies möglichst effizient zu gestalten, werden nicht (wie bei der initialen Berechnung) die gesamten Relationen a_eq_att, a_eq_role, a_eq_rel, a_eq_obj und a_ss_obj berechnet. Es wird vielmehr davon ausgegangen, daß eine Funktion increment es gestattet, lediglich diejenigen Prädikate zu ermitteln, die neu hinzukommen (aufgrund einer Ähnlichkeit) bzw. die nunmehr wegfallen (Unähnlichkeit).[28] Auch werden nicht die gesamten *common*-Mengen neu berechnet, sondern lediglich die *common*-Mengen solcher Paare (x,y) von Objekttypen, Beziehungstypen, Attributen oder Rollen, die in der Umgebung (environment) eines Paares (a,b) liegen, für das ein Faktenprädikat im Inkrement inc enthalten ist. Auch diese Mengen werden inkrementell um Elemente erweitert oder vermindert.

```
increment(a_eq_role)
FOR (x,y) ∈ environment(a,b) LOOP
    increment(comm_att[x,y])
    increment(comm_role[x,y])
    increment(comm_sot[x,y])
    increment(comm_comp[x,y])
REPEAT

increment(a_eq_rel)
increment(a_eq_obj)
increment(a_ss_obj)
```

Die Umgebung wird durch die Funktion **environment** berechnet. Sie bestimmt sich dabei für Objekttypen gemäß Abbildung 6.2 und für Beziehungstypen nach 6.4. Für ein Attribut besteht die Umgebung in dem Objekttyp, dem das Attribut angehört, und für eine Rolle in dem Beziehungstyp, dem sie angehört, und dem Objekttyp, der die Rolle einnimmt.

Die Wirkungsweise von **increment** sei im folgenden exemplarisch dargestellt: Die Menge inc enthalte das Faktenprädikat equal_obj(ot$_A$,ot$_B$) für zwei Objekttypen ot_A, ot_B. Dieses (neue) Faktenprädikat hat zunächst Auswirkungen auf das Vermutungsprädikat ass_equal_{role} und die Menge *common_role* gemeinsamer Rollen:

---

[28]Dabei wurde die Anpassung von a_eq_att bereits durch das obige Programmstück abgehandelt.

$$\forall\, i \in \{A, B\}\, \forall\, rt_i \in RT_i: \tag{6.13}$$

$$(\neg different\,(rt_A, rt_B) \wedge \neg\, \exists\, rt \in RT_A \cup RT_B : rt_A \neq rt \neq rt_B \wedge equal\,(rt_i, rt))\ \Rightarrow$$

```
inc_roles :=
```

$$\{(r_A, r_B) \mid (r_i, O_i) \in roles_i\,(rt_i) \wedge ot_i \in O_i \wedge \neg different\,(rt_A.r_A, rt_B.r_B) \wedge$$

$$(\neg\exists\, rt \in RT_A \cup RT_B, r \in RN_A \cup RN_B : r_A \neq r \neq r_B \wedge equal\,(rt_i.r_i, rt.r))\}$$

```
a_eq_role := a_eq_role ∪ inc_roles
com_rol[rt_A, rt_B] := com_role[rt_A, rt_B] ∪ inc_roles
```

Für alle Beziehungstypen, die nicht bereits als verschieden oder als identisch mit einem (unabhängigen) dritten Beziehungstyp klassifiziert worden sind, werden ihre Rollen (r_A, r_B), an denen die Objekttypen $ot_{A/B}$ partizipieren, zu der Menge gemeinsamer Rollen geschlagen, sofern die Rollen nicht bereits als verschieden oder als gleich mit einer (unabhängigen) dritten Rolle erkannt worden sind. Für diese Paare von Rollen gilt somit auch die Vermutung ass_equal_{role}. Die obige Formulierung schließt dabei Rollen aus, die bereits einmal klassifiziert worden sind. Darüber hat das Faktenprädikat Auswirkungen auf `com_comp` und `com_sot`; auch hier werden klassifizierte Typen nicht erneut aufgegriffen:

```
inc_comp := { (ot_A, ot_B) }
```
$$\tag{6.14}$$
$$\forall\, i \in \{A, B\}\forall\, t_i \in OT_i:$$
$$(ot_i \in struct_i\,(t_i) \wedge \neg similar\,(t_A, t_B) \wedge \neg different\,(t_A, t_B)) \Rightarrow$$
```
        com_comp[t_A, t_B] := com_comp[t_A, t_B] ∪ inc_comp
inc_sot := { (ot_A, ot_B) }
```
$$\forall\, i \in \{A, B\}\forall\, t_i \in OT_i:$$
$$(t_i \in struct_i\,(ot_i) \wedge \neg similar\,(t_A, t_B)) \wedge \neg different\,(t_A, t_B) \Rightarrow$$
```
        com_sot[t_A, t_B] := com_sot[t_A, t_B] ∪ inc_sot
```

Die Veränderungen dieser Mengen haben ihrerseits Auswirkungen auf die Vermutungsprädikate ass_equal_{obj}, ass_subset_{obj} und ass_equal_{rel}, die ebenfalls inkrementell verändert werden. Führt eine festgestellte Ähnlichkeit zu neuen Elementen in bestimmten *common*-Mengen und damit zu neuen Vermutungsprädikaten, so führt in analoger Weise eine erkannte Unähnlichkeit dazu, daß die *common*-Mengen um Elemente vermindert werden und daß Vermutungsprädikate gelöscht werden.

6.4.2 Schemaintegration

Die eigentliche Schemaintegration ist dann ein Schritt, der weitgehend automatisch ablaufen kann. Er besteht in der Integration ähnlicher Konzepte durch Anwendung eines Integrationsprimitivs (**int_primitive**) und in der Integration der unabhängigen Konzepte (**int_independent**).

(9)   int_primitive

Für alle festgestellten Ähnlichkeiten wird das entsprechende Integrationsprimitiv angewandt. (Nach den Schritten (4) und (5) und ggf. (6) ist dies in eindeutiger Weise möglich.) In der Abbildung 6.19 wird **int_primitive** nach dem vollständigen Abschluß der Teilphase

"Integrationsvorbereitung" aufgerufen. Dabei wird bei der Generierung der Faktenprädikate sichergestellt, daß für die "Schemaintegration" keine Konflikte oder Mehrdeutigkeiten auftreten können, die Anwendung eines Integrationsprimitivs somit eindeutig ist.

(10) int_independent

Sind schließlich alle abhängigen Konzepte integriert, so können die verbliebenen Konzepte als unabhängige Konzepte integriert werden. Dies geschieht i.w. durch mengenmäßige Vereinigung, indem die in OT_A und OT_B verbliebenen Objektypen in die Menge OT übernommen werden, ihre Attribute und Wertemengen in AN und VS, analog wird mit Beziehungstypen verfahren.

6.4.3 Schemaanpassung

Integrationsvorbereitung und Schemaintegration haben eine globale Sicht aus den lokalen Schemata konstruiert. Darauf aufbauend bestehen die Aufgaben der Nachintegration (Funktion **postintegrate**) in der Verbesserung der Qualität des globalen Schemas. Dabei spielen folgende Aspekte eine Rolle:

- *Beseitigung unerwünschter Redundanz*

  Die Integrationsprimitive haben zum Ziel, ähnliche Konzepte möglichst weitgehend zu einer einheitlichen Modellierung zu verschmelzen, und damit Redundanz zu beseitigen. Gleichwohl kann es vorkommen, daß insbesondere verschiedene Ketten von Beziehungstypen stets dieselben Objekte miteinander verbinden, und damit eine Information mehrfach modelliert wird ([Wenz85] verwendet für eine vergleichbare Situation in seinem zugrundeliegenden Datenmodell SEDMO den Begriff Attributkettenredundanz.) Die Erkennung solcher Situationen ist grundsätzlich nicht automatisch möglich.

- *Beschreiben neuer, globaler Umweltgesetze*

  An dieser Stelle werden Umweltgesetze beschrieben, die in keiner lokalen Sicht sondern nur in der globalen Sicht gelten. Dies kann durch Definition neuer Typen im Schema oder durch explizite Konsistenzbedingungen geschehen.

- *Qualitätsverbesserung durch Transformationen*

  Das Ziel dieser Aktivität besteht darin, einen möglichst großen Anteil der Umweltgesetze auf möglichst einfache Weise im Schema auszudrücken, und nicht als explizite Konsistenzbedingungen darzustellen. Eick [Eick84] und Raupp [Raup84] schlagen hierzu einen Ansatz vor, der durch semantikerhaltende Transformationen versucht, die Qualität eines Schemas (entsprechend ihrem zugrundeliegenden, quantifizierbaren Qualitätsbegriff) zu maximieren. Voraussetzung hierfür ist allerdings, daß *alle* Umweltgesetze, die nicht im Schema ausgedrückt sind, als explizite Konsistenzbedingungen zur Verfügung stehen.

Verschiedene Autoren (z.B. [Bati84]) betonen, daß diese Teilphase nur wenig automatisierbar sei. Da an dieser Stelle eine Einbettung in eine umfassende Datenbankentwurfsmethodik notwendig ist (mindestens für 2. und 3.), und außerdem der Schwerpunkt dieser Arbeit auf der konstruktiven Durchführung des Integrationsprozesses (d.h. den Phasen Integrationsvorbereitung und Schemaintegration) liegt, werden die mit der Schemaanpassung verbundenen Fragen nicht weiter vertieft.

6.5   Ein Beispiel

Im folgenden sollen die wesentlichen Konzepte der Integrationsmethode an einem Beispiel demonstriert werden, insbesondere die Analyse von Ähnlichkeiten, die Anwendung von Transformations- und Integrationsprimitiven sowie die Fortschreibung der Vermutungs- und Faktenprädikate. Dabei soll ein Werkzeug zum *Programmieren-im-Großen* mit einem Werkzeug zum *Programmieren-im-Kleinen* integriert werden.

6.5.1   Lokale Sicht "mil" des Programmierens-im-Großen

Unter Programmieren-im-Großen [DeRe76] versteht man die Aufgabe, ein System in eine Menge von Komponenten (Moduln) mit definierten Schnittstellen zu zerlegen, die von jedem Modul bereitgestellten und benötigten Größen zu beschreiben, sowie die Beziehungen (statische Zerlegung, Benutzung) zwischen Moduln festzulegen. Zur formalen Beschreibung solcher Zerlegungen werden Entwurfssprachen (*module interconnection language, mil*) eingesetzt [DeRe76, Nara87]. Ein weiterer Zweck, der mit dem Einsatz solcher Sprachen verbunden wird, besteht darin, die Entwicklung der Moduln in verschiedene Versionen zu kontrollieren sowie den Konfigurationsprozeß zu unterstützen, indem die Wohldefiniertheit von Konfigurationen geprüft wird [Nara87].

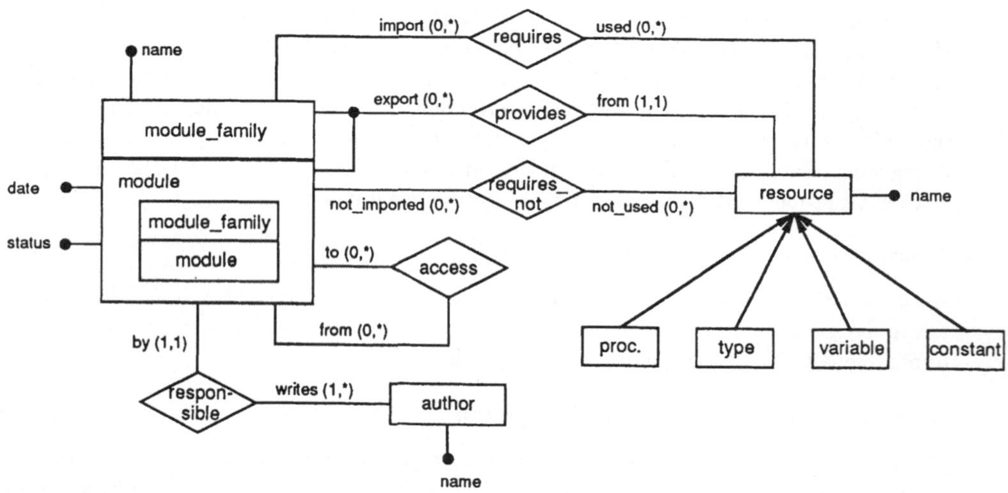

Abbildung 6.20: Lokale Sicht *mil* des Programmierens-im-Großen

Die lokale Sicht des Programmierens-im-Großen wird exemplarisch durch das in Abbildung 6.20 dargestellte Schema *mil* beschrieben. Die Einheit der Zerlegung repräsentieren Objekte des Typs *module*, die vermittels einer Versionsbeziehung zu Modulfamilien (*module_family*) zusammengefaßt werden; jeder Modul ist also Version einer Modulfamilie. Das Attribut *status* beschreibt den Freigabestatus des Moduls (z.B. "in Arbeit", "freigegeben", "eingefroren", etc.). Ein Modul benötigt (*requires*) bestimmte Größen (*resource*) und stellt für andere Moduln seinerseits Größen bereit (*provides*). Die Größen sind Objekte, die eine Repräsentation in einer Programmiersprache haben; in diesem Falle Prozeduren, Typen, Variablen oder Konstanten. Die Moduln einer Familie zeichnen sich nun dadurch aus, daß sie mindestens die Größen bereitstellen, mit denen das entsprechende generische Objekt vom Typ *module_family* über die Rolle *export* in Beziehung steht – sie können darüberhinaus weitere Größen bereitstellen (variante Rolle *export*). Darüber hinaus benötigen sie höchstens die Größen, die vom generischen Objekt über die *import*-Rolle erreicht werden, können aber auf bestimmte dieser Größen verzichten (*requires_not*). Für die Konfigurierung sind also alle Moduln einer Familie in dem Sinne gleichwertig, als sie aufwärtskompatibel zu ihrem generischen Objekt sind – vgl. [Nara87]. Die statische Zerlegung eines Moduls in andere Moduln wird durch die Objekt-Unterobjekt-Beziehung beschrieben, der Zugriff eines Moduls auf die Größen eines anderen durch den Beziehungstyp *access*. Schließlich sei die Zuordnung eines Mitarbeiters (Objekttyp *author*) zu einem Modul durch Beziehungen des Typs *responsible* dargestellt.

6.5.2 Lokale Sicht "comp" des Programmierens-im-Kleinen

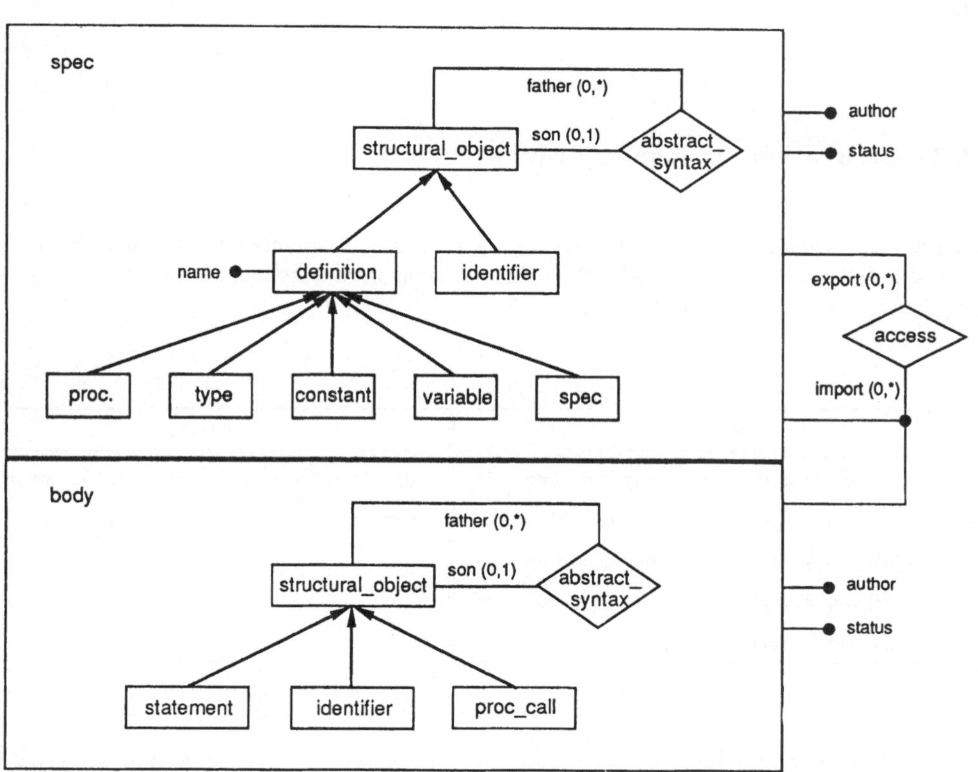

Abbildung 6.21: Lokale Sicht *comp* des Programmierens-im-Kleinen

Als Werkzeug für die Programmierung-im-Kleinen wird die Analysephase eines Übersetzers betrachtet (Schema *comp* in Abbildung 6.21) und zwar aus Gründen der Einfachheit nur die Teilphase der syntaktischen Analyse. Die betrachtete Programmiersprache ermögliche dabei die

Strukturierung von Programmen in Schnittstellen (*spec*) und Rümpfe (*body*), die jeweils getrennt übersetzt werden können. Zu einer Schnittstelle gibt es i.a. mehrere verschiedene Rümpfe, jeder Rumpf implementiert umgekehrt genau eine Schnittstelle. Dieser Zusammenhang wird in 6.21 durch die Versionsbeziehung zwischen *spec* und *body* ausgedrückt: Rümpfe werden somit als Versionen ihrer Schnittstellen aufgefaßt (sie ererben dabei u.a. deren Namen). Schnittstellen wie Rümpfe können (andere) Schnittstellen importieren (variante Rolle *import* des Beziehungstyps *access*). Das Attribut *status* beschreibt den Übersetzungsstatus der Einheit (z.B. "nicht übersetzt", "muß nachübersetzt werden", etc.), *author* den für ihre Implementierung verantwortlichen Mitarbeiter.

Die Struktur der Übersetzungseinheiten wird durch einen abstrakten Syntaxbaum beschrieben (*structural_object, abstract_syntax* – vgl. auch Abbildung 4.2). Dabei können Objekte vom Typ *spec* die Definitionen von Prozeduren, Typen, Variablen, Konstanten sowie weiterer *specs*, und *body*-Objekte Anweisungen (*statement*), Prozeduraufrufe (*proc_call*), etc. als Komponenten enthalten. Aus Gründen der Einfachheit werden keine weiteren Subtypen von *structural_object* (wie z.B. bedingte Anweisungen, Ausdrücke, ...) als Komponententypen von *spec* und *body* aufgeführt.

6.5.3　Integration der lokalen Sichten

Entsprechend Abbildung 6.19 werden zunächst die Vermutungsprädikate initial berechnet. Da zu diesem Zeitpunkt lediglich gleiche Bezeichner erkannt werden können, haben die Relationen **a_eq_att** und **a_eq_role** folgendes Aussehen:[29]

a_eq_att			a_eq_role		
mil.module.status	$=$	*comp.spec.status*	*mil.requires.import*	$=$	*comp.access.import*
mil.module.status	$=$	*comp.body.status*	*mil.provides.export*	$=$	*comp.access.export*
mil.module_family.name	$=$	*comp.definition.name*			
mil.author.name	$=$	*comp.definition.name*			
mil.resource.name	$=$	*comp.definition.name*			

Daraus werden dann für die Relationen **a_eq_obj** und **a_ss_obj** die folgenden Vermutungsprädikate abgeleitet (die sich aus ass_equal_{obj} ($mil.author, comp.definition$) ergebenden Teilmengen-Vermutungen werden hier der Einfachheit halber nicht aufgeführt, da sie auch für den weiteren Verlauf der Integration keine Rolle spielen):

---

[29]In den folgenden Aufzählungen wird $a = b$ bzw. $a \subseteq b$ für die Prädikate *equal* und *ass_equal* bzw. *subset* und *ass_subset* geschrieben.

a_eq_obj	a_ss_obj
$mil.module\_family = comp.definition$	$mil.module\_family \subseteq comp.structural\_object$
$mil.module\_family = comp.spec$	$mil.module\_family \subseteq comp.definition$
$mil.module\_family = comp.body$	$mil.module\_family \subseteq comp.spec$
$mil.module = comp.spec$	$mil.module \subseteq comp.definition$
$mil.module = comp.body$	$mil.module \subseteq comp.spec$
$mil.resource = comp.definition$	$comp.spec \subseteq mil.module\_family$
$mil.procedure = comp.procedure$	$comp.body \subseteq mil.module\_family$
$mil.type = comp.type$	$mil.resource \subseteq comp.structural\_object$
$mil.variable = comp.variable$	$mil.proc \subseteq comp.definition$
$mil.constant = comp.constant$	$mil.type \subseteq comp.definition$
$mil.author = comp.definition$	$mil.variable \subseteq comp.definition$
	$mil.constant \subseteq comp.definition$
	$comp.proc \subseteq mil.resource$
	$comp.type \subseteq mil.resource$
	$comp.variable \subseteq mil.resource$
	$comp.constant \subseteq mil.resource$
	$comp.spec \subseteq mil.resource$

Wie man erkennt, beinhaltet a_ss_obj einen Vererbungskonflikt (nämlich $mil.module\_family \subseteq comp.spec$ und umgekehrt). Sinnvollerweise wird dieser zunächst aufgelöst, damit keine widersprüchlichen Faktenprädikate generiert werden. Die Ursache dieses Konflikts ist darin zu suchen, daß

$$ass\_equal_{obj}\,(mil.module\_family, comp.body)\text{ und}$$
$$ass\_equal_{obj}\,(mil.module, comp.spec)$$

gilt. Die Begründung für das erste Prädikat ist die vermutlich gemeinsame Rolle *import*; die zweite Vermutung entstand aufgrund von

$$ass\_equal_{role}\,(mil.provides.export, comp.access.export)\text{ und}$$
$$ass\_equal_{att}\,(mil.module.status, comp.spec.status).$$

Werden diese Begründungen dem Integrator vorgelegt, so erkennt er, daß sie sämtlich nicht zutreffen (und damit Homonyme darstellen), d.h. es gilt aufgrund der Darstellung in 6.20 und 6.21 sowie der entsprechenden Erklärungen

$$different_{att}\,(mil.module.status, comp.spec.status)$$
$$different_{role}\,(mil.requires.import, comp.access.import)$$
$$different_{role}\,(mil.provides.export, comp.access.export)$$

Damit sehen die Vermutungsprädikate für Attribute und Rollen folgendermaßen aus:

a_eq_att			a_eq_role
$mil.module.status$	$=$	$comp.body.status$	
$mil.module\_family.name$	$=$	$comp.definition.name$	–
$mil.author.name$	$=$	$comp.definition.name$	
$mil.resource.name$	$=$	$comp.definition.name$	

Dies ergibt folgende Vermutungsprädikate für Objekttypen (a_eq_obj und a_ss_obj):

a_eq_obj			a_ss_obj		
$mil.module\_family$	$=$	$comp.definition$	$mil.module\_family$	$\subseteq$	$comp.structural\_object$
$mil.module$	$=$	$comp.body$	$mil.module$	$\subseteq$	$comp.spec$
$mil.resource$	$=$	$comp.definition$	$comp.body$	$\subseteq$	$mil.module\_family$
$mil.procedure$	$=$	$comp.procedure$	$mil.resource$	$\subseteq$	$comp.structural\_object$
$mil.type$	$=$	$comp.type$	$mil.proc$	$\subseteq$	$comp.definition$
$mil.variable$	$=$	$comp.variable$	$mil.type$	$\subseteq$	$comp.definition$
$mil.constant$	$=$	$comp.constant$	$mil.variable$	$\subseteq$	$comp.definition$
$mil.author$	$=$	$comp.definition$	$mil.constant$	$\subseteq$	$comp.definition$
			$comp.proc$	$\subseteq$	$mil.resource$
			$comp.type$	$\subseteq$	$mil.resource$
			$comp.variable$	$\subseteq$	$mil.resource$
			$comp.constant$	$\subseteq$	$mil.resource$
			$comp.spec$	$\subseteq$	$mil.resource$

Die Menge a_eq_rel enthält als einziges Element

$$ass\_equal_{rel}\,(mil.access, comp.access).$$

Darüber hinaus wird die Vermutung generiert, daß aufgrund der gleichen Bezeichner, der Objekttyp $mil.author$ gleich dem Attribut $comp.spec.author$ bzw. $comp.body.author$ ist:

$$ass\_equal_{AO\,01}\,(comp.spec.author, mil.author)$$
$$ass\_equal_{AO\,01}\,(comp.body.author, mil.author)$$

Dies ist entsprechend den Vorbemerkungen zu den beiden Schemata auch der Fall, beinhaltet aber einen Abstraktionskonflikt, da derselbe Sachverhalt (die Autorenschaft) im Schema mil als Objekttyp und im Schema $comp$ als Attribut modelliert wurde. Der Abstraktionskonflikt wird durch Anwendung der Transformation $T_{AO\,01}$ aufgelöst, dabei wird die allgemeinere der beiden Modellierungen (also auch für $comp$ der Objekttyp $author$) gewählt. Hernach enthält die Menge inc folgende Prädikate

$$
\begin{aligned}
\text{inc} = \{ & equal_{obj}\,(comp.author, mil.author), \\
& equal_{att}\,(comp.author.name, mil.author.name), \\
& equal_{rel}\,(comp.responsible, mil.responsible), \\
& equal_{role}\,(comp.responsible.by, mil.responsible.by), \\
& equal_{role}\,(comp.responsible.writes, mil.responsible.writes) \}
\end{aligned}
$$

Diese Menge (genauer: die Rolle *responsible.by*) führt in der Funktion **inc_update** zu einer (ersten) gemeinsamen Eigenschaft zwischen *mil.module* und *comp.spec* sowie zu einer weiteren gemeinsamen Eigenschaft zwischen *mil.module* und *comp.body* und demzufolge zu den folgenden neuen Vermutungsprädikaten:

$$ass\_equal_{obj}\,(mil.module, comp.spec)$$
$$ass\_subset_{obj}\,(mil.module, comp.definition)$$
$$ass\_subset_{obj}\,(comp.spec, mil.module\_family)$$

Wählt man nun im nächsten Schritt dasjenige Vermutungsprädikat, das die umfangreichste Menge von Begründungen in Form gemeinsamer Eigenschaften hat, so ist dies

$$ass\_equal_{obj}\,(mil.resource, comp.definition)$$

mit den Begründungen

$$ass\_equal_{att}\,(mil.resource.name, comp.definition.name)$$
$$ass\_equal_{obj}\,(mil.procedure, comp.procedure)$$
$$ass\_equal_{obj}\,(mil.type, comp.type)$$
$$ass\_equal_{obj}\,(mil.variable, comp.variable)$$
$$ass\_equal_{obj}\,(mil.constant, comp.constant)$$

Gelten hier für die Spezialisierungen jeweils die vermuteten Gleichheiten, so gilt für *mil.resource* und *comp.definition*

$$subset_{obj}\,(mil.resource, comp.definition)$$

(weil *definition* im Unterschied zu *resource* auch *spec* als Teilmenge enthält, was allerdings in den Vermutungsprädikaten nicht zum Ausdruck kommt). Entsprechend gilt dann

$$
\begin{aligned}
\mathbf{inc} = \{\,&subset_{obj}\,(mil.resource, comp.definition),\\
&equal_{att}\,(mil.resource.name, comp.definition.name),\\
&equal_{obj}\,(mil.procedure, comp.procedure),\\
&equal_{obj}\,(mil.type, comp.type),\\
&equal_{obj}\,(mil.variable, comp.variable),\\
&equal_{obj}\,(mil.constant, comp.constant)\}
\end{aligned}
$$

Die Generalisierungshierarchie sieht nach der Integration von *mil.resource* und *comp.definition* wie in Abbildung 6.22 gezeigt aus. Die Vermutungsprädikate für Objekttypen haben inzwischen folgendes Aussehen:

a_eq_obj		a_ss_obj	
$mil.module\_family = comp.definition$		$mil.module\_family \subseteq comp.structural\_object$	
$mil.module = comp.spec$		$mil.module \subseteq comp.definition$	
$mil.module = comp.body$		$mil.module \subseteq comp.spec$	
		$comp.spec \subseteq mil.module\_family$	
		$comp.body \subseteq mil.module\_family$	

Die obige Menge **inc** führt dann zu einer Reihe von neuen ass_equal_{role}-Prädikaten, so daß die Menge ass_equal_{rel} daraufhin folgendes Aussehen hat:

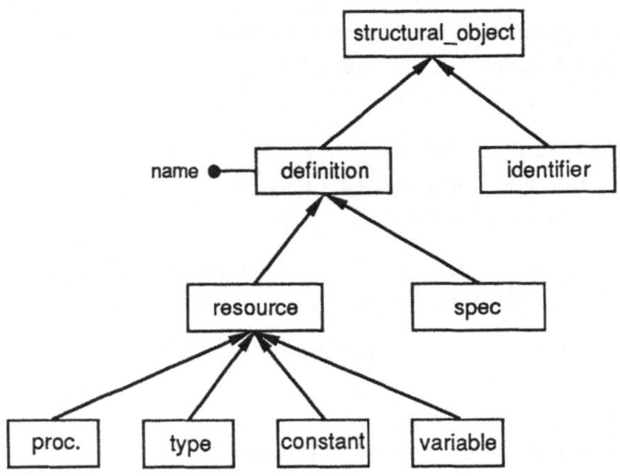

Abbildung 6.22: Integration von *mil.resource* und *comp.definition*

a_eq_rel		
mil.requires	$=$	*comp.abstract_syntax*
mil.provides	$=$	*comp.abstract_syntax*
mil.requires_not	$=$	*comp.abstract_syntax*
mil.requires	$=$	*comp.access*
mil.provides	$=$	*comp.access*
mil.requires_not	$=$	*comp.access*
mil.access	$=$	*comp.access*

Da sich an dieser Stelle keine Alternative von der anderen abhebt, wenden wir uns zunächst wieder der obigen Menge a_eq_obj zu, die zu diesem Zeitpunkt drei Elemente enthält. Die erste Vermutung kann deshalb nicht zutreffen, weil *comp.definition* noch weitere Typen als Teilmengen enthält. Die dritte scheidet aus, weil ein Objekt vom Typ *body* keine *resource-* oder *definition-*Objekte anbietet, so daß als einzige Möglichkeit die zweite verbleibt (die zudem auch die meisten Gemeinsamkeiten besitzt). Daraus ergibt sich folgende Menge inc:

$$inc = \{equal_{obj}\,(mil.module, comp.spec),$$
$$subset_{obj}\,(mil.module\_family, comp.definition),$$
$$equal_{att}\,(mil.module\_family.name, comp.definition.name),$$
$$different_{obj}\,(mil.module.status, comp.spec.status)\}$$

Die Vererbungshierarchie hat damit schon ihr endgültiges Aussehen erreicht – vgl. Abbildung 6.23. Wendet man sich nun wieder der Menge a_eq_rel zu, so ist nun (u.a. wegen der gemeinsamen Eigenschaften) folgende Ähnlichkeit offensichtlich:

$$equal_{rel}\,(mil.access, comp.access)$$
$$equal_{role}\,(mil.access.to, comp.access.import)$$
$$equal_{role}\,(mil.access.from, comp.access.export)$$

Für die verbleibenden Vermutungsprädikate gilt hingegen

$$different_{rel}\,(mil.requires, comp.abstract\_syntax)$$
$$different_{rel}\,(mil.requires\_not, comp.abstract\_syntax)$$
$$different_{rel}\,(mil.provides, comp.abstract\_syntax)$$

Schließlich werden aufgrund der obigen inc-Menge noch Vermutungsprädikate generiert, die Ähnlichkeiten zwischen expliziten und hierarchischen Beziehungen betreffen:

$$ass\_equal_{R\,G-H}\,(mil.provides, comp.(spec\;COMP\;definition))$$
$$ass\_equal_{R\,G-H}\,(mil.requires\_not, comp.(spec\;COMP\;definition))$$

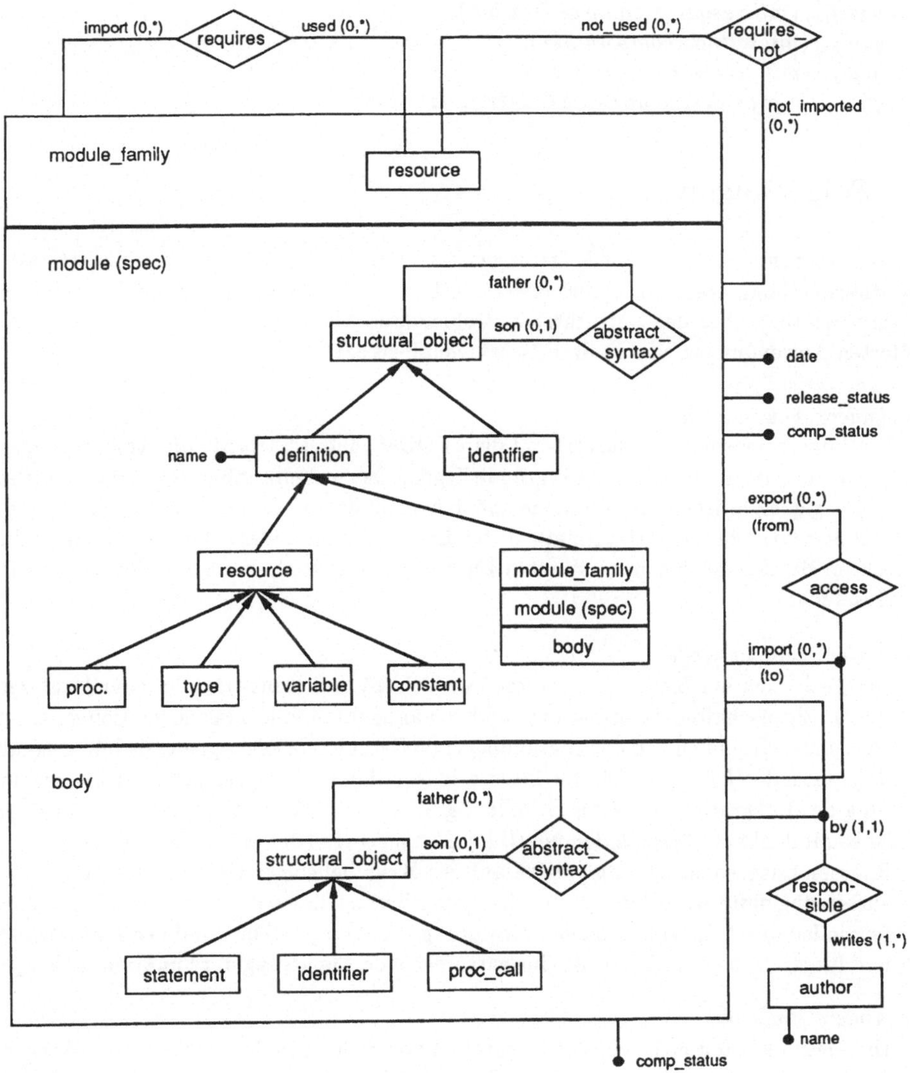

Abbildung 6.23: Integrierte Sicht *int*

Die erste Vermutung trifft in der Tat zu (alle Größen, die ein Modul bereitstellt, werden in der betreffenden Spezifikation definiert), so daß das Integrationsprimitiv B-III.a zur Anwendung gelangt, und damit der explizite Beziehungstyp *provides* im integrierten Schema *int* (Abbildung 6.23) nicht mehr enthalten ist, wohl aber die beiden anderen Beziehungstypen *requires* und *requires_not*. Die variante Rolle *mil.provides.export* bedingt dabei, daß *resource* nicht nur Komponententyp von *module* (*spec*) sondern auch von *module_family* wird. Das endgültige integrierte Schema *int* wird in Abbildung 6.23 dargestellt. Zusammenfassend waren die zentralen Entscheidungen

$$equal_{obj}\,(mil.module, comp.spec),$$
$$subset_{obj}\,(mil.module\_family, comp.definition),$$
$$subset_{obj}\,(mil.resource, comp.definition),$$
$$equal_{obj}\,(mil.author, comp.author),$$
$$equal_{rel}\,(mil.access, comp.access)\ \text{sowie}$$
$$equal\,(mil.provides, comp.(spec\ COMP\ definition)).$$

6.6 Folgerungen

In diesem Abschnitt sollen einige Folgerungen diskutiert werden, die sich aus der vorgestellten Integrationsmethode ergeben. Dabei steht die Anwendbarkeit der Methode für Fragestellungen, die wesentlich über den betrachteten Problemkreis hinausgehen, im Vordergrund. Solche erweiterten Anwendungen sind in drei Richtungen denkbar:

- *Andere Anwendungen*
  Die Integrationsmethode basiert auf dem EODM, dem seinerseits die Anforderungen von SPUen und deren Werkzeugen zugrunde liegen. Das bedeutet aber, daß *keine unmittelbare* Abhängigkeit zwischen der Methode und dem in dieser Arbeit betrachteten Anwendungsgebiet besteht: Die Integrationsmethode ist direkt auch für andere Datenbank-Anwendungen (ob im Bereich des rechnergestützten Entwerfens oder auch kommerzieller Anwendungen) einsetzbar.

- *Andere Datenmodelle*
  Die Techniken der Sichtenintegration (Ähnlichkeit von Konzepten basierend auf gemeinsamen Eigenschaften, informations- und semantikerhaltende Transformationen, Integrationsprimitive) sind eng an das zugrundliegende Datenmodell gekoppelt; sie bilden somit den *datenmodell-abhängigen* Teil der Integrationsmethode. Demgegenüber ist die Strukturierung des Integrationsprozesses (Abbildung 6.19) vom EODM weitgehend unabhängig. Es ist somit denkbar, diesen *datenmodell-unabhängigen* Teil der Methode als einen generischen Rahmen anzusehen, der Integration auf der Basis beliebiger Datenmodelle erlaubt. Voraussetzung dafür wäre dann jeweils die Instantiierung dieses Rahmens für ein spezielles Datenmodell durch Spezifikation der Vermutungs-/Faktenprädikate und der Transformations- und Integrationsprimitive sowie eine entsprechende Anpassung der Funktion **incr_update**.

- *Andere Probleme*
  Die Methode kann nicht nur zur Integration von Sichten in der geschilderten Weise herangezogen werden, sondern auch dazu, EODM-Schemata *schrittweise* und *redundanzfrei* zu entwickeln. Darüber hinaus ist die Integration lokaler Sichten eng verwandt mit der Integration heterogener Datenbankanwendungen. Die Methode bietet somit die prinzipielle Möglichkeit, auch heterogene, verteilte SPUen zu integrieren, was insbesondere für große

Entwicklungsprojekte sehr wertvoll ist, bisher aber nicht unterstützt wird. Diese Aspekte sind für den praktischen Einsatz des EODM von großer Bedeutung, auf sie wird deshalb im nächsten Kapitel näher eingegangen.

Mit der Frage der Anwendbarkeit eng verbunden ist die Frage der Werkzeugunterstützung. Die bisherigen Erfahrungen haben gezeigt, daß bereits für kleine Schemata die Integration entsprechend 6.19 mit Papier und Bleistift allein kaum mehr praktikabel ist. An ein Integrationswerkzeug sind folgende Anforderungen zu stellen:

- Der Integrationsprozeß ist seiner Natur nach interaktiv. Entscheidungen werden aufgrund von Benutzerbefragungen getroffen. Für diese Entscheidungen sind Entscheidungshilfen (z.B. in Form der Begründungen) zu geben. Grundsätzlich sollte der Benutzer sich zu jedem Zeitpunkt über den aktuellen Stand des Integrationsprozesses informieren können. Eine Entscheidung löst i.a. eine Reihe von Folgeaktionen des Werkzeugs aus.

- Entscheidungen können sich zu einem späteren Zeitpunkt als falsch herausstellen. Der Benutzer sollte die Möglichkeit haben, solche Entscheidungen zu korrigieren, ohne alle Entscheidungen, die er seitdem getroffen hat, revidieren zu müssen.

- Graphische Darstellungen der zu integrierenden Schemata sind unabdingbar, ebenso die Möglichkeit für den Benutzer, direkt auf der graphischen Darstellung Integrationsaktionen ausführen zu können.

- Wünschenswert ist darüber hinaus eine Kopplung des Integrationswerkzeugs mit dem Zielsystem, d.h. mit der Komponente zur Verwaltung von Schemainformation.

Die beiden ersten Forderungen charakterisieren ein solches Integrationswerkzeug als *wissensbasiert*: Es akquiriert vom Integrator Wissen über vermutlich ähnliche Konzepte und macht daraufhin Vorschläge für das weitere Vorgehen. Die Frage der Werkzeugunterstützung wirft schließlich die Frage nach der Integration von Methode und Werkzeug in eine umfassende Datenbankentwurfsumgebung für Ingenieuranwendungen auf. Auch hier gelten viele der obigen Forderungen, darüber hinaus seien an dieser Stelle folgende Punkte genannt:

- Strukturell objektorientierte Datenmodelle wie das EODM erlauben aufgrund ihrer Konzeptvielfalt die Modellierung eines Sachverhaltes auf mehrere verschiedene, äquivalente Arten. Über die endgültige Darstellung wird oft erst relativ spät entschieden werden können (so könnten etwa aus Optimierungsgründen Entscheidungen über den Einsatz strukturierter Objekttypen auch noch in der Phase "Physischer Entwurf" getroffen werden). Datenbankentwurfsumgebungen sollten daher in starkem Maße auf der Transformation zwischen äquivalenten Modellierungen basieren, und zwar unabhängig von der Entwurfsphase.

- Die Modellierung der Umweltgesetze einer betrachteten Miniwelt kann grundsätzlich zu keinem Zeitpunkt als abgeschlossen betrachtet werden. Es sollte deswegen stets möglich sein, *inkrementell* neue Sachverhalte einzubringen bzw. bestehende zu modifizieren.

Kapitel 7

Einsatz des Entwurfsobjekt-Datenmodells

In diesem Kapitel werden Fragen behandelt, die den Einsatz des Entwurfsobjekt-Datenmodells sowie allgemein den Einsatz eines Datenbanksystems in einer SPU betreffen. Für das EODM geht es dabei zunächst darum, weitere Anwendungen (von Techniken) der Integrationsmethode vorzustellen: die Möglichkeit, *redundanzfreie* Schemata *dynamisch* zu modifizieren, sowie die Möglichkeit der Integration heterogener Datenbankanwendungen und damit insbesondere heterogener, verteilter SPUen. Zusammen mit der Integrationsmethode ergeben diese Anwendungen den Nachweis der Einsetzbarkeit der Entwurfsobjekt-Datenmodells. Mit der Einsetzbarkeit des EODM wiederum wird (nach der Implementierbarkeit und der Anforderungsangemessenheit) die Validierung des Datenmodells "nach oben", d.h. in Bezug auf den Anwender, abgeschlossen.

Stand bisher die Integration solcher Werkzeuge im Vordergrund, die für Modellierung und Manipulation ihrer Informationsstrukturen auf dem EODM basierten, so werden im letzten Abschnitt dieses Kapitels die Möglichkeiten beschrieben, existierende – d.h. in aller Regel auf konventionellen Datenverwaltungsschnittstellen basierende – Werkzeuge mit Werkzeugen, denen ein Datenbanksystem zugrundeliegt, zu integrieren.

7.1 Anwendungen der Integrationsmethode

Die Techniken, die im Zusammenhang mit der Integrationsmethode vorgestellt wurden, lassen sich auch auf weitere Problemstellungen anwenden, die mit der Integration verwandt und für den praktischen Einsatz des EODM relevant sind, nämlich:

1. *Beseitigung von Redundanz*

   ist eine Teilaufgabe bei der Konstruktion von EODM-Schemata und war eine der Anforderungen an die zu integrierenden Sichten für deren Integration.

2. *Dynamische Schemamodifiation*

   erlaubt eine schrittweise Entwicklung eines Schemas, und zwar auch dann noch, wenn
   bereits Datenbasisexemplare zu dem fraglichen Schema existieren (eine Situation, die aufgrund der für Entwurfsanwendungen typischen Schemadynamik häufig eintreten dürfte).

3. *Integration heterogener Datenbanken*

   wird für kommerzielle Datenbankanwendungen durch Techniken unterstützt, die eng mit
   denen der Sichtenintegration verwandt sind. Die Integrationsmethode ermöglicht in diesem Zusammenhang die Integration heterogener und verteilter SPUen, was für große Entwicklungsprojekte außerordentlich wertvoll ist, bisher jedoch überhaupt nicht unterstützt
   werden konnte.

Die Anwendung der Integrationsmethode auf diese Probleme wird im folgenden näher erläutert.
Obwohl damit sicherlich nicht alle Probleme des Datenbankentwurfs für objektorientierte Datenbankanwendungen gelöst werden (können)[30], beantworten die Ergebnisse dieses Abschnitts
zusammen mit der Integrationsmethode doch zumindest einen sc großen Teil der relevanten
Fragestellungen, daß damit die Einsetzbarkeit des EODM als nachgewiesen gelten kann.

7.1.1 Beseitigung von Redundanz

Eine Anforderung an das Ergebnis der Phase "Entwurf lokaler Benutzersichten" besteht darin,
daß das entsprechende Schema keine unkontrollierte Redundanz enthält. Um dies zu erreichen,
müssen in einem Schema S enthaltene, redundante Konzepte zunächst in einer Analyse ermittelt
werden. Sofern die gefundene Redundanz unerwünscht ist, kann sie dann beseitigt werden; das
Ergebnis ist ein Schema S', das äquivalent zu S ist. Diese Aufgabe deckt sich weitgehend mit
der Zielsetzung der Sichtenintegration, eine redundanzfreie Verschmelzung der lokalen Sichten zu
erstellen, aus denen diese rekonstruiert werden können. Im Unterschied zur Integration kann man
jedoch davon ausgehen, daß weniger Benennungskonflikte (insbesondere Homonyme) auftreten,
da die Terminologie innerhalb einer Sicht einheitlich sein sollte (vgl. hierzu auch [Eick84]). Um
Redundanz in einem Schema zu entdecken, kann man die Phase "Integrationsvorbereitung"
entsprechend den Ausführungen des letzten Kapitels dahingehend anwenden, daß man versucht,
das Schema mit sich selbst zu integrieren. Dabei ist folgendes zu beachten:

1. Die Eingabe für die Analyse besteht in *zwei identischen* EODM-Schemata S_A und S_B.

2. Um zu verhindern, daß (z.B. aufgrund der Benennungen) für ein Konzept K aus $S_{A|B}$
   ständig die (natürlich zutreffende) Vermutung

$$ass\_equal(S_A.K, S_B.K)$$

   generiert wird, werden die Relationen für die Faktenprädikate zu Beginn der Analyse im
   Unterschied zu Abschnitt 6.4 so initialisiert, daß für alle Konzepte K aus $S_{A|B}$ gilt:[31]

---

[30]So muß z.B. insbesondere die Entwicklung einer umfassenden und werkzeugunterstützten Datenbankentwurfsmethode sowie die Frage der Integration des EODM und der Integrationsmethode in eine solche Umgebung
weiteren Arbeiten vorbehalten bleiben.

[31]Sind bereits zu diesem Zeitpunkt Redundanzen bekannt, so kann durch Angabe entsprechender *equal*
Faktenprädikate bei der Initialisierung eine nochmalige Entdeckung vermieden werden.

$$equal(S_A.K, S_B.K)$$

In dem kleinen Beispiel in Abbildung 7.1 würde dann als einzige Vermutung das Prädikat

$$ass\_equal_{RG-H}(f\_s, (node\ COMP\ node))$$

generiert, das andeutet, daß der allgemeine Beziehungstyp f_s möglicherweise identisch der Objekt-Unterobjektbeziehung zwischen $node$ und $node$ und einer der beiden Beziehungstypen somit potentiell redundant ist.

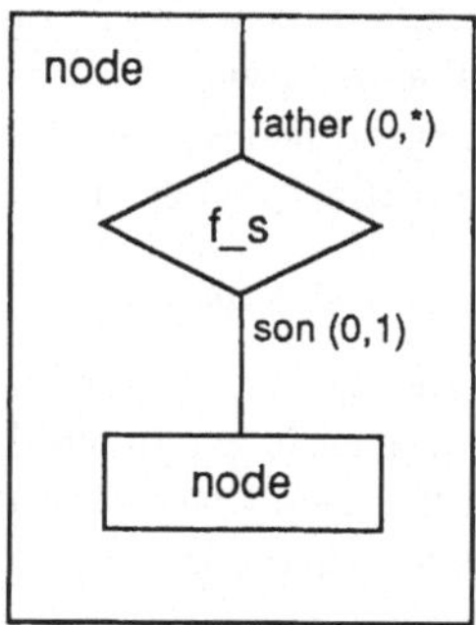

Abbildung 7.1: Potentiell redundanter Beziehungstyp zwischen Objekten des Typs $node$

3. Ansonsten kann die Integrationsvorbereitung in der geschilderten Weise ablaufen, mit dem einen Unterschied, daß anstelle eines Integrators natürlich der Modellierer der lokalen Sicht sämtliche Entscheidungen trifft.

4. Nach Beendigung der Integrationsvorbereitung/Analyse drücken alle Faktenprädikate, die nach der Initialisierung neu hinzugekommen sind, entweder bisher nicht erkannte Redundanzen (Prädikate des Typs $equal$) oder bisher nicht erkannte Subtypbeziehungen (Prädikate der Typen $subset$, $disjoint$, $arbitrary$) oder aber Unähnlichkeit und damit kein Anzeichen für Redundanz ($different$) aus. Im ersten Fall muß der Entwerfer entscheiden, die Redundanz aufzulösen oder zu belassen. Im zweiten Fall hat der Entwerfer durch Anwendung der entsprechenden Integrationsprimitive die Möglichkeit, die Vererbungshierarchien korrekt zu modellieren.

Wie man erkennt, können damit außer Redundanzen auch bisher unerkannte Subtypbeziehungen entdeckt werden. Die Analyse leistet somit in zweifacher Hinsicht einen Beitrag zur Verbesserung der Qualität des Schemas.

7.1.2 Dynamische Schemamodifikation

Bereits für kommerzielle Datenbankanwendungen – weit ausgeprägter jedoch für Entwurfsanwendungen – gilt, daß Schemata nicht in einem Schritt entworfen werden und dann für alle Zeiten stabil sind, sondern daß bestehende Schemata schrittweise, evolutionär weiterentwickelt werden (z.B. im Einklang mit der Weiterentwicklung entsprechender Werkzeuge). Dies ist insbesondere auch dann möglich, wenn zu einem Schema bereits Datenbasisexemplare existieren,

die durch das neue Schema invalidiert würden. Grundsätzlich wirft diese Fragestellung folgende
Probleme auf:

- *Konstruktion des neuen Schemas*

  Die Modellierung des neuen Schemas ist zunächst eine Aufgabe, die Unterstützung durch
  eine geeignete Datenbankentwurfsmethode erfordert. Im Unterschied zu bekannten Ent-
  wurfsmethoden (wie z.B. [Ceri83b, Eick84]), die hauptsächlich die Entwicklung eines neuen
  Schemas behandeln, besteht die Anforderung hier in der *inkrementellen Erweiterung* eines
  bereits existierenden Schemas: Das modifizierte Schema soll auch diejenigen Informationsstrukturen beschreiben, die bereits in dem alten Schema beschrieben wurden. Diese Frage
  wird hier unter dem Aspekt behandelt, wie diese Erweiterung *technisch* durchzuführen ist,
  d.h. welche Techniken (der Integrationsmethode) es ermöglichen, das neue Schema so zu
  entwickeln, daß es aufwärtskompatibel zu dem bestehenden Schema ist.

- *Restrukturierung der existierenden Datenbasis*

  Da i.a. auch unter dem modifizierten Schema die alte Datenbasis weiterverwendet werden
  soll, stellt sich im Anschluß an eine Schemamodifikation die Frage, wie eine bestehende
  Datenbasis zu restrukturieren ist, damit sie, ohne ihren Informationsgehalt zu verlieren,
  konsistent in Bezug auf das neue Schema ist.

Techniken des letzten Kapitels erlauben die Lösung beider Probleme auf zwei unterschiedliche
Arten:

1. *Schemamodifikation durch Integration*

   Die Integration zweier EODM-Schemata S_1, S_2 zu einem Schema S garantiert insbesondere die Rekonstruierbarkeit der lokalen Sichten aus der integrierten Darstellung (und
   zwar sowohl auf Typ- wie auch auf Exemplarebene), erfüllt damit also eine wesentliche
   Voraussetzung der inkrementellen Schemamodifikation. Grundsätzlich kann man nun so
   vorgehen, daß man zu einem gegebenen Schema S_1 ein neues Schema S_2 (auf irgendeine
   Weise) konstruiert, nicht aber letzteres als das gültige modifizierte Schema übernimmt,
   sondern das Ergebnis S der Integration von S_1 und S_2. Dieses Vorgehen hat folgende
   Vorteile:

   - Entsprechend der Definition der Integration (6.1) werden die Informationen, die in
     S_1 und S_2 beschrieben werden, auch in S beschrieben. Vermittels der Funktion
     reconstruct können Schemata und Datenbasen der Sichten rekonstruiert werden. Die
     Konstruktion des neuen Schemas S erfüllt damit die oben gestellten Anforderungen.

   - Die Integration wird als eine Folge von Integrationsprimitiven ausgeführt. Die Spezi-
     fikation jedes Integrationsprimitivs legt aber fest, in welcher Weise das integrierte
     Schema aus den lokalen Schemata, und wie eine integrierte Datenbasis aus ent-
     sprechenden lokalen Datenbasen zu konstruieren ist (Nachbedingungen $post_S$ bzw.
     $post_D$ – vgl. Abschnitt 6.3.2). Damit ist dann aber auch die Restrukturierung der
     zu S_1 existierenden Datenbasis in der geforderten Weise gewährleistet: Die Folge
     $IP_1, IP_2, \ldots, IP_n$ der zur Anwendung kommenden Integrationsprimitive beinhaltet
     gerade die gewünschte Restrukturierung.

Obwohl diese Form der Schemamodifikation für manche Situationen sicherlich sinnvoll ist
(vgl. die Diskussion am Ende dieses Abschnitts), mag doch ungewöhnlich erscheinen, daß

als neues Schema nicht das eigens neu entworfene Schema S_2 übernommen wird, sondern die Integration von S_1 und S_2. Da die Konstruktion von S_2 auf eine beliebige Weise erfolgen kann und $S_{1/2}$ auch gar keine gemeinsamen Konzepte aufweisen müssen (d.h. völlig unabhängig sein können), stellt das obige Vorgehen zwar eine *inkrementelle*, i.a. aber keine *evolutionäre* Modifikation von S_1 dar. Eine evolutionäre und inkrementelle Modifikation beinhaltet hingegen die im folgenden beschriebene Alternative.

2. *Schemamodifikation durch informationserhaltende Transformationen*

Im Unterschied zur obigen Alternative besteht die Idee dieser Vorgehensweise darin, ein neues Schema S_2 zu erzeugen, indem das existierende Schema S_1 schrittweise verändert wird. Da auch hier die Aufwärtskompatibilität von S_1 zu S_2 zu garantieren ist, ist es naheliegend, als mögliche Veränderungen nur informationserhaltende Transformationen T im Sinne der Definition 6.3 zuzulassen, die sich als Verkettung von Transformationsprimitiven darstellen lassen:[32]

$$T \;=\; (T_S, T_D) = TP_n \circ TP_{n-1} \circ \cdots \circ TP_1 \qquad (7.1)$$
$$S_2 \;=\; T_S(S_1)$$

Jedes Transformationsprimtiv TP_i stellt dabei einen Elementarschritt in der evolutionären Modifikation von S_1 dar. Die beiden geforderten Eigenschaften werden dabei *per definitionem* von einem Transformationsprimitiv sichergestellt: Dessen Nachbedingung $post_S$ beschreibt die informationserhaltende Transformation auf Schema-, $post_D$ die Restrukturierung auf Datenbasisebene. Die obige Folge der Transformationsprimitive beschreibt daher sowohl die inkrementelle Modifikation von S_1 zu S_2 als auch die informationserhaltende Restrukturierung einer beliebigen, zu S_1 schema-konsistenten Datenbasis D_1 in eine zu S_2 schema-konsistente Datenbasis.

Die in 6.3.3 vorgestellten Transformationsprimitive sollten in erster Linie dazu dienen, äquivalente Schemata zu erzeugen. Im Unterschied dazu sind insbesondere für die Schemaerweiterung weitere Transformationsprimitive von Interesse, die zwar informationserhaltend nicht aber semantikerhaltend sind. Beispiele für Modifikationen dieser Art sind etwa

- die Definition neuer Objekt- oder Beziehungstypen,
- die Definition neuer Attribute,
- die Definition neuer Rollen,
- die Definition neuer impliziter Beziehungstypen, z.B. neuer Objekt-Komponenten-Beziehungen,
- die Modifikation von Kardinalitäten in Richtung auf größere Maximal- und kleinere Minimalkardinalität.

Grundsätzlich gilt auch für diese Vorgehensweise die Erweiterbarkeit: Jedes weitere Transformationsprimitiv, daß im Sinne der Definition 6.3 eine informationserhaltende Transformation darstellt, kann zur schrittweisen, inkrementellen Modifikation von EODM-Schemata herangezogen werden.

---

[32] Die Verkettung informationserhaltender Transformationen ergibt, wie in 6.3.3.1 dargelegt wurde, stets wieder eine informationserhaltende Transformation.

Die hier vorgestellten Alternativen unterstützen die inkrementelle Modifikation von EODM-
Schemata auf unterschiedliche Weisen: durch Integration oder durch informationserhaltende
Transformation. Beide führen somit dazu, daß die Anforderungen des zweiten Kapitels hinsichtlich der Schemadynamik (*DI 1*) nunmehr erfüllt sind. Da beide Vorgehensweisen für unterschiedliche Situationen jeweils besonders geeignet sind, bilden sie eine sinnvolle Ergänzung
zueinander, so daß sich die Frage nach der Auswahl einer von beiden nicht stellt:

- Die Anwendung der ersten Alternative ist stets dann besonders sinnvoll, wenn ein neues
  Werkzeug in eine existierende Umgebung hinein integriert werden soll, da man davon
  ausgehen kann, daß für dieses Werkzeug ein (eigenes) Schema existiert.

- Hingegen zeigt die Schemamodifikation durch Integration dort Schwächen, wo es gezielt
  um (kleinere) Erweiterungen oder Modifikationen an einem Schema geht, da man die
  gewünschte Modifikation nicht direkt formulieren kann, sondern nur als Ergebnis der Integration erhält. Hier bietet sich demzufolge die Modifikation durch direkte Anwendung
  informationserhaltender Transformationen an.

7.1.3   Integration heterogener Datenbanken

Die Ausgangssituation bei der Integration heterogener Datenbanken wird in Abbildung 7.2 dargestellt. Gegeben seien n lokale Datenbasen LDB_i, die jeweils durch ein lokales Datenbasis-
schema $LDBS_i$ beschrieben werden. Heterogenität der LDB_i bedeutet, daß die $LDBS_i$ Schemata
verschiedener Datenmodelle sind. (Diese Heterogenität tritt i.a. zusammen mit einer physischen
Verteilung der lokalen Datenbasen auf.) Die Integration der LDB_i zerfällt nun in zwei Teilaufgaben (vgl. auch [Nava84]):

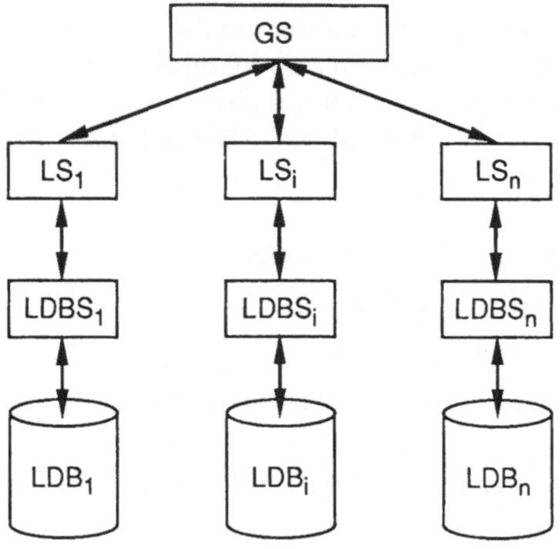

Abbildung 7.2: Integration heterogener Datenbanken

1. Zum einen muß aus den $LDBS_i$ ein globales EODM-Schema GS entwickelt werden, das die
   Informationsstrukturen aller lokalen Datenbasisschemata in einer integrierten Gesamtsicht
   beschreibt.

2. Zum anderen müssen Anfragen, die gegen das globale Schema GS gestellt werden, in Anfragen gegen die lokalen Datenbasisschemata $LDBS_i$ transformiert und auf den lokalen Datenbasen LDB_i ausgeführt werden.

Um das globale Schema zu entwickeln, ist es zunächst erforderlich, die lokalen Datenbasisschemata in lokale Schemata LS_i zu transformieren, die sämtlich Schemata eines Datenmodells, des EODMs, sind. Diese Transformation wird hier nicht behandelt; es sei diesbezüglich auf die zahlreichen Vorschläge für Abbildungen zwischen dem ER-Modell und den klassischen Datenmodellen in [ENT80, ENT83] verwiesen. Ebenso wird das Problem der Transformation von Anfragen gegen das globale Schema in Anfragen gegen die lokalen Datenbasisschemata nicht im Rahmen dieser Arbeit gelöst. Grundsätzlich wird eine Anfrage gegen GS zunächst in Anfragen (derselben DML) gegen die LS_i überführt, die anschließend in Anfragen der heterogenen Datenmodelle transformiert werden, um dann auf den lokalen Datenbasen abzulaufen.

Der prinzipielle Unterschied zur Sichtenintegration besteht darin, daß es nunmehr keine physisch materialisierte Datenbasis zum globalen Schema GS gibt, während bei der Sichtenintegration (i.a.) keine physisch materialisierten Datenbasen zu den lokalen Sichten existieren sondern nur die integrierte Datenbasis. Gleichwohl treten bei der Konstruktion des globalen Schemas GS aus den lokalen Schemata LS_i dieselben Probleme wie bei der Integration lokaler Sichten auf (vgl. auch [Nava84, Schr87]), so daß sich der Einsatz der Integrationsmethode auch für diese Aufgabe anbietet. Hinzu kommt, daß das EODM als semantisches Datenmodell auch über die erforderlichen Generalisierungs- und Aggregierungskonzepte [Nava84] verfügt. Bei der Integration ist allerdings folgende Randbedingung zu beachten:

- Bei der Sichtenintegration werden die lokalen Schemata i.a. durch informationserhaltende Transformationen verändert. Dies ist prinzipiell auch für die lokalen Datenbasisschemata $LDBS_i$ denkbar, scheidet aber praktisch deswegen aus, weil dadurch i.a. lokale Datenbankanwendungen invalidiert würden. Die Zielsetzung besteht gerade in der Integration der heterogenen Datenbasen, ohne diese zu verändern, folglich dürfen die lokalen Schemata LS_i höchstens so transformiert werden, daß eine Abbildung der Anfragen auf die DML der $LDBS_i$ weiterhin möglich ist.

Damit kann die Integrationsmethode auch dazu eingesetzt werden, ein globales EODM-Schema aus heterogenen Datenbasisschemata zu konstruieren, die jeweils in entsprechende lokale EODM-Schemata transformiert worden sind. Bezogen auf das Anwendungsgebiet SPUen bedeutet dies, daß die Integration heterogener SPUen unterstützt wird. Speziell für große Entwicklungsprojekte ist es naheliegend, daß keine einheitliche Entwicklungsumgebung zur Verfügung steht, sondern verschiedenartige Werkzeuge auf unterschiedlichen Rechnern zum Einsatz kommen. Die Integration der heterogenen Datenbasen ist insbesondere für Aufgaben des Projekt- und Produktmanagements sowie für die (softwaretechnische) Integration dezentral entwickelter Komponenten wertvoll.

7.2 Einsatz eines Datenbanksystems in SPUen

Im zweiten Kapitel wurde dargelegt, warum der Datenbankansatz der einzig gangbare Weg ist, um zu leistungsfähigen Dokumentenverwaltungen für SPUen zu kommen. Die Einführung eines Datenbanksystems als Basis einer SPU ist aber zumindest gegenwärtig noch mit folgenden Problemen verbunden:

- Zum einen verlangt eine solche Einführung von den Werkzeugentwicklern das Beherrschen einer neuen Schnittstelle, der Datenbankschnittstelle. Wenngleich das EODM so ausgelegt wurde, daß es wenige, orthogonale, flexible Konzepte beinhaltet, und auch grundsätzlich die Betrachtung eines beliebigen Umweltausschnitts als eine Menge von Objekten und Beziehungen eine natürliche Sichtweise darstellt, muß die Einführung durch methodische Schulung sowie das Bereitstellen von Werkzeugen (z.B. für den Schemaentwurf) unterstützt werden.

- Zum anderen bringt die Einführung eines Datenbanksystems eine Reihe von Problemen im Hinblick auf die Kooperation datenbankbasierter Werkzeuge mit konventionellen, auf Dateisystemen aufsetzenden Werkzeugen mit sich. Die Möglichkeit der Zusammenarbeit von Werkzeugen beider Arten ist jedoch deshalb erforderlich, weil die Entwickler gegenwärtig mit den konventionellen Werkzeugen vertraut sind, weil in der Zeit der Datenbankeinführung noch nicht für alle Aufgaben geeignete datenbankbasierte Werkzeuge verfügbar sind, und weil bestimmte Werkzeuge (wie z.B. Binder, Lader) aufgrund der starken Abhängigkeit vom Betriebssystem-Hersteller auch längerfristig wohl auf den (Betriebssystem-spezifischen) Dateischnittstellen basieren werden.

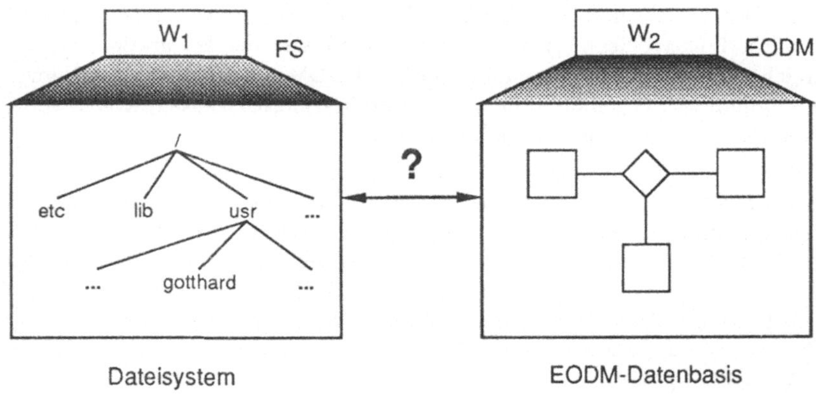

Abbildung 7.3: Problem der Kopplung konventioneller und datenbankbasierter Werkzeuge

In diesem Abschnitt wird das zweite Problem behandelt, und es werden Lösungen entwickelt, wie auch in einer datenbankbasierten SPU konventionelle Werkzeuge betrieben werden können, so daß in der Übergangsphase kein Bruch mit vertrauten Werkzeugen entsteht. Abbildung 7.3 zeigt die Ausgangssituation: Ein Werkzeug W_1 greift über die Schnittstelle *FS* eines Dateiverwaltungssystems auf Dateien zu, ein Werkzeug W_2 über die Schnittstelle *EODM* des Datenbanksystems auf Informationsstrukturen in einer Datenbasis. Abhängig davon, in wie starkem Maße an dem konventionellen Werkzeug W_1 Modifikationen vorgenommen werden sollen oder können, ergeben sich drei prinzipielle Möglichkeiten, die Kooperation mit datenbankbasierten Werkzeugen zu erreichen:

- Kopplung ohne Modifikation des konventionellen Werkzeugs

- Recompilation des konventionellen Werkzeugs

- Integration des konventionellen Werkzeugs

7.2.1 Kopplung ohne Modifikation des konventionellen Werkzeugs

Kann oder soll an einem konventionellen Werkzeug keinerlei Veränderung vorgenommen werden, so ist die folgende Möglichkeit einer Kopplung mit dem Datenbanksystem denkbar (vgl. Abbildung 7.4):

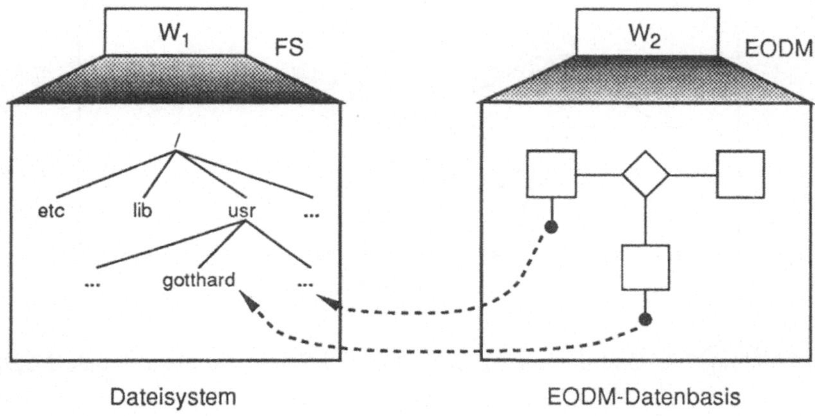

Abbildung 7.4: Kopplung ohne Modifikation des konventionellen Werkzeugs

1. Dokumente und die Beziehungen zwischen ihnen werden durch EODM-Schemata beschrieben und in EODM-Datenbasen abgespeichert.

2. Die Lokalstrukturen der Dokumente werden – entsprechend den Konventionen der sie bearbeitenden Werkzeuge – in Dateien verwaltet, Zugriffe werden über Dateioperatoren der Schnittstelle *FS* abgewickelt.

3. Ein Objekt referenziert die Datei, die die dokumentinternen Strukturen enthält, über den (eindeutigen) *Dateinamen*.

Auf diese Weise können potentiell beliebige Werkzeuge mit dem Datenbanksystem gekoppelt werden, wenngleich dies keine Integration der Informationsstrukturen im Sinne des letzten Kapitels darstellt. Um diese Kopplung sinnvoll nutzen zu können, sind Transformatoren erforderlich, die die Informationsstrukturen der konventionellen Werkzeuge in die *EODM-* Darstellung überführen, und umgekehrt. Systeme, die diesen Ansatz verfolgen, werden z.B. von [Boeh84] und [Nara85] beschrieben. Hier gilt das an entsprechender Stelle des dritten Kapitels Gesagte: Probleme des kontrollierten Zusammenwirkens zwischen Datenbanksystem und Dateiverwaltungssystem entstehen durch das Fehlen einer zentralen Instanz, die in der Lage ist, die Konsistenz zwischen Dateisystem und Datenbasis aufrechtzuerhalten (so muß z.B. jeder Dateiname, der als Attributwert in der EODM-Datenbasis vorkommt, auf eine *existierende* Datei der Gegenseite verweisen).

7.2.2   Recompilation

Die Vorgehensweise bei dieser Art der Kopplung besteht darin (vgl. Abbildung 7.5),

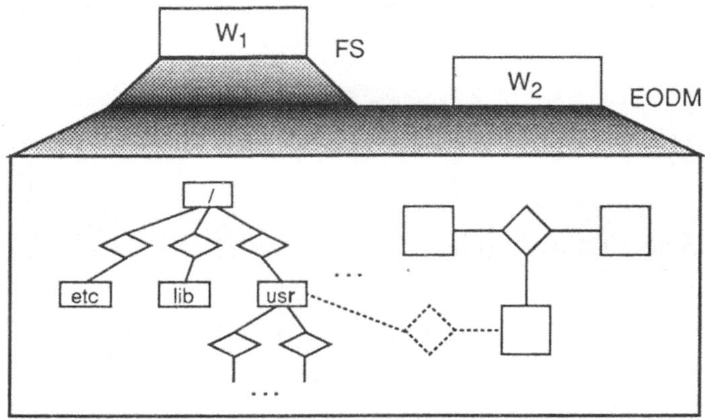

Abbildung 7.5: Realisierung der Schnittstelle *FS* über der Schnittstelle *EODM*

1. die Informationsstrukturen des Werkzeugs W_1 grundsätzlich unverändert zu lassen, allerdings "identisch" in der EODM-Datenbasis zu repräsentieren,

2. die Schnittstelle *FS* des Dateisystems neu zu implementieren, und zwar über der Schnittstelle *EODM* des Datenbanksystems,

3. das Werkzeug W_1 durch Nachübersetzen auf die neu-implementierte *FS*-Schnittstelle zu portieren.

Schritt 1 erfordert zunächst eine Repräsentation der Dateien sowie der Beziehungen zwischen Dateien durch entsprechende Objekt- und Beziehungstypen des EODM sowie die Darstellung der Dateiinhalte durch Attributwerte des Typs LONG_FIELD. Ist dies in der linken Hälfte der Abbildung 7.5 lediglich angedeutet, so zeigt die folgende Abbildung 7.6 vereinfacht ein mögliches EODM-Schema für das UNIX-Dateisystem.

Schritt 2 erfordert dann die Implementierung der Operatoren des Dateisystems (Schnittstelle *FS* in 7.5) auf der Datenbank-Schnittstelle. (Die Datenbankschnittstelle sollte dabei die Möglichkeit bieten, Zugriffsoperatoren *1:1* auf entsprechende LONG_FIELD-Operatoren abzubilden.) Da die Dateistrukturen und -schnittstellen (im Gegensatz zu der Datenbankschnittstelle) i.a. abhängig von dem zugrundeliegenden Betriebssystem sind, sind die Schritte 1 und 2 grundsätzlich für jedes Betriebssystem erneut durchzuführen.

Obwohl auch durch dieses Vorgehen keine Integration im Sinne des letzten Kapitels erreicht wird, werden doch zahlreiche Probleme der ersten Alternative vermieden, da nunmehr sämtliche Informationen unter der zentralen Kontrolle des Datenbanksystems verwaltet werden (so daß z.B. – wie in 7.5 gestrichelt angedeutet – Beziehungen zwischen "Datei-Objekten" und weiteren "gewöhnlichen" Objekten existieren können).

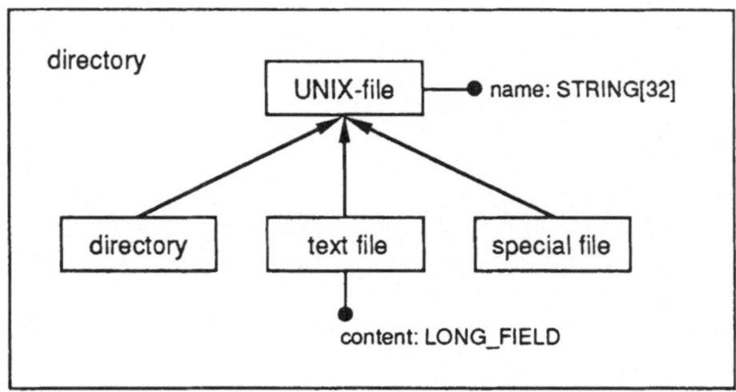

Abbildung 7.6: EODM-Modellierung des UNIX-Dateisystems

7.2.3 Integration

Die letzte Möglichkeit beinhaltet schließlich die weitestgehende Veränderung erzielt aber auch die größtmögliche Integration des konventionellen Werkzeugs. Die Informationsstrukturen von W_1, die bisher in dem Dateisystem verborgen waren, werden durch EODM-Schemata beschrieben, und zwar explizit und nicht monolithisch – vgl. Abbildung 7.7. Die Zugriffe werden vermittels der EODM-Operatoren implementiert, so daß W_1 hernach als datenbankbasiertes Werkzeug entsprechend der Methode des letzten Kapitels integriert werden kann.

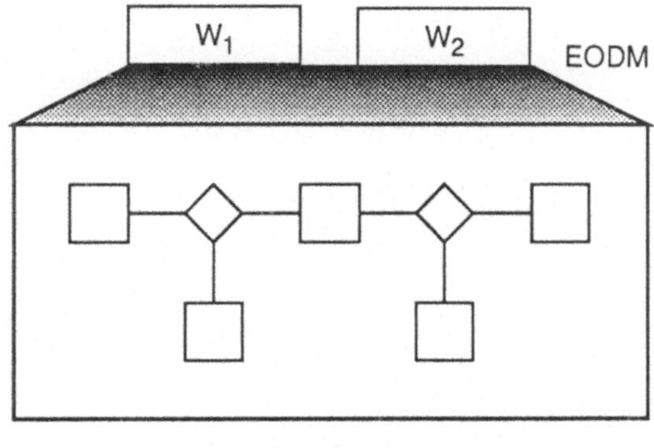

Abbildung 7.7: Kopplung der Werkzeuge durch Integration

In der Praxis wird man vermutlich alle drei Formen der Integration konventioneller Werkzeuge finden: Für einige Werkzeuge (Binder, Lader, etc.) wird man ohne jede Modifikation auskommen müssen, einen großen Teil wird man evtl. durch Nachübersetzen portieren, und einige weitere schließlich im geschilderten Sinne integrieren. In jedem Fall bietet das EODM mit der Integrationsmethode die Möglichkeit, konventionelle Werkzeuge zusammen mit datenbankbasierten Werkzeugen zu betreiben, so daß in der Phase der Datenbankeinführung kein Bruch mit vertrauten Entwicklungswerkzeugen entsteht.

Kapitel 8

Zusammenfassung und Ausblick

Datenbanksysteme ermöglichen es, sämtliche Anforderungen von SPUen hinsichtlich der Verwaltung von Dokumenten zu befriedigen, indem sie einheitlich und zentral alle notwendigen Konzepte (wie Datenmodell, Schutz, Konsistenz, Synchronisation, etc.) bereitstellen. Voraussetzung dafür ist allerdings, daß diese Konzepte auf die Anforderungen von SPUen zugeschnitten werden. Am Ausgangspunkt der Entwicklung eines solchen dedizierten Datenbanksystems steht daher notwendigerweise die Frage nach einem geeigneten Datenmodell als der zentralen Datenbankschnittstelle.

Die Zielsetzung dieser Arbeit bestand in der Entwicklung eines Datenmodells zur Integration von Werkzeugen in Software-Produktionsumgebungen. Die erzielten Ergebnisse bestehen in

- einem Datenmodell (dem Entwurfsobjekt-Datenmodell), dessen Konzepte erstens den Anforderungen an die Modellierung typischer Informationsstrukturen gerecht werden, und das zweitens als implementierbare (und auch bereits implementierte) Datenbankschnittstelle praktisch als Basis der Werkzeugintegration in SPUen einsetzbar ist.

- einer weitgehend automatisierbaren Methode zur systematischen Werkzeugintegration durch Konstruktion globaler, integrierter Sichten aus den lokalen Sichten der Werkzeuge. Techniken dieser Methode lassen sich darüberhinaus auch auf andere, zentrale Probleme beim Einsatz des Entwurfsobjekt-Datenmodells anwenden, indem sie die *schrittweise* Konstruktion *redundanzfreier* Sichten sowie die Integration heterogener Datenbankanwendungen unterstützen.

8.1 Zusammenfassung

Zunächst stand die Frage im Vordergrund, welche Anforderungen von SPUen an die Dokumentenverwaltung (insbesondere hinsichtlich des Datenmodells) ausgehen. Dazu wurden in einer Fallstudie die zentralen Datenstrukturen von Programmierumgebungen untersucht, die unterschiedlichen Sichten von Werkzeugen auf Programme ermittelt und durch ER-Schemata beschrieben. Diese Modellierungen können als prototypisch für den vorliegenden Anwendungsbereich angesehen werden und implizieren die Forderung nach geeigneten Abstraktionskonzepten des Datenmodells (u.a. Vererbung, molekulare Aggregation). Als zusätzliche Erkenntnis erlaubt die Analyse die Folgerung, daß ein Datenmodell, das die geforderten Konzepte beinhaltet, auch für den Einsatz in anderen Entwurfsanwendungen als SPUen nützlich ist. Um aber überhaupt der Vielzahl und Natur der Anforderungen, die neben dem Datenmodell auch alle anderen Datenbankeigenschaften betreffen, gerecht werden zu können, ist es unabdingbar, alle erforderlichen Konzepte und Mechanismen zentral und einheitlich durch eine Systemkomponente bereitzustellen. Das heißt, daß man konsequenterweise SPUen als Datenbankanwendungen, die auf einem dedizierten Datenbanksystem basieren, betrachten muß.

Die Entwicklung des Entwurfsobjekt-Datenmodells folgte der Philosophie, die geforderten Eigenschaften mit wenigen, flexibel einsetzbaren Konzepten zu erbringen: Objekten, allgemeinen Beziehungen, hierarchischen Objekt-Komponenten Beziehungen (die die Bildung strukturierter Objekte erlauben, die überlappend und rekursiv sein können) sowie einem Vererbungskonzept für deskriptive und strukturelle Eigenschaften, das von Objektversionen und in Generalisierungshierarchien ausgenutzt wird. Diese Konzepte erlauben in natürlicher und einheitlicher Weise die Darstellung aller Informationsstrukturen, unabhängig davon, ob sie die Entwurfshierarchie oder Dokument-interne Strukturen eines Werkzeugs beschreiben. Die formale Spezifikation der Konzepte basiert auf verschiedenen axiomatischen Relationen. Die Operatoren des EODM erlauben die Modifikation aller axiomatischen Relationen, so daß die Menge der Operatoren vollständig ist.

Neben leichterer Anwendbarkeit und einfacherer Implementierbarkeit hat die Entwurfsphilosophie der Minimalität der Konzepte einen weiteren Vorteil zur Folge: Sie ermöglicht es, die Gemeinsamkeiten der Anforderungen verschiedener Entwurfsanwendungen in den Basismechanismen des Datenmodells einzufangen, und es damit auch für andere Entwurfsanwendungen einsetzbar zu machen. Gleichwohl beinhaltet diese Vorgehensweise insofern einen gewissen Nachteil, als keine auf eine spezielle Umgebung zugeschnittenen (und damit keine vordefinierten) Konzepte existieren und somit sämtliche Informationsstrukturen jeweils neu zu definieren sind.

Der Komplex der Implementierung des EODM wurde durch die Betrachtung geeigneter Realisierungsalternativen für strukturierte Objekte, allgemeine Beziehungen sowie für das Vererbungskonzept behandelt. Die beiden ersten Punkte wurden dabei im Kontext des Datenbank-Prototypen *DAMOKLES* diskutiert, der eine große EODM-Teilmenge implementiert, und mit dem inzwischen bei einer Reihe von Institutionen Anwendungserfahrung vorliegt. Mit dem Nachweis der Implementierbarkeit ist damit die Grundlage für den praktischen Einsatz des EODM als Datenbankschnittstelle in SPUen gegeben. Die Erfahrungen mit der Prototypimplementierung rechtfertigen darüber hinaus folgende Schlüsse:

- Aus Effizienzgründen ist ein Mechanismus erforderlich, der es erlaubt, strukturierte Objekte in einer die logischen Objekt- und Beziehungsstrukturen widerspiegelnden Repräsentation für eine vom Anwender zu spezifizierende Zeitspanne im Hauptspeicher zu puffern (Objektpuffer). Dabei sind lesende wie schreibende Operationen gleichermaßen effizient zu unterstützen (deferred update).

- Für Datenbankanwendungen, bei denen Effizienz einen hohen Stellenwert einnimmt (wie z.B. SPUen und andere Entwurfsanwendungen) ist eine Datenbankkern-Architektur nur die zweitbeste Alternative gegenüber einer dedizierten Implementierung. Dies gilt umso mehr, je höher die Schnittstelle des Kernsystems in der Abstraktionshierarchie der Schichtenarchitektur einzuordnen ist.

Die vorgeschlagene Methode zur systematischen Konstruktion integrierter Sichten aus lokalen EODM-Schemata zielt auf eine möglichst weitgehende Verschmelzung gemeinsamer Konzepte bei gleichzeitiger Rekonstruierbarkeit der lokalen Sichten ab. Sie zeichnet sich durch folgende Charakteristika aus:

- *Formale Fundierung*

  Die Techniken, auf denen die Integrationsmethode basiert (Ähnlichkeit von Konzepten, informations- und semantikerhaltende Transformationen, Integrationsprimitive), wurden aufbauend auf der Spezifikation der EODM-Konzepte formal beschrieben.

- *Automatisierbarkeit*

  Die formale Fundierung erlaubt eine weitgehende Automation des Integrationsprozesses. Hierunter fällt insbesondere die Erkennung ähnlicher Konzepte. Wo der Eingriff des Integrators aus prinzipiellen Gründen weiterhin erforderlich ist, kann zumindest aufgrund automatisierbarer Analysen der Entscheidungsraum wesentlich eingeschränkt und damit eine Zielgerichtetheit des Vorgehens erreicht werden (z.B. Konflikterkennung, Ähnlichkeitsanalyse).

- *Konstruktivität*

  Die Prozeß der Sichtenintegration und insbesondere die Phase der Integrationsvorbereitung wurde in eine Folge von Teilschritten zerlegt, die teilweise iterativ zu durchlaufen sind. Jeder Schritt stellt eine wohldefinierte Teilaufgabe dar. Das Verfahren garantiert dabei die Terminierung des Gesamtprozesses.

- *Erweiterbarkeit*

  Auch wenn die vorgestellten Techniken (Ähnlichkeitprädikate, Transformations- und Integrationsprimitive) bereits typische Integrationssituationen abdecken, ist es möglich, weitere Techniken entsprechend den hier angewandten Konventionen zu definieren und in die Methode einzubringen. Damit können z.B. Erfahrungen, die sich aus der praktischen Anwendung ergeben, zur Verbesserung der Methode führen.

Die Strukturierung des Integrationsprozesses (d.h. der datenmodell-unabhängige Anteil der Integrationsmethode) stellt darüber hinaus einen generischen Rahmen zur Verfügung, nach dem auch Schemata anderer Datenmodelle integriert werden können, sofern die datenmodell-abhängigen Techniken (Ähnlichkeitsprädikate, Transformations- und Integrationsprimitive) jeweils entsprechend spezifiziert werden.

Die Anwendung von Techniken der Integrationsmethode erlaubt auch die Lösung weiterer Probleme, die für die Anwendbarkeit des EODM und allgemein für die semantische Modellierung sowie den Betrieb eines Datenbanksystems relevant sind:

- So ist erstens die Aufdeckung redundanter Konzepte innerhalb eines EODM-Schemas, z.B. einer lokalen Sicht, durch eine (leicht modifizierte) Ähnlichkeitsanalyse möglich – eine Voraussetzung, um bei der Konstruktion eines Schemas unkontrollierte Redundanz zu vermeiden bzw. zu beseitigen.

- Zweitens kann auch die insbesondere für Entwurfsanwendungen sehr wichtige Frage der dynamischen Modifikation von EODM-Schemata in diesem Zusammenhang beantwortet werden. Zwei alternative Vorgehensweisen – die eine basierend auf der Integration, die andere auf der Anwendung informationserhaltender Transformationen – ermöglichen die aufwärtskompatible Modifikation eines Schemas. Beide sind für verschiedene Formen der Schemamodifikation speziell geeignet und bilden daher eine sinnvolle Ergänzung zueinander.

- Schließlich unterstützt die Methode auch die Integration heterogener Datenbankanwendungen – bezogen auf das vorliegende Anwendungsgebiet also die Integration heterogener, verteilter SPUen – durch Konstruktion einer globalen Sicht aus den lokalen, heterogenen Datenbasen.

Schließlich wurde der Einsatz eines Datenbanksystems als Basis einer SPU und die sich daraus ergebende Frage der Kopplung von konventionellen mit datenbankbasierten Werkzeugen behandelt. Abhängig davon, in welchem Ausmaß Veränderungen an dem konventionellen (auf einem Dateiverwaltungssystem basierenden Werkzeug) vorgenommen werden sollen oder können, gibt es hier drei prinzipielle Möglichkeiten, die von einer relativ losen Kopplung bis zur Integration im Sinne des sechsten Kapitels reichen. In jedem Fall bietet das EODM mit der Integrationsmethode die Möglichkeit, konventionelle Werkzeuge zusammen mit datenbankbasierten Werkzeugen zu betreiben, so daß in der Phase der Datenbankeinführung kein Bruch mit vertrauten Entwicklungswerkzeugen entsteht.

8.2 Ausblick

Der bisherige Einsatz des *DAMOKLES-* Prototypen hat gezeigt, daß die Modellierungskonzepte des EODM insgesamt als angemessen bewertet werden können. Die Schemata der einzelnen Anwendungen wurden teilweise jedoch so komplex (ihre Entwicklung damit entsprechend aufwendig), daß der effiziente Einsatz objektorientierter Datenmodelle in Entwurfsanwendungen künftig wesentlich von der Verfügbarkeit von Datenbank-Werkzeugen abhängt, die den methodischen Entwurf von Datenbankschemata in all seinen Teilphasen unterstützen, sowie die Verwaltung der entworfenen Schemata übernehmen (z.B. Schema-Editoren, wissensbasierte Modellierungswerkzeuge, Integrationswerkzeuge, Data Dictionary Systeme).[33] Sinnvollerweise sind diese Werkzeuge eng mit dem Ziel-Datenbanksystem gekoppelt. Grundsätzlich ist aber die Entwicklung einer umfassenden, werkzeugunterstützten Datenbankentwurfsumgebung für objektorientierte Datenbankanwendungen weiterhin ein offenes Problem (und damit auch die Integration des EODM sowie der vorgeschlagenen Integrationsmethode in eine solche Umgebung).

Darüber hinaus hat sich (erwartungsgemäß) herausgestellt, daß die Effizienz des Datenbanksystems für ein akzeptables Antwortzeitverhalten eines Werkzeugs von ausschlaggebender Bedeutung ist – insbesondere im Vergleich zu Werkzeugen, die auf konventionellen Dateisystemen basieren.[34] Wurde im Rahmen dieser Arbeit die grundsätzliche Implementierbarkeit der EODM-Konzepte diskutiert, so bietet künftig die Frage der *effizienten* Realisierung objektorientierter Datenmodelle ein weites Betätigungsfeld. Das Konzept der strukturierten Objekte legt in diesem Zusammenhang zwei Ansatzpunkte für effizienzsteigernde Maßnahmen nahe:

---

[33] Basierend auf der vorgestellten Methode wird derzeit die Entwicklung eines wissensbasierten Werkzeugs zur Schemaintegration im Rahmen einer Diplomarbeit durchgeführt.

[34] Dabei ist allerdings zu berücksichtigen, daß ein Datenbanksystem eine Schnittstelle relativ hohen Abstraktionsniveaus implementiert, und daß außerdem mit Eigenschaften wie z.B. Mehrbenutzersynchronisation und Datensicherheit unvermeidbar ein gewisser Overhead verbunden ist, der dann jedoch an anderer Stelle – nämlich bei den Werkzeugen – eingespart wird.

- Die *Clusterung* der Komponenten strukturierter Objekte, d.h. die physisch benachbarte Abspeicherung von Exemplaren die logisch zusammengehören, ermöglicht einen effizienten Zugriff auf ein strukturiertes Objekt als ganzes. Um auch im Falle sich überlappender strukturierter Objekte eine hohe Clusterungsgüte zu erreichen, sind Mechanismen erforderlich, um Prioritäten bei der Auflösung von Konflikten auszudrücken und um geeignete Reorganisationszeitpunkte zu ermitteln.

- Spezielle Techniken zur *Pufferung* aller Komponenten eines strukturierten Objekts für den Zeitraum seiner Bearbeitung im Hauptspeicher ("Objektpuffer") ermöglichen eine effiziente komponentenweise Verarbeitung, da in dieser Zeit zum einen keine Hintergrundspeicherzugriffe auftreten, und zum anderen die ständige, rechenintensive Abbildung der EODM-Strukturen auf die Seitenebene des konventionellen Systempuffers entfällt (deferred Update).

Die Vorteile der Nutzung geeigneter Datenbanksysteme als Basis von SPUen liegen grundsätzlich darin, daß Leistungen, die bisher in Werkzeugen implementiert wurden (wie z.B. Versionsverwaltung, Konsistenzsicherung, etc.), oder aber nur durch Benutzerdisziplin sichergestellt werden konnten, künftig zentral und für alle Werkzeuge und Benutzer einheitlich vom Datenbanksystem bereit- und sichergestellt werden. Die Entwicklung von Werkzeugen wird damit weniger aufwendig, insbesondere wenn künftig auch für objektorientierte Datenbanksysteme (Datenbank-) Werkzeuge verfügbar sind, die den Anwendungsgeneratoren heutiger kommerzieller Datenbanksysteme ("Sprachen der 4. Generation") vergleichbar sind. Die optimale Nutzung objektorientierter Datenbanksysteme in Entwurfsanwendungen erfordert jedoch noch eine Reihe von Anpassungen und weiterführenden Arbeiten:

- Werkzeuge werden künftig primär für Datenbanksysteme entworfen, und nicht zunächst auf Dateisystemen implementiert, um dann diese Implementierung anschließend auf einem Datenbanksystem (in wenig optimaler Weise) nachzubilden.

- Konventionelle Werkzeuge, die bereits existieren, werden sinnvollerweise in die Datenbankumgebung portiert. Dazu sind deren Datenstrukturen in äquivalente Strukturen des Datenmodells zu transformieren, die Zugriffsoperationen sind durch solche des Datenbanksystems zu ersetzen. Hierzu sind künftig Konvertierungswerkzeuge erforderlich, die diese Portierung mindestens für Klassen gleichartiger (z.B. auf DIANA basierender) Werkzeuge automatisieren.

- Werkzeuge werden unter der Voraussetzung entwickelt, daß sie mit anderen Werkzeugen integriert werden. Das bedeutet, daß die Dokumentation der Informationsstrukturen in Form der Schemata mindestens zugänglich sind, darüberhinaus möglichst sogar standardisiert werden.

- Die optimale Nutzung eines Datenbanksystems erfordert eine entsprechende Sicht- und Denkweise der Software-Ingenieure: Eigenschaften, die ein Objekt alleine hat, sind zu unterscheiden von Eigenschaften, die ein Objekt nur in Verbindung mit anderen hat (die somit eine Beziehung zwischen Objekten charakterisieren). Beziehungen (jedweder Art) sind explizit zu modellieren, anstatt sie in den Objektstrukturen zu verbergen. Diese Sichtweise ist durch entsprechende Schulung in den Modellierungskonzepten des Datenmodells zu unterstützen.

- Der Einsatz eines Datenbanksystems als Grundlage einer SPU legt die Nutzung desselben Datenbanksystems auch als Basis der vermittels der SPU entwickelten Anwendungssoftware nahe. Der wesentliche Vorteil liegt darin, daß der Software-Ingenieur nur *eine* Datenbankschnittstelle beherrschen muß. (Analog zu Programmiersprachen kann man auch hier ohnehin davon ausgehen, daß ein Software-Entwickler zu einem Zeitpunkt auch nur ein Datenmodell wirklich beherrschen kann.) Dies erfordert allerdings eine mehr endbenutzerorientierte (und weniger eine werkzeugorientierte) Datenbank-Schnittstelle – etwa in Form einer deskriptiven, mengenorientierten, graphikunterstützten Schnittstelle.[35]

Müssen die zu entwickelnden Anwendungsprogramme eine andere Datenbankschnittstelle (etwa die eines kommerziellen Datenbanksystems) benutzen, so kommt dieses Vorgehen nicht infrage. In diesem Fall sollte es aber mit relativ wenig Aufwand möglich sein, das (i.a. standardisierte) kommerzielle Datenmodell auf dem EODM zu implementieren, so daß der Test der Anwendungssoftware zum größten Teil innerhalb der Software-Produktionsumgebung durchgeführt werden kann.

---

[35][Schi88] beschreibt den Entwurf einer deskriptiven, an SQL angelehnten Datenbankschnittstelle für das EODM.

Kapitel 9

Literatur

[Abra87]   Abramowicz, K. et al.: *DAMOKLES: Entwurf und Implementierung eines Datenbanksystems für den Einsatz in Software-Produktionsumgebungen.* Proc. GI-Fachgespräch *Datenbanken für Software-Engineering,* Dortmund, Softwaretechnik-Trends, Oktober 1987.

[Abra88]   Abramowicz, K. et al.: *Support for Design Processes in a Structurally Object-Oriented Database System.* Erscheint in: Proc. 2nd International Workshop on Object-Oriented Database Systems, Bad Münster, Germany, September 1988.

[Ada83]   *The Programming Language Ada Reference Manual.* ANSI/MIL-STD-1815A-1983. Lecture Notes in Computer Science 155, Springer-Verlag, 1983.

[Aho86]   Aho, A.A.; Sethi, R.; Ullman, J.D.: *Compilers, Principles, Techniques, and Tools.* Addison-Wesley, 1986.

[Alba85]   Albano, A.; de Antonellis, V.; di Leva, A. (eds.): *Computer-Aided Database Design: The DATAID Project.* North-Holland Publishing Company, Amsterdam, 1985.

[Atwo85]   Atwood, T.M.: *An Object-Oriented DBMS for Design Support Applications.* Proc. IEEE COMPINT, Montreal, 1985, pp. 299-307.

[Balz87]   Balzer, R.M.: *Living in the Next Generation Operating Systems.* IEEE Software, Vol. 4, No. 6, Nov. 1987, pp. 77-85.

[Banc81]   Bancilhon, F.; Spyratos, N.: *Update Semantics and Relational Views.* ACM Transactions on Database Systems, Vol. 6, No. 4, Dec. 1981.

[Bars84]   Barstow, D.R.; Shrobe, H.E.; Sandewall, E. (eds.): *Interactive Programming Environments.* McGraw-Hill, 1984.

[Bati83]   Batini, C.; Lenzerini, M.; Moscarini, M.: *Views Integration.* In: [Ceri83b], pp. 57-84.

[Bati84]   Batini, C.; Lenzerini, M.: *A Methodology for Data Schema Integration in the Entity-Relationship Model.* IEEE Transactions on Software Engineering, Vol. SE-10, No. 6, November 1984, pp. 650-664.

[Bato84]   Batory, D.S.; Buchmann, A.P.: *Molecular Objects, Abstract Data Types and Data Models: A Framework.* Proc. 10th International Conference on Very Large Data Bases, Singapore, August 1984, pp. 172-184.

[Bato85]   Batory, D.S.; Kim, W.: *Modeling Concepts for VLSI CAD Objects.* ACM Transactions on Database Systems, Vol. 10, No. 3, September 1985, pp. 322-346.

[Baye81]   Bayer, M. et al.: *Software Development in the CDL2 Laboratory.* In: [Hünk81], pp. 97-118.

[Bigg87]   Biggerstaff, T.; Ellis, C.; Halasz, F.; Kellogg, C.; Richter, C.; Webster, D.: *Information Management Challenges in the Software Design Process.* IEEE Database Engineering, Vol. 10, No. 1, March 1987, pp. 24-31.

[Bobr77]   Bobrow, D.G. and T. Winograd: *An Overview of KRL, a Knowledge Representation Language.* Cognitive Science (1), 1977, pp. 3-46.

[Bobr79]   Bobrow, D.G. and T. Winograd: *KRL Another Perspective.* Cognitive Science (3), 1979, pp. 29-42.

[Boeh76]   Boehm, B.W.: *Software Engineering.* IEEE Transactions on Computers, Vol. C-25, No. 12, December 1976, pp. 1226-1241.

[Boeh84]   Boehm, B.W. et al.: *A Software Development Environment for Improving Productivity.* IEEE Computer, Vol. 17, No. 6, June 1984, pp. 30-44.

[BTW85]   Blaser, A.; Pistor, P. (eds.): *Datenbank-Systeme für Büro, Technik und Wissenschaft.* Proc. GI-Fachtagung, Karlsruhe, Informatik-Fachberichte 94, Springer-Verlag, 1985.

[CAIS85]   KAPSE Interface Team (KIT) and KIT-Industry-Academia (KITIA): *Military Standard Common Apse Interface Set (CAIS.)* Proposed MIL-STD-CAIS, Ada Joint Program Office, 31 January 1985.

[Carn70]   Carnap, R.: *Meaning and Necessity.* Second Edition. The University of Chicago Press, Chicago and London, 1970.

[Ceri83a]   Ceri, S.; Crespi-Reghizzi, S.: *Relational Data Bases in the Design of Program Construction Systems.* ACM SIGSOFT Software Engineering Notes, Vol. 8 No. 3, July 1983, pp. 17-29.

[Ceri83b]   Ceri, S. (ed.): *Methodology and Tools for Database Design.* North-Holland Publishing Company, Amsterdam, 1983.

[Chen76]   Chen, P.P.-S.: *The Entity-Relationship Model – Toward a Unified View of Data.* ACM Transactions on Database Systems, Vol. 1, No. 1, March 1976, pp. 9-36.

[Cope84]   Copeland, G.; Maier, D.: *Making Smalltalk a Database System.* Proc. ACM SIGMOD Int. Conference on Management of Data, 1984, pp. 316-325.

[Dada84]   Dadam, P.; Lum, V.; Werner, H.-D.: *Integration of Time Versions into a Relational Database System.* Proc. 10th International Conference on Very Large Data Bases, Singapore, August 1984, pp. 509-522.

[Dada86]   Dadam, P. et al.: *A DBMS Prototype to Support Extended NF2 Relations: An Integrated View on Flat Tables and Hierarchies.* Proc. ACM SIGMOD International Conference on Management of Data, Washington, May 1986, pp. 356-387.

[Date86]   Date, C.J.: *An Introduction to Database Systems.* Volume 1, Fourth Edition, Addison Wesley, 1986.

[Daus85]   Dausmann, M.: *Informationsstrukturen und Verfahren für die getrennte Übersetzung von Programmteilen.* Oldenbourg Verlag, 1985.

[Daya82]   Dayal, U.; Bernstein, P.A.: *On the Correct Translation of Update Operations on Relational Views.* ACM Transactions on Database Systems, Vol. 7, No. 3, Sept. 1982.

[Daya84]   Dayal, U.; Hwang, H.: *View Definition and Generalization for Database Integration in a Multidatabase System.* IEEE Transactions on Software Engineering, Vol. SE-10, No. 6, November 1984, pp. 628-645.

[DeRe76]   DeRemer, F.; Kron, H.H.: *Programming-in-the-Large Versus Programming-in-the-Small.* IEEE Transactions on Software Engineering, Vol. SE-2, No. 2, June 1976, pp. 80-86.

[Ditt85]   Dittrich, K.R.; Kotz, A.M.; Muelle, J.A.: *A Multilevel Approach to Design Databases and its Basic Mechanisms.* Proc. IEEE COMPINT, Montreal, 1985, pp. 313-325.

[Ditt86]   Dittrich, K.R.; Kotz, A.M.; Mülle, J.A.: *An Event/Trigger Mechanism to Enforce Complex Consistency Constraints in Design Databases.* ACM SIGMOD Record, Vol. 15, No. 3, September 1986, pp. 22-36.

[Ditt87]   Dittrich, K.R.: *Object-Oriented Database Systems – A Workshop Report.* In: [ENT87], pp. 51-66.

[Dolo76]   Dolotta, T.A.; Mashey, J.R.: *An Introduction to the Programmers Workbench.* Proc. Second International Conference on Software Engineering, 1976, pp. 164-168.

[Donz84]   Donzeau-Gouge, V. et al.: *Document Structure and Modularity in Mentor.* In: [Hend84], pp. 141-148.

[Dows87]   Dowson, M.: *ISTAR – an Integrated Project Support Environment.* In: [Hend87], pp. 27-33.

[Eick84]   Eick, C.F.: *Methoden und rechnergestützte Werkzeuge für den logischen Datenbankentwurf.* Dissertation, Fakultät für Informatik, Universität Karlsruhe, Juli 1984.

[ENT80]   Chen, P.P.-S. (ed.): *Entity-Relationship Approach to Systems Analysis and Design.* Proc. 1st International Conference on Entity-Relationship Approach, Los Angeles, Dec. 1979, North Holland, 1980.

[ENT83]   Davies, C.G. et al. (eds.): *Entity-Relationship Approach to Software Engineering.* Proc. 3rd International Conference on Entity-Relationship Approach, Anaheim, Ca., Oct. 1983, North Holland, 1983.

[ENT87]   Spaccapietra, S. (ed.): *Proc. 5th International Conference on Entity-Relationship Approach.* Dijon, France, November 1986, Elsevier Science Publishers B.V. (North Holland), 1987.

[Fagi79]   Fagin, R.; Nievergelt, J.; Pippenger, N.; Strong, H.R.: *Extendible Hashing – A Fast Access Method for Dynamic Files.* ACM Transactions on Database Systems, Vol. 4, No. 3, September 1979, pp. 315-344.

[Feld79]   Feldman, S.I.: *MAKE – A Program for Maintaining Computer Programs.* Software Practice and Experience, Vol. 9, 1979, pp. 255-265.

[Garl86]   Garlan, D.: *Views for Tools in Integrated Environments.* Proc. IFIP WG2.4 International Workshop on Advanced Programming Environments, Trondheim, Norway, June 1986.

[Gold83]   Goldberg, A.; Robson, D.: *Smalltalk-80: The Language and its Implementation.* Addison-Wesley, 1983.

[Goos83a] Goos, G.: *The Software Life Cycle.* In: Muxworthy, D.T. (ed.): Programming for Software Sharing, 1983, Brussels and Luxembourg, pp. 3-13.

[Goos83b] Goos, G.; Wulf, W.A.; Evans, A.; Butler, K.J. (eds.): *DIANA An Intermediate Language for Ada.* Lecture Notes in Computer Science 161, Springer-Verlag, 1983.

[Gott86]   Gotthard, W. et al.: *DAMOKLES – Das Datenmodell des UNIBASE-Entwicklungsdatenbanksystems.* Verbundprojekt UNIBASE, Projektbericht, Forschungszentrum Informatik, Karlsruhe, März 1986.

[Härd85]   Härder, T.; Reuter, A.: *Architektur von Datenbanksystemen für Non-Standard-Anwendungen.* In [BTW85], pp. 253-286.

[Härd86]   Härder, T. et al.: *KUNICAD – Ein datenbankgestütztes geometrisches Modellierungssystem für Werkstücke.* Universität Kaiserslautern, Fachbereich Informatik, SFB 124, Bericht Nr. 22/86, Januar 1986.

[Härt87]   Härtig, M.: *Feinplanung und Implementierung eines "Internal Object Managers" für das Datenbanksystem DAMOKLES.* Diplomarbeit, Forschungszentrum Informatik, Karlsruhe, 1987.

[Hall76]   Hall, P.; Owlett, J.; Todd, S.: *Relations and Entities.* In: Nijssen, G.M. (ed.): Modelling in Data Base Management Systems, North-Holland, 1976, pp. 201-220.

[Hart85]   Hartzband, D.J.; Maryanski, F.J.: *Enhancing Knowlegde Representation in Engineering Databases.* IEEE Computer, September 1985, pp. 39-48.

[Hask82]   Haskin, R.L.; Lorie, R.A.: *On Extending the Functions of a Relational Database System.* Proc. ACM SIGMOD International Conference on Management of Data, June 1982, pp. 207-212.

[Hend84]   Henderson, P. (ed.): *Proc. ACM SIGSOFT/SIGPLAN Software Engineering Symposium on Practical Software Engineering Environments*. ACM Software Engineering Notes, Vol. 9, No. 3, May 1984.

[Hend87]   Henderson, P. (ed.): *Proc. ACM SIGSOFT/SIGPLAN Software Engineering Symposium on Practical Software Development Environments*. Palo Alto, December 1986, SIGPLAN Notices, Vol. 22, No. 1, January 1987.

[Howd82]   Howden, W.E.: *Contemporary Software Development Environments*. Communications of the ACM, Vol. 25, No. 5, May 1982, pp. 318-329.

[Hünk81]   Hünke, H. (ed.): *Software Engineering Environments*. Proc. of the Symposium, Lahnstein, FRG, June 1980, North Holland Publishing Company, Amsterdam, January 1981.

[ISO82]   van Griethuysen, J.J. (ed.): *Concepts and Terminology for the Conceptual Schema and the Information Base*. International Organization for Standardization, ISO/TC97/SC5/WG3, no. ISO/TC97/SC5 – N 695, 1982.

[IST83]   Imperial Software Technology Ltd.: *Requirements for Software Engineering Databases – Final Report*. June 1983.

[Jajo83]   Jajodia, S.; Ng, P.A.; Springsteel, F.N.: *The Problem of Equivalence for Entity-Relationship Diagrams*. IEEE Transactions on Software Engineering, Vol. SE-9, No. 5, September 1983, pp. 617-630.

[Kais87]   Kaiser, G.E.; Schwanke, R.W.: *Smarter Recompilation*. Proc. Conference on Principles on Programming Languages, 1987.

[Katz85]   Katz, R.H.: *Information Management for Engineering Design*. Springer-Verlag, 1985.

[Kell86]   Keller, A.M.: *The Role of Semantics in Translating View Updates*. IEEE Computer, January 1986, pp. 63-73.

[Kers86]   Kerschberg, L. (ed.): *Proc. 1st International Workshop on Expert Database Systems*. The Benjamin Cummings Publishing Company, 1986.

[Lebl84]   Leblang, D.L.; Chase, R.P.: *Computer Aided Software Engineering in a Distributed Environment*. In: [Hend84], pp. 104-112.

[Lehm84]   Lehman, M.M.; Stenning, V.; Turski, W.M.: *Another Look at Software Design Methodology*. ACM SIGSOFT Software Engineering Notes, Vol. 9, No. 2, April 1984, pp. 38-53.

[Lehm86]   Lehman, M.M.: *Approach to a Disciplined Development Process: The ISTAR Integrated Project Support Environment*. ACM SIGSOFT Software Engineering Notes, Vol. 11, No. 4, August 1986, pp. 28-33.

[Lehn79]   Lehnert, W. and Y. Wilks: *A Critical Perspective on KRL*. Cognitive Science (3), 1979, pp. 1-28.

[Lewe85]   Lewerentz, C.; Nagl, M.: *Incremental Programming in the Large: Syntax-Aided Specification Editing, Integration and Maintenance.* Proc. 18th Hawaii Int. Conference on System Sciences, 1985, Vol. II, pp. 638-649.

[Lint84]   Linton, M.A.: *Implementing Relational Views of Programs.* In: [Hend84], pp. 132-140.

[Lock85]   Lockemann, P.C. et al.: *Anforderungen technischer Anwendungen an Datenbanksysteme.* In: [BTW85], S. 1-26.

[Lock87]   Lockemann, P.C.; Schmidt, J.W. (Hrsg.): *Datenbank-Handbuch.* Springer-Verlag, Berlin Heidelberg, 1987.

[Lüke83]   Lüke, B.: *DANTE – Ein semantisches Datenmodell für Anwendungen aus dem Konstruktionsbereich.* Universität Karlsruhe, Fakultät für Informatik, Interner Bericht 17/83, September 1983.

[Maie85]   Maier, D. et al.: *Object-Oriented Database Development at Servio Logic.* IEEE Database Engineering, Vol. 8, No. 4, December 1985, pp. 58-65.

[Moll87]   Moll, P.: *Entwurf und Implementierung einer Data Dictionary Komponente für das Datenbanksystem DAMOKLES.* Diplomarbeit, Universität Karlsruhe, Fakultät für Informatik, April 1987.

[Nara85]   Narayanaswamy, K.; Scacchi, W.; McLeod, D.: *Information Management for Evolving Software Systems.* University of Southern California, Los Angeles, Technical Report USC TR 85-324, March 1985.

[Nara87]   Narayanaswami, K.; Scacchi, W.: *Maintaining Configurations of Evolving Software Systems.* IEEE Transactions on Software Engineering, Vol. SE-13, No. 3, March 1987, pp. 324-334.

[Nava82]   Navathe, S.B.; Gadgil, S.G.: *A Methodology for View Integration in Logical Database Design.* Proc. 8th International Conference on Very Large Data Bases, Mexico City, September 1982, pp. 142-155.

[Nava84]   Navathe, S.; Sashidhar, T.; Elmasri, R.: *Relationship Merging in Schema Integration.* Proc. 10th International Conference on Very Large Data Bases, Singapore, August 1984, pp. 78-90.

[Nava86]   Navathe, S.; Elmasri, R.; Larson, J.: *Integrating User Views in Database Design.* IEEE Computer, January 1986, pp. 50-62.

[Nest81]   Nestor, J.R. et al.: *IDL – Interface Description Language: Formal Descriptions.* Technical Report CMU-CS-81-139, Carnegie Mellon University, Computer Science Department, August 1981.

[Nest86]   Nestor, J.: *Toward a Persistent Object Base.* Proc. IFIP WG 2.4 International Workshop on Advanced Programming Environments, Trondheim, Norway, June 1986.

[Neum83a]   Neumann, T.: *Konzepte zur Erweiterung von Datenbanksystemen für die Unterstützung von CAD/CAM-Anwendungen.* Dissertation, Fachbereich Informatik, Technische Hochschule Darmstadt, März 1983.

[Neum83b]   Neumann, T.: *On Representing the Design Information in a Common Database.*
Proc. of the Annual Meeting – Database Week – Engineering Design Applications,
IEEE Computer Society, May 1983.

[Newc86]   Newcomer, J.M.: *IDL: Past Experience and New Ideas.* Proc. IFIP WG2.4 International Workshop on Advanced Programming Environments, Trondheim, Norway, June 1986.

[PCTE85]   BULL; GEC; ICL; Nixdorf; Olivetti; Siemens: *PCTE – A Basis for a Portable
Common Tool Environment: Functional Specifications.* Third Edition, Volume 1,
1985.

[Pers85]   Persch, G. et al.: *Karlsruhe Ada Environment.* Arbeitspapiere der GMD 151,
April 1985.

[Powe83a]   Powel, M.L.; Linton, M.A.: *A Database Modell of Debugging.* Software Engineering Notes, Vol. 8, No. 4, 1983, pp. 67-70.

[Powe83b]   Powel, M.L.; Linton, M.A.: *Database Support for Programming Environments.*
Proc. of the Annual Meeting – Database Week – Engineering Design Applications,
IEEE Computer Society, May 1983, pp. 63-70.

[Raup84]   Raupp, Th.: *Qualitätsverbessernde Transformationen konzeptueller Schemata –
Grundlagen, Verfahren und Werkzeuge.* Diplomarbeit, Fakultät für Informatik,
Universität Karlsruhe, 1984.

[Raup86]   Raupp, T.; Abramowicz, K.; Dittrich, K.R.; Gotthard, W.; Längle, R.; Wenner,
T.: *DAMOKLES Systemarchitektur.* Verbundprojekt UNIBASE, Projektbericht
FZI.0002.02, Forschungszentrum Informatik, Karlsruhe, 23.07.1986.

[Roch75]   Rochkind, M.J.: *The Source Code Control System.* IEEE Transactions on Software
Engineering, Vol. SE-1, No. 4, December 1975, pp. 364-370.

[Sant80]   dos Santos, C.S. et al.: *A Data Type Approach to the Entity-Relationship Model.*
In: [ENT80], pp. 103-119.

[Sche80]   Scheuermann, P. et al.: *Abstraction Capabilities and Invariant Properties Modelling within the Entity-Relationship Approach.* In: [ENT80], pp. 121-140.

[Sche83]   Schek, H.-J.; Scholl, M.: *Die NF^2-Relationenalgebra zur einheitlichen Manipulation externer, konzeptueller und interner Datenstrukturen.* Informatik-Fachberichte, Bd. 72, Springer-Verlag, 1983.

[Schi88]   Schiefer, B.: *Entwurf einer deskriptiven, mengenorientierten Anfragesprache für
ein erweitertes Entity-Relationship Modell.* Diplomarbeit, Fakultät für Informatik,
Universität Karlsruhe, Aprill 1988.

[Sidl80]   Sidle, T.W.: *Weaknesses of Commercial Data Base Management Systems for Engineering Applications.* Proc. 17th Design Automation Conference, Minneapolis,
June 1980, pp. 57-61.

[Smit77a]   Smith, J.M.; Smith, D.C.P.: *Database Abstractions: Aggregation.* Communications of the ACM, Vol. 20, No. 6, June 1977.

[Smit77b]   Smith, J.M.; Smith, D.C.P.: *Database Abstractions: Aggregation and Generalization.* ACM Transactions on Database Systems, Vol. 2, No. 2, June 1977, pp. 105-133.

[Snod86]   Snodgrass, R.; Shannon, K.: *The SoftLab Project – Supporting Flexible and Efficient Tool Integration.* Proc. IFIP WG2.4 Int. Workshop on Advanced Programming Environments, Trondheim, Norway, June 1986, pp. 281-316.

[Stef86]   Stefik, M. and D.G. Bobrow: *Object-Oriented Programming: Themes and Variations.* The AI Magazine, Vol. 6, No. 4, 1986, pp. 40-62.

[Ston75]   Stonebraker, M.L.: *Implementation of Integrity Constraints and Views by Query Modification.* Proc. ACM SIGMOD Conference, San Jose, California, May 1975.

[Ston83]   Stonebraker, M.; Rubenstein, B.; Guttmann, A.: *Application of Abstract Data Types and Abstract Indices to CAD Databases.* Proc. Annual Meeting – Database Week – Engineering Design Applications, IEEE Comp. Soc., May 1983.

[Teit81]   Teitelbaum, T.; Reps, T.: *The Cornell Program Synthesizer: A Syntax-Directed Programming Environment.* Communications of the ACM, Vol. 24, No. 9, September 1981, pp. 563-573.

[Teor82]   Teorey, T.J.; Fry, J.P.: *Design of Database Structures.* Prentice Hall, 1982.

[Tich85]   Tichy, W.F.: *RCS – A System for Version Control.* Software Practice and Experience, Vol. 15, No. 7, 1985, pp. 637-654.

[Tich86]   Tichy, W.F.: *Smart Recompilation.* ACM Transactions on Programming Languages and Systems, Vol. 8, No. 3, July 1986, pp. 273-291.

[Wenz85]   Wenzel, G.: *Methoden und Werkzeuge zur Integration konzeptueller Datendefinitionen.* Diplomarbeit, Fakultät für Informatik, Universität Karlsruhe, 1985.

[Wett79]   Wettstein, H.: *Assemblierer und Binder.* Carl Hanser Verlag, 1979.

[Wirt83]   Wirth, N.: *Programming in MODULA-2.* 2nd Edition, Springer-Verlag, Berlin, 1983.

[Yao85]   Yao, S.B. (ed.): *Principles of Database Design. Volume 1: Logical Organizations.* Prentice Hall Inc., Englewood Cliffs, N.J. 07632, 1985.

[Zani86]   Zaniolo, C. et al.: *Object Oriented Database Systems and Knowledge Systems.* In: [Kers86], pp. 49-64.

[Zdon85]   Zdonik, S.: *Object Management Systems for Design Environments.* IEEE Database Engineering, Vol. 8, No. 4, December 1985, pp. 23-30.

[Zdon86a]   Zdonik, S.B.; Wegner, P.: *Language and Methodology for Object-Oriented Database Environments.* Proc. 19th Annual Hawaii International Conference on System Sciences, 1986, pp. 378-387.

[Zdon86b]   Zdonik, S.B.: *Version Management in an Object-Oriented Database.* Proc. IFIP WG 2.4 International Workshop on Advanced Programming Environments, Trondheim, Norway, June 1986.

Anhang A

Datendefinitionssprache des EODM

A.1   Schema

| 1.1 | *schema* | ::= | "SCHEMA" *schema_id* |

1.1 *schema* ::= "SCHEMA" *schema_id*
[*import*]
[*declarations*]
[*export*]
"END" *schema_name* .

1.2 *declarations* ::= "DECLARATIONS" *declaration* + .

1.3 *declaration* ::= *constant_decl*
| *synonym_decl*
| *value_set_decl*
| *object_type_decl*
| *relship_type_decl* .

1.4 *import* ::= "IMPORT" *import_clause* + .

1.5 *import_clause* ::= "FROM" *schema_denotation import_list* .

1.6 *schema_denotation* ::= *schema_name* .

1.7 *import_list* ::= "ALL"
| (*import_object_denotation* // ",") .

1.8 *import_object_denotation* ::= *constant_denotation*
| *value_set_denotation*
| *type_denotation* .

1.9 *export* ::= "EXPORT" (*export_object_denotation* // ",").

1.10 *export_object_denotation* ::= *constant_denotation*
| *value_set_denotation*
| *type_denotation* .

A.2 Lexikalische Elemente

2.1	*id*	::=	*letter letter_digit * .*
2.2	*name*	::=	*letter letter_digit * .*
2.3	*letter_digit*	::=	*letter* | *digit* .
2.4	*letter*	::=	"a" ... "z" | "A" ... "Z" | "_" .
2.5	*digit*	::=	"0" ... "9" .
2.6	*hex_digit*	::=	*digit* | "a" ... "f" | "A" ... "F" .
2.7	*char_constant*	::=	"'" *char* "'" .
2.8	*int_constant*	::=	*decimal_constant* | *hex_constant* .
2.9	*decimal_constant*	::=	*digit* + .
2.10	*hex_constant*	::=	"0x" *hex_digit* + .
2.11	*string_constant*	::=	"" "" *char* * """" .
2.12	*date_constant*	::=	"@" [*day* "."] *month* "." *year* ["," *hour* ":" *minute*] "" .
2.13	*day*	::=	*decimal_constant* .
2.14	*month*	::=	*decimal_constant* .
2.15	*year*	::=	*decimal_constant* .
2.16	*hour*	::=	*decimal_constant* .
2.17	*minute*	::=	*decimal_constant* .

A.3   Konstanten

3.1   *constant_decl*   ::=   "CONST" *c_decl* + .

3.2   *c_decl*   ::=   *constant_id* "=" *constant_expr* ";" .

3.3   *constant_expr*   ::=   *term*
                                 | *sum* .

3.4   *sum*   ::=   *constant_expr sum_op term* .

3.5   *sum_op*   ::=   "+" | "−" .

3.6   *term*   ::=   *factor*
                                 | *product* .

3.7   *product*   ::=   *term product_op factor* .

3.8   *product_op*   ::=   "*" | "/" | "MOD" .

3.9   *factor*   ::=   ["−"] *constant* .

3.10 *constant*   ::=   "(" *constant_expr* ")"
                                 | *char_constant*
                                 | *int_constant*
                                 | *string_constant*
                                 | *date_constant*
                                 | *constant_name* .

3.11 *constant_denotation* ::=   *constant_name* .

A.4   Synonyme

4.1 *synonym_decl*   ::=   "SYNONYM" *synonym_id* "FOR" *type_denotation* ";" .

A.5   Wertemengen

5.1   *value_set_decl*   ::=   "VALUE_SET" *vs_decl* + .

5.2   *vs_decl*   ::=   *value_set_id* ":" *value_set* ";" .

5.3   *value_set*   ::=   *value_set_name*
                                   | *enum_value_set*
                                   | *string_value_set*
                                   | *bytes_value_set*
                                   | *subrange_value_set*
                                   | *array_value_set*
                                   | *struct_value_set*
                                   | *union_value_set* .

5.4   *enum_value_set*   ::=   "ENUM" " { " (*constant_id* // ",") " } " .

5.5   *string_value_set*   ::=   "STRING" "[" *constant_expr* "]"

                                      ["MATCHES" *string_constant*] .

5.6   *bytes_value_set*   ::=   "BYTES" "[" *constant_expr* "]"

5.7   *subrange_value_set*   ::=   *value_set_name* "SUBR"
                                      "[" *constant_expr* ".." *constant_expr* "]" .

5.8   *array_value_set*   ::=   *value_set_name* "ARRAY" "[" *constant_expr* "]" .

5.9   *struct_value_set*   ::=   "STRUCT" (*attribute* // ";") .

5.10 *union_value_set*   ::=   "UNION" (*attribute* // ";") .

5.11 *value_set_denotation*   ::=   *value_set_name* .

A.6 Objekttypen

6.1 *object_type_decl* ::= "OBJECT" ["TYPE"] *object_type_id*
  object_desc
  "END" *object_type_name* ";" .

6.2 *object_type_denotation* ::= *object_type_name*
  | *implicit_version_name* .

6.3 *implicit_version_name* ::= *object_type_denotation* "." "VERSION" .

6.4 *object_desc* ::= [*specialization_clause*]
  [*attribute_clause*]
  [*version_clause*]
  [*structure_clause*] .

6.5 *specialization_clause* ::= "SPECIALIZES" *object_type_denotation* .

6.6 *attribute_clause* ::= "ATTRIBUTES" (*attribute* // ";")
  ["UNIQUE" ("(" *unique_attributes* ")" // ";")] .

6.7 *attribute* ::= *attribute_id* ":" *value_set* .

6.8 *unique_attributes* ::= (*attribute_denotation* // ",") .

6.9 *attribute_denotation* ::= *attribute_name*
  | *partial_attribute_name* .

6.10 *partial_attribute_name* ::= *attribute_denotation* "." *attribute_name* .

6.11 *version_clause* ::= "VERSIONS" *version_kind* "(" *version_desc* ")" .

6.12 *version_kind* ::= "LINEAR" | "TREELIKE" | "ACYCLIC" .

6.13 *version_desc* ::= [*attribute_clause*]
  [*version_clause*]
  [*structure_clause*] .

6.14 *structure_clause* ::= "STRUCTURE" ["IS"] (*component_clause* // ",") .

6.15 *component_clause* ::= *type_denotation* [["AT" "MOST"] "ONCE"] .

6.16 *type_denotation* ::= *object_or_relship_type_name*
  | *implicit_version_name* .

A.7   Beziehungstypen

7.1   *relship_type_decl*   ::=   "RELSHIP" ["TYPE"] *relship_type_id*
                                           relship_type
                                           "END" *relship_type_name* ";" .

7.2   *relship_type*   ::=   "RELATES" (*role* // ",") [*attribute_clause*] .

7.3   *role*   ::=   [*role_id* ":"] (*object_type_denotation* // ",")
                                [["CARDINALITIES"] *cardinality_clause*] .

7.4   *cardinality_clause*   ::=   "(" *minc* "," *maxc* ")" .

7.5   *minc*   ::=   "0" | "1" .

7.6   *maxc*   ::=   "1" | "*" .

A.8 Namen und Identifikatoren

8.1	*schema_id*	::=	*id* .
8.2	*constant_id*	::=	*id* .
8.3	*synonym_id*	::=	*id* .
8.4	*value_set_id*	::=	*id* .
8.5	*object_type_id*	::=	*id* .
8.6	*relship_type_id*	::=	*id* .
8.7	*role_id*	::=	*id* .
8.8	*attribute_id*	::=	*id* .
8.9	*schema_name*	::=	*name* .
8.10	*constant_name*	::=	*name* .
8.11	*value_set_name*	::=	*name* .
8.12	*object_type_name*	::=	*name* .
8.13	*relship_type_name*	::=	*name* .
8.14	*object_or_relship_type_name*	::=	*name* .
8.15	*role_name*	::=	*name* .
8.16	*attribute_name*	::=	*name* .

Anhang B

Graphische Darstellung von EODM-Konzepten

1. *Objekttyp*

   mit Namen OT, Attributen $att_1, \ldots, att_n$ und Wertemengen $WM_1, \ldots, WM_n$:

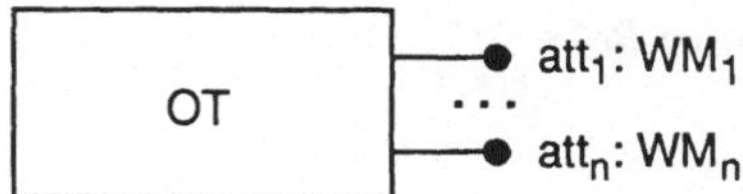

   Die Attribute und Wertemengen werden i.a. nicht in einem ER-Diagramm aufgeführt – so auch im weiteren.

2. *Generalisierung*

   der Objekttypen $ST_1, \ldots, ST_n$ zu dem Objekttyp GT:

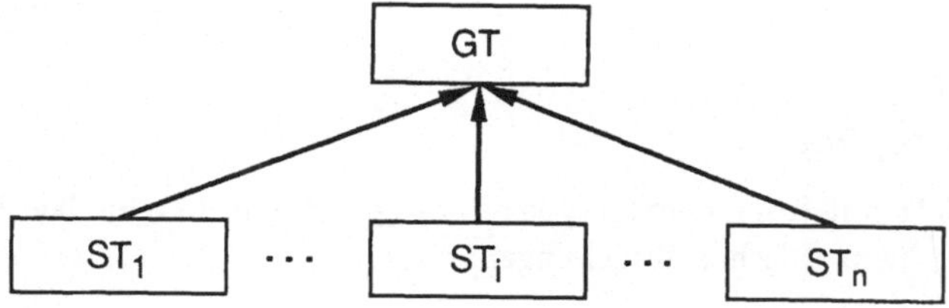

3. *Generischer Objekttyp*

   mit Namen OT und Versionstyp $OT.VERSION$.

4. *Beziehungstyp*

mit Namen BT zwischen den Objekttypen OT_i mit den Rollen $role_i$ und den Kardinalitäten $(minc_i, maxc_i)$ $(1 \leq i \leq 3)$:

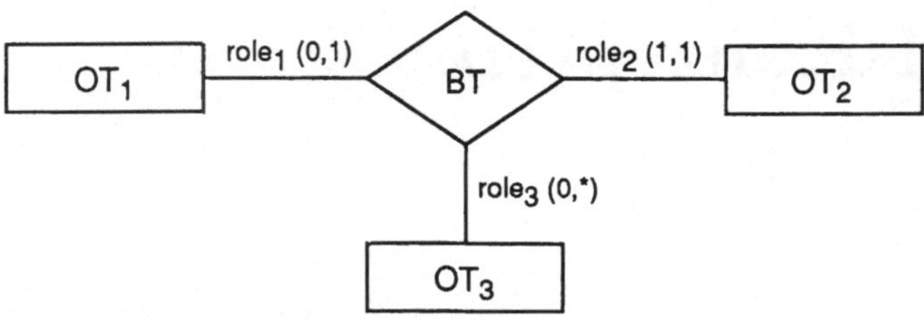

5. *Beziehungstyp mit varianter Rolle*

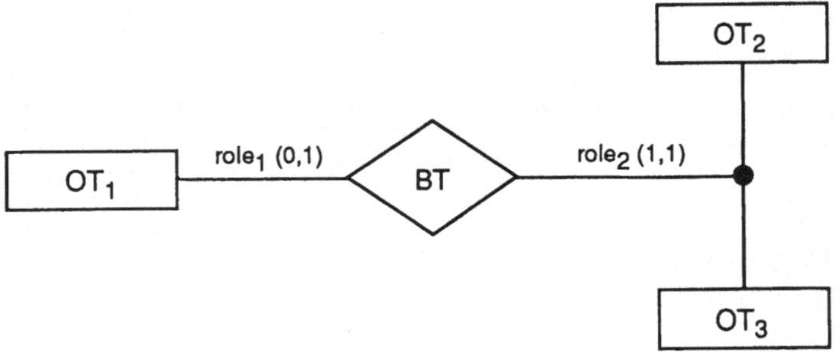

6. *Strukturierter Objekttyp*

mit Namen SOT mit Komponententypen $OT_{1,2,3}$, BT und Maximalkardinalitäten für die (gestrichelten) hierarchischen Beziehungen:

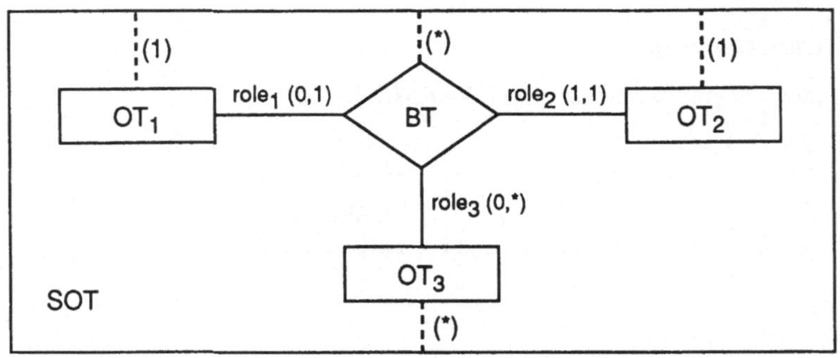

7. *Mehrfaches Auftreten eines Typs*

(z.B. als Komponente in verschiedenen strukturierten Objekttypen):

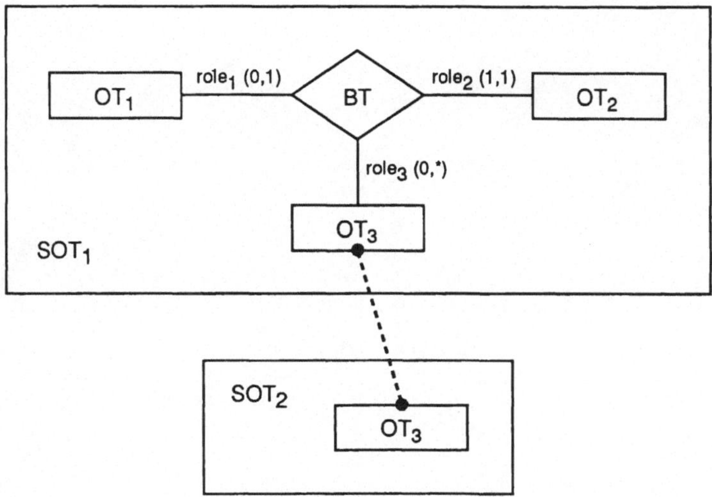

Band 149: E. Paulus (Hrsg.), Mustererkennung 1987. 9. DAGM-Symposium, Braunschweig, Sept./Okt. 1987. Proceedings. XVII, 324 Seiten. 1987.

Band 150: J. Halin (Hrsg.), Simulationstechnik. 4. Symposium, Zürich, September 1987. Proceedings. XIV, 690 Seiten. 1987.

Band 151: E. Buchberger, J. Retti (Hrsg.), 3. Österreichische Artificial-Intelligence-Tagung. Wien, September 1987. Proceedings. VIII, 181 Seiten. 1987.

Band 152: K. Morik (Ed.), GWAI-87. 11th German Workshop on Artificial Intelligence. Geseke, Sept./Okt. 1987. Proceedings. XI, 405 Seiten. 1987.

Band 153: D. Meyer-Ebrecht (Hrsg.), ASST'87. 6. Aachener Symposium für Signaltheorie. Aachen, September 1987. Proceedings. XII, 390 Seiten. 1987.

Band 154: U. Herzog, M. Paterok (Hrsg.), Messung, Modellierung und Bewertung von Rechensystemen. 4. GI/ITG-Fachtagung, Erlangen, Sept./Okt. 1987. Proceedings. XI, 388 Seiten. 1987.

Band 155: W. Brauer, W. Wahlster (Hrsg.), Wissensbasierte Systeme. 2. Internationaler GI-Kongreß, München, Oktober 1987. XIV, 432 Seiten. 1987.

Band 156: M. Paul (Hrsg.), GI – 17. Jahrestagung. Computerintegrierter Arbeitsplatz im Büro. München, Oktober 1987. Proceedings. XIII, 934 Seiten. 1987.

Band 157: U. Mahn, Attributierte Grammatiken und Attributierungsalgorithmen. IX, 272 Seiten. 1988.

Band 158: G. Cyranek, A. Kachru, H. Kaiser (Hrsg.), Informatik und „Dritte Welt". X, 302 Seiten. 1988.

Band 159: Th. Christaller, H.-W. Hein, M. M. Richter (Hrsg.), Künstliche Intelligenz. Frühjahrsschulen, Dassel, 1985 und 1986. VII, 342 Seiten. 1988.

Band 160: H. Mäncher, Fehlertolerante dezentrale Prozeßautomatisierung. XVI, 243 Seiten. 1987.

Band 161: P. Peinl, Synchronisation in zentralisierten Datenbanksystemen. XII, 227 Seiten. 1987.

Band 162: H. Stoyan (Hrsg.), Begründungsverwaltung. Proceedings, 1986. VII, 153 Seiten. 1988.

Band 163: H. Müller, Realistische Computergraphik. VII, 146 Seiten. 1988.

Band 164: M. Eulenstein, Generierung portabler Compiler. X, 235 Seiten. 1988.

Band 165: H.-U. Heiß, Überlast in Rechensystemen. IX, 176 Seiten. 1988.

Band 166: K. Hörmann, Kollisionsfreie Bahnen für Industrieroboter. XII, 157 Seiten. 1988.

Band 167: R. Lauber (Hrsg.), Prozeßrechensysteme '88. Stuttgart, März 1988. Proceedings. XIV, 799 Seiten. 1988.

Band 168: U. Kastens, F. J. Rammig (Hrsg.), Architektur und Betrieb von Rechensystemen. 10. GI/ITG-Fachtagung, Paderborn, März 1988. Proceedings. IX, 405 Seiten. 1988.

Band 169: G. Heyer, J. Krems, G. Görz (Hrsg.), Wissensarten und ihre Darstellung. VIII, 292 Seiten. 1988.

Band 170: A. Jaeschke, B. Page (Hrsg.), Informatikanwendungen im Umweltbereich. 2. Symposium, Karlsruhe, 1987. Proceedings. X, 201 Seiten. 1988.

Band 171: H. Lutterbach (Hrsg.), Non-Standard Datenbanken für Anwendungen der Graphischen Datenverarbeitung. GI-Fachgespräch, Dortmund, März 1988, Proceedings. VII, 183 Seiten. 1988.

Band 172: G. Rahmstorf (Hrsg.), Wissensrepräsentation in Expertensystemen. Workshop, Herrenberg, März 1987. Proceedings. VII, 189 Seiten. 1988.

Band 173: M. H. Schulz, Testmustergenerierung und Fehlersimulation in digitalen Schaltungen mit hoher Komplexität. IX, 165 Seiten. 1988.

Band 174: A. Endrös, Rechtsprechung und Computer in den neunziger Jahren. XIX, 129 Seiten. 1988.

Band 175: J. Hülsemann, Funktioneller Test der Auflösung von Zugriffskonflikten in Mehrrechnersystemen. X, 179 Seiten. 1988.

Band 176: H. Trost (Hrsg.), 4. Österreichische Artificial-Intelligence-Tagung. Wien, August 1988. Proceedings. VIII, 207 Seiten. 1988.

Band 177: J. Pliquett, L. Voelkel, Signaturanalyse. 224 Seiten. 1988.

Band 178: H. Göttler, Graphgrammatiken in der Softwaretechnik. VIII, 244 Seiten. 1988.

Band 179: W. Ameling (Hrsg.), Simulationstechnik. 5. Symposium. Aachen, September 1988. Proceedings. XIV, 538 Seiten. 1988.

Band 180: H. Bunke, O. Kübler, P. Stucki (Hrsg.), Mustererkennung 1988. 10. DAGM-Symposium, Zürich, September 1988. Proceedings. XV, 361 Seiten. 1988.

Band 181: W. Hoeppner (Hrsg.), Künstliche Intelligenz. GWAI-88, 12. Jahrestagung. Eringerfeld, September 1988. Proceedings. XII, 333 Seiten. 1988.

Band 182: W. Barth (Hrsg.), Visualisierungstechniken und Algorithmen. Fachgespräch, Wien, September 1988. Proceedings. VIII, 247 Seiten. 1988.

Band 183: A. Clauer, W. Purgathofer (Hrsg.), AUSTROGRAPHICS '88. Fachtagung, Wien, September 1988. Proceedings. VIII, 267 Seiten. 1988.

Band 184: B. Gollan, W. Paul, A. Schmitt (Hrsg.), Innovative Informations-Infrastrukturen. I. I. I. – Forum, Saarbrücken, Oktober 1988. Proceedings. VIII, 291 Seiten. 1988.

Band 185: B. Mitschang, Ein Molekül-Atom-Datenmodell für Non-Standard-Anwendungen. XI, 230 Seiten. 1988.

Band 186: E. Rahm, Synchronisation in Mehrrechner-Datenbanksystemen. IX, 272 Seiten. 1988.

Band 187: R. Valk (Hrsg.), GI – 18. Jahrestagung I. Vernetzte und komplexe Informatik-Systeme. Hamburg, Oktober 1988. Proceedings. XVI, 776 Seiten.

Band 188: R. Valk (Hrsg.), GI – 18. Jahrestagung II. Vernetzte und komplexe Informatik-Systeme. Hamburg, Oktober 1988. Proceedings. XVI, 704 Seiten.

Band 189: B. Wolfinger (Hrsg.), Vernetzte und komplexe Informatik-Systeme. Industrieprogramm zur 18. Jahrestagung der GI, Hamburg, Oktober 1988. Proceedings. X, 229 Seiten. 1988.

Band 190: D. Maurer, Relevanzanalyse. VIII, 239 Seiten. 1988.

Band 191: P. Levi, Planen für autonome Montageroboter. XIII, 259 Seiten. 1988.

Band 192: K. Kansy, P. Wißkirchen (Hrsg.), Graphik im Bürobereich. Proceedings, 1988. VIII, 187 Seiten. 1988.

Band 193: W. Gotthard, Datenbanksysteme für Software-Produktionsumgebungen. X, 193 Seiten. 1988.

Band 194: C. Lewerentz, Interaktives Entwerfen großer Programmsysteme. VII, 179 Seiten. 1988.